語構成の文法的側面についての研究

ひつじ研究叢書〈言語編〉

第111巻 現代日本語ムード・テンス・アスペクト論 　　　　　　工藤真由美 著
第112巻 名詞句の世界 　　　　　　　　　　　　　　　　　　　西山佑司 編
第113巻 「国語学」の形成と水脈 　　　　　　　　　　　　　　　　釘貫亨 著
第115巻 日本語の名詞指向性の研究 　　　　　　　　　　　　　　新屋映子 著
第116巻 英語副詞配列論 　　　　　　　　　　　　　　　　　　　鈴木博雄 著
第117巻 バントゥ諸語の一般言語学的研究 　　　　　　　　　　　湯川恭敏 著
第118巻 名詞句とともに用いられる「こと」の談話機能 　　　　　　金英周 著
第119巻 平安期日本語の主体表現と客体表現 　　　　　　　　　　高山道代 著
第120巻 長崎方言からみた語音調の構造 　　　　　　　　　　　　松浦年男 著
第121巻 テキストマイニングによる言語研究 　　　　　岸江信介・田畑智司 編
第122巻 話し言葉と書き言葉の接点 　　　　　　　　　　石黒圭・橋本行洋 編
第123巻 パースペクティブ・シフトと混合話法 　　　　　　　　　山森良枝 著
第124巻 日本語の共感覚的比喩 　　　　　　　　　　　　　　　　武藤彩加 著
第125巻 日本語における漢語の変容の研究 　　　　　　　　　　　鳴海伸一 著
第126巻 ドイツ語の様相助動詞 　　　　　　　　　　　　　　　　髙橋輝和 著
第127巻 コーパスと日本語史研究 　　　近藤泰弘・田中牧郎・小木曽智信 編
第128巻 手続き的意味論 　　　　　　　　　　　　　　　　　　　武内道子 著
第129巻 コミュニケーションへの言語的接近 　　　　　　　　　　定延利之 著
第130巻 富山県方言の文法 　　　　　　　　　　　　　　　　　小西いずみ 著
第131巻 日本語の活用現象 　　　　　　　　　　　　　　　　　　三原健一 著
第132巻 日英語の文法化と構文化 　　　　　秋元実治・青木博史・前田満 編
第133巻 発話行為から見た日本語授受表現の歴史的研究 　　　　　　森勇太 著
第134巻 法生活空間におけるスペイン語の用法研究 　　　　　　　堀田英夫 編
第137巻 日韓対照研究によるハとガと無助詞 　　　　　　　　　　金智賢 著
第138巻 判断のモダリティに関する日中対照研究 　　　　　　　　　王其莉 著
第139巻 語構成の文法的側面についての研究 　　　　　　　　　　斎藤倫明 著

ひつじ研究叢書
〈言語編〉
第139巻

語構成の文法的側面についての研究

斎藤倫明 著

ひつじ書房

目　次

I　語構成の文法的側面についての研究

第1部　序　語構成の文法的側面とは　　3

第1章　複合字音語基の分類　　9
第1節　合成形式専用の複合字音語基の位置づけ　　9
1. はじめに　　9
2. 先行研究と本節の立場　　10
2.1　合成形式専用複合字音語基　　10
2.2　野村雅昭の一連の研究　　11
2.3　本節の直接的な考察対象　　12
3. 位置づけの前段階的考察―自立形式との連続性　　13
3.1　合成形式専用複合字音語基のあり方の特質　　13
3.2　体言類ないし用言類との境界について―「典型」と「徹底」　　15
4. 従来の複合語基分類について　　18
4.1　先行研究とその問題点　　18
4.2　野村による合成形式専用類の位置づけと分類の問題点　　22
5. 合成形式専用類の位置づけと分類　　26
5.1　従来の分類の修正―「第三形容詞」語幹と兼用類　　26
5.2　複合字音語基分類の第一段階　　28
5.3　合成形式専用類分類の基本方針　　28
5.4　本節で扱う合成形式専用複合字音語基（SCJB）の分類手順　　31
5.5　本節における複合字音語基分類案　　39
6. まとめと今後の課題　　40

第2節　複合字音語基用言類の位置づけと下位分類―漢語動名詞との
関わりで　　43
1. はじめに　　43
2. 先行研究と本節の立場　　46
2.1　従来の複合字音語基の分類　　46
2.2　従来の漢語サ変動詞（漢語動名詞）の取り扱い　　47
2.2.1　国語学的な観点からの漢語サ変動詞へのアプローチ―語

III

幹の構造による分類　　　　　　　　　　47

2.2.2　動名詞へのアプローチ　　　　　　49

2.3　本節の立場　　　　　　　　　　　　　50

3.　複合字音語基分類の前段階的考察―語レベルの分類　　51

3.1　本小節の意味　　　　　　　　　　　　51

3.2　名詞の分類（1）―モノ名詞とデキゴト名詞　　51

3.3　名詞の分類（2）―単純デキゴト名詞と複雑デキゴト名詞　　53

3.3.1　両者の相違　　　　　　　　　　　54

3.3.2　（漢語）動名詞との関わり　　　　　55

3.4　動名詞の分類―VN の編入分析　　　　　56

4.　複合字音語基の下位分類―「用言類」と「体言類」　　58

4.1　「用言類」について　　　　　　　　　　58

4.1.1　第 1 の基準（自立形式か拘束形式か）　　58

4.1.2　第 2 の基準（「体言類」をも兼ねるか）　　61

4.1.2.1　「体言類」をも兼ねる場合　　62

4.1.2.2　「体言類」を兼ねない場合　　65

4.1.3　漢語動名詞の分類との関わり　　67

4.2　「体言類」について　　　　　　　　　68

4.3　全体の分類　　　　　　　　　　　　　70

5.　まとめと今後の課題　　　　　　　　　　72

第 3 節　複合字音語基相言類の位置づけと下位分類―漢語形容動詞語幹

との関わりで　　　　　　　　　　　　　　74

1.　はじめに　　　　　　　　　　　　　　　　74

2.　従来の複合字音語基分類　　　　　　　　　74

3.　従来の分類の問題点―相言類を考えるに当たって　　75

4.　考察　　　　　　　　　　　　　　　　　　76

4.1　漢語形容動詞語幹以外　　　　　　　　76

4.1.1　漢語形容詞語幹　　　　　　　　76

4.1.2　漢語「第三形容詞」語幹　　　　77

4.1.3　「〜の」形式の漢語連体詞　　　77

4.1.4　文語のタリ活用形容動詞　　　　78

4.1.5　漢語副詞　　　　　　　　　　　78

4.2　漢語形容動詞語幹　　　　　　　　　　78

4.2.1　従来の形容動詞の捉え方　　　　79

4.2.2　本節における形容動詞の捉え方　　81

4.2.3　漢語形容動詞語幹の位置づけ―相言類との関わりで　　83

4.3　結論―複合字音語基分類中における相言類の位置づけ　　84

5.　まとめと今後の課題　　　　　　　　　　85

5.1	本節のまとめ	85
5.2	残された問題	87

第4節 複合字音語基「兼用」類　89

1. はじめに　89
2. 従来の兼用に対する捉え方とその問題点　90
　2.1　先行研究の兼用に対する捉え方―問題（i）（ii）に関して　90
　2.2　先行研究の問題点―問題（iii）に関して　93
3. 兼用の在り方―用言類の場合　94
　3.1　基本的な問題点　94
　3.2　用言類の兼用の基本的特徴　96
　3.3　用言類が兼用する体言類の特質　97
4. 兼用の在り方―用言類以外　98
　4.1　相言類の場合　98
　　4.1.1　相言類の内実と兼用　98
　　4.1.2　相言類の兼用の特質　99
　4.2　その他の場合　101
5. 「兼用」を考える上での問題点　102
　5.1　意味の問題　102
　5.2　「兼用」と「転成」　103
　　5.2.1　個別的な問題―「四角」と「四角い」　103
　　5.2.2　用言類の二面性と転成　104
　　5.2.3　兼用と方向性の問題　105
　5.3　「品詞の兼務」との関係　106
6. 「兼用類」の位置づけ　108
7. まとめと今後の課題　108
　7.1　本節のまとめ　108
　7.2　今後の課題　109

第2章　語構成要素間に見られるヴォイス的関係　113

第1節 複合語に見られる受身的関係　113

1. 複合語に見られる直接的な受身的関係　113
　1.1　はじめに　113
　1.2　語構成要素間に見られる受身的関係とは　114
　1.3　当座の問題点　115
　1.4　考察　116
　　1.4.1　パターン別の考察　116
　　　1.4.1.1　「V＋N」型の場合　116

1.4.1.2 「N + V」型の場合		117
1.4.2 本項の考察対象について		118
1.5 この段階での結論と課題		119
1.6 統語論的な分析の援用		120
1.6.1 能動文と受身文の選択要因について		120
1.6.2 語構成との関わり		121
1.6.2.1 語構造と文脈の問題		121
1.6.2.2 語構造と連体修飾の問題		124
1.7 語構成要素間の関係をどう捉えるか		127
1.8 まとめと今後の課題		129
2. 複合語に見られる間接的な受身的関係		130
2.1 はじめに		130
2.2 間接的な受身的関係とは何か		131
2.2.1 基本的な考え方		131
2.2.2 具体例による説明		132
2.3 語彙的受身化をめぐって		133
2.3.1 野田（1991）の「語彙的なヴォイス」と杉本（1991）の「受動詞」		134
2.3.2 影山（2002b）の「非対格他動詞」		135
2.3.2.1 影山の分析		135
2.3.2.2 問題点		136
2.3.2.3 問題点の解決―岸本（2010）の説明		137
2.3.3 語彙的受身化の規定		138
2.4 間接的な受身的関係の位置付け		138
2.4.1 間接的な受身的関係と関連を有する語構成要素間の関係		138
2.4.1.1 直接的な受身的関係		138
2.4.1.2 脱使役化による「類似的な間接的受身的関係」		139
2.4.1.3 直接的な使役的関係		140
2.4.2 間接的な受身的関係の位置づけ		140
2.4.2.1 直接的な受身的関係（ⓑ）と間接的な受身的関係（ⓒ）の異同について		141
2.4.2.2 間接的な受身的関係（ⓒ）と類似的な間接的受身的関係（ⓓ）の異同について		142
2.4.2.3 受身関係に関わるⓑ、ⓒ、ⓓの相互関係		142
2.5 まとめと今後の課題		143
第2節 複合語に見られる使役的関係		147
1. はじめに		147
2. 語構成要素間に直接的な使役的関係が見られる場合		148

2.1	考察の前提	148
2.2	考察	149
3.	語構成要素間に間接的な使役的関係が見られる場合	152
3.1	基本的な考え方	152
3.2	考察	154
3.3	間接的な使役的関係の再解釈	155
4.	おわりに	157

第3章 語構成と品詞—「以上」をめぐって　159

第1節　現代語における考察　159

1. はじめに　159
2. 本節の基本的な考え方　160
   - 2.1　問題の設定　160
   - 2.2　転換の捉え方　162
     - 2.2.1　従来の捉え方と本節の捉え方　162
     - 2.2.2　ゼロ接辞の問題点　163
3. 分析対象の選定　164
4. 「以上」の意味・用法　166
5. 意味・用法間の関係—品詞の転換に関わるか否か　173
6. 意味・用法と語構成との関わり　175
   - 6.1　「以上」の六つの意味・用法と語構成　175
   - 6.2　まとめ—「以上」の意味・用法と語構成との関わり　181
7. 「以〜」における「以上」の位置　184
8. おわりに　187

第2節　通時的考察—語構成史の考え方　192

1. 語構成をどう考えるか　192
   - 1.1　語構成とは何か　192
   - 1.2　語構成のモデル　193
2. 語構成史をどう考えるか　195
   - 2.1　語構造・語形成と共時態・通時態　195
   - 2.2　語構成史を考えるにあたっての問題点—共時態と通時態のずれ　196
   - 2.3　語構成史を考えるにあたってのその他の問題点　198
3. 複合動詞の歴史　200
   - 3.1　先行研究による複合動詞史の概観　200
   - 3.2　複合動詞の歴史をどう捉えるか　205
4. 「以上」の語史—語構成史の一環として　208
   - 4.1　はじめに—分析対象の設定と本項の目的　208

VII

4.2	『日本国語大辞典』による「以上」の意味・用法の概観	208
4.3	「以上」の各意味の出現状況とその特色	212
4.4	「以上」の各意味間の派生関係	216
4.5	現代語における「以上」との対照	220
4.6	まとめと課題	224
5.	おわりに	225

第4章 語構成と選択制限―文法と語彙の間　229

1.	はじめに	229
2.	先行研究―語形成と選択制限	230
3.	動詞由来複合語における内項規則	231
4.	本章の語形成に関する基本的枠組み	232
5.	考察	233
5.1	考察の前提	233
5.2	内項規則の問題点	234
5.3	処理の仕方	235
5.3.1	「レベルの峻別」の導入	235
5.3.2	「sr」(語構成要素レベル特有の選択制限)の内実	238
5.4	今回扱った問題の有する意味合い	241
6.	おわりに	242

II　語構成と文法論との関わり

第2部　序　247

第1章 単語中心主義と語形成論　251

1.	はじめに―問題提起	251
2.	語構成論における単語中心主義―問題点の確認	252
2.1	単語中心主義とは何か―単語中心主義の内実および語構成論との接点	252
2.2	語構成論における単語中心主義の問題点	253
3.	語構成論における単語中心主義―問題点の解決	255
3.1	語形成論の考え方と問題点	255
3.2	語構成論における新しい形の単語中心主義	257
4.	具体例による検討―〈人〉を表わす字音接尾辞を例として	258
5.	おわりに	260

5.1　本章のまとめ	260
5.2　語構成論の考え方について	261

第2章　松下文法の活用論―原辞論と詞論　265

1.　はじめに―問題のありか	265
2.　松下文法の活用論―基本的な考え方とその問題点	267
3.　鈴木による松下文法批判の背景	274
4.　鈴木の批判への批判―文法論の構成をどう考えるか	276
4.1　「形態素と単語との関係」の取り扱いについて	276
4.2　形態素の体系性について	278
5.　おわりに	279

第3章　言語単位と文法論　283

第1節　言語単位から見た文法論の組織　283

1.　はじめに	283
1.1　本節の目的	283
1.2　前提的な事柄	283
2.　語構成について	286
2.1　山田文法における語構成論の扱い	286
2.2　文法論で語構成を扱うための必要条件	288
3.　文構成について	290
3.1　山田文法における文構成とその問題点	290
3.2　松下文法における文構成とその問題点	293
3.2.1　松下文法の言語単位	293
3.2.2　松下文法の詞の問題	294
3.3　橋本文法における文構成とその問題点	295
3.3.1　橋本文法における文節と連文節	295
3.3.2　文節の問題点	296
4.　語と文の成分との関係	297
4.1　語と文節とを一体のものとして捉える立場	297
4.2　語と文の成分との関係をどう捉えるか	298
5.　おわりに	299
5.1　本節のまとめ	299
5.2　今後の課題	300

第2節　時枝文法の「句」は言語単位か―言語単位再考　303

1.　はじめに	303
2.　「句」の内実とその問題点	304

2.1	時枝文法の言語単位観	304
2.2	時枝文法における「句」	306
2.3	先行研究の捉え方	308

3. 「句」をどう理解するか　309
- 3.1 「統一性」とは何か　309
- 3.2 「完結辞」と「未完結辞」　314
- 3.3 「過程」とは何か　316
- 3.4 「句」の単位性　320

4. 言語単位論の観点から　321
- 4.1 言語単位の捉え方―所与性　321
- 4.2 「句」はなぜ言語単位に入れられなかったか　323
- 4.3 「単位」と「レベル」　325

5. 文法論と言語単位―文法論にとって言語単位はどういう存在か　326

6. おわりに―まとめと今後の課題　329

あとがき	331
参考文献	335
初出一覧	343
索引	345

I

語構成の文法的側面についての研究

第1部　序　語構成の文法的側面とは

　「語構成の文法的側面」について考察するということは、「語構成と文法との関わり」について考えるということであるが、その際、「語構成」と「文法」とのどちら側に立ってこの問題を眺めるのか、という点がまず最初の大きな分岐点となる。考えられる立場、およびその問題意識としては、以下の二つがありうると言えよう。

　Ⓐ語構成の側に立つ場合：最初に、「語構成（語構成論）とは何か」という問題設定、あるいは問題意識が先にあり、それが文法（文法論）とどのように関わるのか、すなわち、語構成という事象、あるいはそれに関係する事象が文法（論）とどのように関わり、その結果、それらの事象を語構成論としてどのように位置づけるのか、ということが問題となる。語構成（論）を文法（論）からある程度独立したものと捉える立場と言えよう。

　Ⓑ文法の側に立つ場合：最初に、「文法（論）とは何か、そしてその中で語構成（論）の占める位置はどうなっているのか（どうあるべきか）」ということがある程度決められており、その中で、語構成、あるいはそれに関係する事象がどう処理され、どう位置づけられるのか（どう処理されるべきであり、どう位置づけられるべきなのか）、ということが問題となる。語構成（論）を文法（論）の一部として捉える立場と言えよう。

　最初にお断りしておかなければならないのは、本書は前者の立場に立つという点である。本書全体、および第1部の標題を「語構成の文法的側面」とし、「文法の語構成的側面」としなかった所以である。もちろん、上記の二つの立場は、どちらか一方でなければならないというものではなく、どちらの立場に立つかは、いわば論者の都合ないし好みによる。しかし、それによって、設定されるテーマや目的、分析法が異なってくることを理解しておく必要がある。

「語構成の文法的側面」という言葉の意味するところが明らかになったところで、次に考えるべき問題は、このテーマを語構成の中にどのように位置づけるかという点である。そして、そのためには、本書における語構成の基本的な枠組みを理解しておく必要がある。

最初に押さえておくべき点は、「語構成」と言う時の「語」とは何かという問題である。ただ、この問題は、正面切って論じようとすると非常に難しい。未だに語には確定した定義がないとさえ言われる。そこで、ここでは、語の規定そのものには深入りせず、言語構造中における語の位置づけを問題とすることによってそれに代えたい。その際、語を言語単位の一つと見なし*1、言語とは何種類かの言語単位によって重層的に組み立てられる構造体であるという立場に立つ（以下の図1参照）。

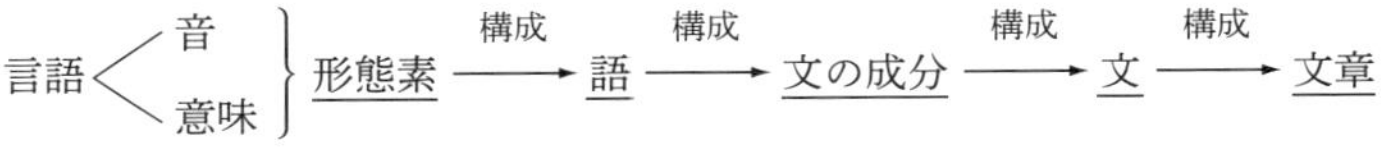

言語
音
意味
形態素
構成
語
構成
文の成分
構成
文
構成
文章

図1　言語単位による言語構成の在り方（下線を引いたのが言語単位）

図1は、言語構造中における語の位置であるが、言語構造を上図のように捉えた場合、それぞれの単位の種類やその構成のされ方を考察対象とする研究分野が成立する*2。それが以下の図2である（囲ってあるのが研究分野）。

語彙
語彙論
集合
言語
音
意味
形態素
構成
語
構成
文の成分
構成
文
構成
文章
語構成論
統語論
文章論
品詞論

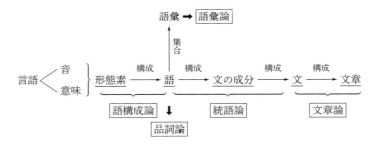

図2　言語単位との関わりからみた研究分野

この考え方は、著者の基本的な立場に属し、他の箇所でも言及したことがあるので（斎藤・石井編［2011: 6–8］など）、ここでは詳

しい説明は省略するが、今重要なのは、こういった語の位置づけから導かれる、語の次のような性質である（（3）を導き出すには図2の詳しい説明が必要）。

（1）語は語彙論と文法論（品詞論＋統語論）に共通する対象である。

（2）このことは、一語の中に、語彙的特質と文法的特質の2面が併存していることを示す。

（3）語彙的特質は、語の個別性に関わり、文法的特質は語の規則性に関わる。

次に問題にしたいのは、本書における語構成が特に拘っているのはどういう点か、ということであるが、それは語構成に関わる単位の捉え方についてである。その具体的内容は次のように表わせる。

（4）語という単位は、文とともに言語の基本単位に属し、語の構成単位である語構成要素、語の連なりである句とは異なる独自のまとまりを有する。

ここで、語が「独自のまとまりを有する」とは、語が時枝文法で言う「質的統一体」としての単位であるということを指すが、より正確には、むしろ鶴田（1953: 11）の「全個」としての単位であると考えた方がよい。なぜなら、時枝の「質的統一体」には、単位における「構成・被構成」という観点が全く排除されてしまっているからである*3。

さて、上記（4）から、次の点が出てくる。

（5）（ア）語構成要素と語とはレベルの異なる存在である。

（イ）語構成要素間の関係（語の内部関係）と語間の関係（シンタックス）とは同質ではない。

なお、一語「a」（単純語）・「ab」（合成語）を考えた場合、ここで「語構成要素」というのは、「a」、「b」、「ab」の3種類を指すが、本書では語「a」における「a」と平行的に、「ab」をも語「ab」の語構成要素と考える点に注意されたい。

語構成というのを、「語を構成する単位（語構成要素）と一語全体との関係の在り方」と捉えた場合、上記（2）で述べたことから、

語構成には、語構成要素と一語の有する語彙的特質との関わりを重視するアプローチと、語構成要素と一語の有する文法的特徴との関わりを重視するアプローチとの二通りの研究法が存することになる。今、この点をより具体的に「本書の語構成（論）の基本的問題意識」という形で示すなら次のようになろう。

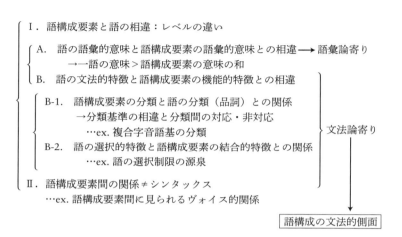

図3　本書の語構成（論）の基本的問題意識

　図3において、IAの意味的側面に関しては、語と語構成要素との間に本質的な相違はなく（同質ということであり全く等しいということではない）、共に「語彙的意味」と括ることができるが、IBの文法的側面に関しては、語の有する「文法的特徴」に語構成要素で対応するのは「機能的特徴」と区別されている点に注意されたい。特に、その中の「選択的特徴」とは語レベルでのシンタグマティックな関係を決定する特徴であり、「機能的特徴」というのは、語構成要素レベルでのシンタグマティックな関係を決定する特徴である（この辺の用語については、斎藤［2004：第1部第1章］を参照されたい）。

　図3のうち、本書（第1部）で専ら扱うのは「語構成の文法的側面」であるが、そのうちの「語構成要素の分類と語の分類（品詞）との関係」（B-1）という問題意識の下に取り上げるのが「第1部第1章　複合字音語基の分類」であり、「語の選択的特徴と語構成要

素の結合的特徴との関係」（B-2）という問題意識の下に取り上げるのが「第1部第4章　語構成と選択制限」であり、「語構成要素間の関係≠シンタックス」（Ⅱ）という問題意識の下に取り上げるのが「第1部第2章　語構成要素間に見られるヴォイス的関係」である。

　以上、概観したところからもわかるように、本書における「語構成と文法との関わり」に関する基本的なスタンスとして強調すべきところは、従来の論者のものより、両者の関わりを両者の相違という方向（一見似ている部分も本質的には異なるという観点）から見ようとする点である。なお、『国語学大辞典』「語構成」の項（宮島達夫氏執筆）には、語構成論は基本的には語彙論に属するとした上で、「新しい単語はどのようにしてつくられるかという成立事情つまり造語的な側面」を扱う造語論は「語彙論的な色あいが濃」く、「ある単語がどのような構造をもっているかという語構造上の側面」を扱う語構造論は「文法論の一部とされることが多い」という旨の指摘がなされているが、特に後者の根拠として上げられている次の3点は、必ずしもこういった本書の立場とは一致しないという点で注目されよう。

（6）① 「ほかの語彙論的事実に比べて語構成は体系化・一般化がしやすく、その点で文法に近い」

　　② 「広い意味での単語の形を問題にし、品詞を重要な柱として記述するなどの点で、文法論における形態論との共通性が大きい」

　　③ 「造語成分間の関係が多くは文・連語の成分間の関係に平行している」

　特に、②については図3中のB-1、③については図3中のⅡと考え方の上で大きく対立する。

＊1　言語単位に対する著者の考え方、捉え方については、本書第2部第3章を参照されたい。

＊2 言語単位と研究分野の関係について詳しくは、本書第2部第3章第1節
（1.2）を参照されたい。
＊3 本書第2部第3章第2節参照。

第 1 章

複合字音語基の分類

第 1 節　合成形式専用の複合字音語基の位置づけ

1.　はじめに

　最初に、「具体案」という語を考えてみよう。この語を辞書で引くと、「具体的な考え。」と説明されている（『大辞林』第 3 版）。ということは、すなわち、次の（1）のような関係が成立するということである（ここで、「＝」ではなく「≒」を使用するのは、あくまでも実際の辞書の説明に基づいたものであり、厳密な定義とは必ずしも言えないと考えるからであるが、今はそのこと自体はあまり問題ではない。以下、全て同様に「≒」を使用する）。

　（1）a.　具体案 ≒ 具体的な案

　　　 b.　具体 ≒ 具体的

　ところで、この「具体」という形式は、通常、単独では使われない（ただし、後述（29）の表を参照）。たとえば、次のようにである。

　（2）具体案 ≒ ＊ 具体な（具体の）案

　すなわち、語基レベル（つまり、形態素レベル）で考えるならば、この形式はいわゆる拘束形式ということになる。従って、上記（1）ｂに基づき、「具体」と「具体的」とが意味的にほぼ同じであるとするならば、そこには、次にような機能分担の関係が成立していると見ることができよう。

　（3）⎰　具体：語構成要素（語基）… ex. 具体案・具体策・具体事例
　　　⎱　　　　 ≠
　　　⎱　具体的：語

　このような関係は、かつて見坊（1977）において、「積極」とい

9

う形式に関して指摘されたことがある。次のごとくである。

(4) ⎰ 結合形：積極…ex. 積極策・積極政策・積極外交
　　⎱ 形容動詞：積極的

　しかし、そのことが有する意味合いについて、深く追究されることはなかった。本節では、その点を明らかにするための一つの準備段階として、まず、こういった結合形式の複合字音語基の複合字音語基中における位置づけを明確にすることが重要であるという認識に立ち、従来の複合字音語基の分類との関わりでこれらの形式をどのように位置づけたらよいか、という問題を考察することを目的とする。

2. 先行研究と本節の立場

2.1 合成形式専用複合字音語基

　従来、「具体・積極」は、「二字漢語」と呼ばれることが多かったが、上で述べたように、これらは単独では使われず合成形式（複合形式［ex. 具体案・積極策］＋派生形式［ex. 具体的・積極性］）を形成する機能しか有していないので、語（漢語）ではなく、本質的に語基（複合字音語基）レベルの存在であると考えられる。一方、本節では、「研究・大学・突然・明朗」といった通常の二字漢語をも含めてこれらの形式の位置づけを考えたいので、以下、全て同等の存在として扱うことができる語基レベルで論じることにする。従って、本節で問題となるのは、漢字二字から成る複合字音語基であり、特にそのうちの合成形式専用の複合語基の位置づけということになる。なお、合成形式専用の複合字音語基は、大部分が漢字二字から成るものなので、厳密には漢字三字から成る合成形式専用の複合字音語基も存在するけれども（たとえば、「水酸化ナトリウム」の「水酸化」や「全天候カメラ」の「全天候」など）、本節では、専ら合成形式専用の複合字音語基として二字音語基（以下、単に「合成形式専用複合字音語基」と呼ぶ）のことを考えることとする。

2.2 野村雅昭の一連の研究

　従来、合成形式専用複合字音語基を対象とし、様々な角度から分析・考察を加えたものとして、野村（1974・1975・1978・1998b）の一連の研究が挙げられる。そこで述べられている点を簡潔にまとめれば、次のようになろう（合成形式専用複合字音語基の位置づけそのものについては、後にあらためて問題とするので、この段階では特に触れることはしない）。

①漢字二字から成る複合字音語基は、通常、自立して二字漢語を構成する。そういう点では、合成形式専用複合字音語基というのは、特殊な存在だということになる。

②合成形式専用複合字音語基は、必ずしも量的に僅少というわけではない。野村（1974）に拠れば、三字漢語を構成する複合字音語基のうちおよそ 11 パーセント、同じく野村（1975）に拠れば、四字漢語を構成する複合字音語基のうち、6.7 パーセントが合成形式専用複合字音語基であるという。

③合成形式専用複合字音語基は、幾つかに下位分類することができる。ここでは、野村（1974）で示されているものを挙げる（語例は、野村［1975］で補ってある）。野村（1975）にも同様の下位分類が見られる。また、野村（1998b）には、「出現環境」といった別の観点からの分類も示されている。

a. 本来、略語として生まれたものであるが、他の単位とも結合するため語基としての資格を有するに至ったもの

　…ex. 通産（省・大臣）、原水（禁・協）、特捜（本部・隊）、小学（課程・唱歌）

b. 現代語では特定の単位としか結合せず、語基としては不完全な性格のもの

　…ex. 顕微（鏡）、公徳（心）、当事（者）、抗生（物質）、混声（合唱）、美白（乳液）

c. 他の単位と結合する回数が多く、現代語の語基として比較的安定しているもの

　…ex. 合理（化・主義）、自主（性・投票）、有機（物・栽培）、先進（性・国）、国際（性・会議）、本格（的・

設計）、女流（作家・棋士）、共産（主義・党）、積極
（性・外交）、機動（力・部隊）

④野村（1978）に拠れば、「的・性・化」といった接辞性の字音
形態素に関し、これらは、特に上記 c 類の合成形式専用複合字
音語基と結合することによって、「それに形式的な意味をあた
えつつ、品詞性を確定させる、機能をもっている」という。

　なお、野村の上記の一連の研究以外にも、合成形式専用複合字音
語基に限らず、全ての「造語成分」に関するデータベースとして山
下（2008）があることを付言しておく。

2.3　本節の直接的な考察対象

　野村（1974）の上記分類のうち、a 類・b 類はいわば特殊なもの
であるが、中でも a 類は、本来、略語として生じたものであるので、
本節の考察対象からは除く。また、c 類に関しても、上記④にもか
かわらず、その全てが「的・性・化」などと結合するわけではない
（たとえば、上に挙げたものの中では「女流」）。そこで、本節では、
さらに、c 類の中でもそういった接辞性の字音形態素と結合する合
成形式専用複合字音語基のみを取り上げあらためて本節の直接的な
考察対象としたい。具体的には、次の（5）に示した 16 語基がそ
れである（五十音順）。c 類の残りと b 類に関しては、それら 16 語
基との関わりで必要に応じて考察を加えることとする（以下、a 類
を除いたこれら 3 種類の合成形式専用複合字音語基を併せたものを
特に「合成形式専用類」と呼ぶことにする）。

（5）画期・機動・共産・具体・国際・合法・合理・自主・
　　　消極・積極・先進・抜本・必然・本格・民主・楽天

　これらを特立するのは、後にこれらの位置づけを考える際に、上
記のような接辞性の字音形態素と結合するという特徴のうちの幾つ
かの側面（接辞性字音形態素のうちのどれと結合するか、複合語の
中にそれらの形式を挿入できるか否か［たとえば、「国際活動≒国
際的活動」「抜本改正≒抜本的改正」、「具体論≒＊具体性論」な
ど］）が重要になってくるからである。

3. 位置づけの前段階的考察　自立形式との連続性

3.1　合成形式専用複合字音語基のあり方の特質

　上記（5）で示した16個の合成形式専用複合字音語基の位置づけを考える前に、いわばこれらの語基（すなわち語構成要素）としてのあり方の特質といった点について、あらためて確認しておきたい。

　今、語基（すなわち形態素）を意味的側面 m と形式的側面 f とに分けて考えてみた場合、一般的に、語基は［m・f］と表示できるわけであるが、合成形式専用複合字音語基のあり方は、次のように表示することが可能である。

　（6）合成形式専用複合字音語基：［m・f1］… 拘束形式

　　　　　　　　　　　　　　　　　形態的派生
　　　　　　　　　　　　　　　　（接辞性字音形態素の付加）

　　　　　　　　　　　　　語：［m′・f2］… 自立形式

　一方、ちょうどこれと反対の関係にあるのが、複合語の構成要素になった場合にのみ特有の意味を有する（自立形式の）語基である。たとえば、「川面」の「面」（「表面」の意）、「紅葉狩り」の「狩り」（「自然の中に分け入って、野草や貝などをとったり、花や紅葉を鑑賞したりすること。」『大辞林』第3版）、「筆箱」の「筆」（「筆記用具一般」の意）の類である。なぜなら、これらの語構成要素のあり方は、一般的に次のように示すことができると思われるからである。

　（7）　　　　　　　　　　　　語：［m1・f］…自立形式

　　　　　　　　　　　　　　　意味的派生（転用）

　　　複合語特有の意味を有する語基：［m2・f］…拘束形式

　（ただし、厳密には、（6）と（7）で言う「自立形式・拘束形式」の意味合いが異なる点に注意。前者は、形態素レベルである［つまり、異なる形態素］が、後者は形態［morph］レベルである［つまり、同じ形態素］）

　このように考えると、本節で扱おうとしている合成形式専用複合字音語基の語基としてのあり方が若干見えやすくなってくるように思われる。

なお、（7）について少し補足説明をしたい。

　一つは、「複合語特有の意味」という点についてである。この問題に関しては、竝木（2009）に興味深い指摘が見られる。竝木によれば、複合語後項に「意味の希薄化」が見られることがよくあり、いわゆる「右側主要部の規則」（right-handed head rule）が意味的には成立しない場合があるという。たとえば、「方向音痴」や「運動音痴」の「音痴」は、本来の「音程や調子が外れて歌を正確にうたえないこと。」（『大辞林』初版1995）の意味ではなく、「～が苦手でよくわからないこと（またはそのような人）」の意であるという（143頁）。そして、その場合の両者の意味の間には、「主要部が持っている意味の中のある重要な要素が除かれたり、また他の要素に置き換えられている」（146頁）という関係が見られるという。「野菜ソムリエ」「ハンカチ王子」「おもちゃライブラリー」などの下線部も同様である。そして、竝木に拠れば、こういった現象は、必ずしも「意味の希薄化」ばかりでなく、単なる意味の異なりとしても現れるという。たとえば、「老子一流のアイロニー」「村落史研究一筋の45年」の下線部のような複合語的表現に見られる「一流」「一筋」がそうで、これらは、単独で使われたり、複合語の修飾部（左側の要素）として使われたりする場合の意味とは異なるという。ちなみに、上記における「一流」は、むしろ「独特」とか「特有」とかいった意味に近いとされていて、竝木は、特にこういった場合を「複合語に特有の下位意味」（compound-specific submeanings）と呼んでいる（148頁）。ただし、竝木が問題にしているのは、いわゆる右側（主要部的位置）として使われる場合の意味の変容である点に注意する必要がある。もし一般的に「複合語特有の意味」ということを問題にするのであれば、厳密には、右側の要素として使われる場合に限られないのではないかと思われる。

　そういう点で注目されるのが、湯本（1978）に代表されるような言語学研究会の考え方である。湯本は、「われわれは、要素の意味さえわかれば、未知のあわせ単語（引用者注：「複合語」のこと）にであっても、その全体の意味はおしはかられる、などとかんたんにいうけれども、そのとき要素の意味といっているのは、じっさい

は、その要素に意味的、形式的に対応する単語の意味をさしているというのがふつうである。」（77頁）と述べ、あわせ単語の意味の独特なあり方（湯本の言う「意味のひとまとまり性」＝複合語の意味が「要素の意味との関連性をうしなっていて、全体がひとまとまりで意味上の一単位をなしている」［76頁］ということ）によって、複合語の構成要素の意味が対応する単語の意味と比べて違いを見せることが多いと指摘している。湯本によれば、それには幾つかのタイプが見られるが、一般性があるのは次の二つのパターンであるとされ（83頁）、それぞれの具体例が豊富に出されている（具体例は省略）。

1. 要素の意味と、それに対応する単語の意味とのあいだに、わずかなちがいがみられることがあること。
2. 要素の意味のなかには、あわせ単語の構造にしばられた、独自な意味がみられることがあること。

むしろこの湯本の考え方の方が、「複合語特有の意味」という観点からはより一般的な捉え方ができるものと思われる。

ところで、上記（6）と似たような様相を見せる現象が他にも存在するように思われる。それは、玉村（1985:15〜17）で「造語に伴う変音現象」と呼ばれているもののうちの「連濁」（川＋クチ→川グチ、山＋サクラ→山ザクラ）、「転音」（あめ：あまぐも、つき：つくよ）、「音便」（ぶちなぐる〉ぶんなぐる、おいたてる〉おったてる）、「半濁音化」（はなす：ぶっぱなす、はじめる：おっぱじめる）などである。これらは、我々にとって馴染み深い現象であるので、一々の説明は不要であろうが、要するに、これらの場合、上記（6）の「形態的派生（「接辞性字音形態素の付加」）」の部分が、それぞれ名付け分けられたような「変音現象」になっていると捉えることができるわけである。

3.2　体言類ないし用言類との境界について
「典型」と「徹底」

次に、「典型」という形式を考えてみよう。この形式は、接辞性字音形態素「的」を伴って自立し「典型的なスタイル（日本人・パ

ターン・例）」といったように使われる（「性・化」を伴うことも皆無ではないが、国立国語研究所の「現代日本語書き言葉均衡コーパス」（以下、「BCCWJ」と略称する）で検索すると、それぞれ4例しか出てこない。それに対し、「的」を伴う例は1260例［ただし延べ語数］ある）。しかも、たとえば、「典型例」という語もよく使われるから（上記コーパスでは105例出てくる）、

(8) a. 典型例 ≒ 典型的な例

b. 典型 ≒ 典型的

といった関係が成立し、一見すると、冒頭の（1）における「具体」の場合と同じように見える。

　しかし、実は必ずしもそうではない。なぜなら、「典型」には、上で述べたように自立用法が普通に存在するからである。たとえば、次のようにである（用例は、BCCWJによる）。

(9) a.　高度成長の下での産業構造の転換はスクラップ産業から大量の離職者を生み出した。その<u>典型</u>が炭鉱離職者である。

（坂脇昭吉・中原弘二編『現代日本の社会保障』、ミネルヴァ書房、2002年）

b.　ビジターチームの見事な勝利に対して、観客はスタンディングオベーションで盛大な拍手を送ったそうだ。この光景に、氏はアメリカ文化の<u>典型</u>を見た。

（瀬戸雄三『逆境はこわくない』、東洋経済新報社、2003年）

　そうすると、この場合（「典型例」）は「具体」と違って、あくまでも「N＋N」型の複合名詞であり、その構造の中で、前項（「典型」）が修飾的な意味合い（＝「典型的な」という意）を生じただけだと考えた方がいいのではないかと思われる。つまり、この場合、明確な自立用法が存在するという点がポイントになるわけである。

　実は、こういった現象、すなわち、「N＋N」型の複合名詞という構造の中で、前項が形容詞的な意味合いを生じるということは時々起こることなのである。たとえば、ゆもと（1979）は、「n＋nのタイプの和語名詞のばあい」を対象にして、複合名詞の構造を大きく3種類に分けて記述しているが、そのうちの「特徴づけのむすびつき」の下位区分「性質、機能による特徴づけのむすびつき」

に関して、「まえ要素が、ごく形式的には、名詞的な要素でありながら、実質的には形容詞とおなじように性質をさししめすもの」（377頁）が存在することを指摘し、

（10）くず紙、なまごみ、ぼろぬの、にせもの、仮ごや

といった例を挙げている。ゆもとが対象にしているのは和語名詞の場合であるが、漢語の場合にも同様のことが当然生じると考えられよう。たとえば、次のようなものはどうだろうか（これらは、いずれも「〜的な〜」と言い換えられる点に注意されたい）。

（11）科学技術、感情論、固定観念、日本精神、反抗期、標準体型

さらに、今度は今述べた「典型」の副詞版とでも言えるような例について考えてみたい。取り上げるのは、「徹底」（いわゆる漢語動名詞［漢語VN］）である。

「徹底」は「徹底抗戦」「徹底抗議」「徹底調査」「徹底追究」等の複合漢語VNを構成する。これらのうち、たとえば、「徹底抗戦」であれば、次のような関係が一応考えられる。

（12）a.　徹底抗戦≒徹底的に抗戦する（こと）

　　　 b.　徹底≒徹底的に

しかし、ここでも、「徹底」は自立して単独で使われうるので、自立形式であると考えられる。たとえば、次のようにである（例文はBCCWJによる）。

（13）a.　また、大型車両等による交通事故を防止し、併せて道
　　　　　路構造の保全を図るため、大型車両等の過積載等の違
　　　　　法通行の防止について、広報等の徹底を図った。

　　　　　　　　　　　　　　　　（総務庁『交通安全白書』、1993年）

　　　 b.　（前略）体験記録『アメリカ・インド・ジャパン
　　　　　千九百四十五〜千九百四十八』（五月書房）が翻訳され、
　　　　　日本でも出版された。軍事教育排除を徹底、入念な視
　　　　　察、バンスターベレンが山梨県軍政チームに着任した
　　　　　のは、（以下、略）

（読売新聞20世紀取材班編『20世紀高度成長日本』、中央公論新社、2001年）

従って、この場合も、「VN＋VN」という構造の中で、前項「徹底」が副詞的に（即ち「徹底的に」あるいは、「徹底して」という

意で）後項の動詞的な意味合いに掛かって行ったと考えるのが妥当
であると思われるのである。「典型」で述べたことの副詞版という
所以である。

4. 従来の複合語基分類について

4.1 先行研究とその問題点

　漢語、ないし複合字音語基の分類については、従来、山田
（1940: 16–20）をはじめ、池上（1954 = 1984: 69–87）、宮地
（1973）、森岡（1994）、野村（1998a）等、幾つか見られるが、ど
れも大体共通しており、基本的には次の4分類である（野村
[1998a] の分類を基に示す。なお、野村は基本的に複合字音語基
を体言と捉えており、厳密には、以下の分類はその中での下位分類
ということになる。その点が他の分類とは異なる）。
　（14）従来の複合字音語基の代表的な分類

    a.　事物類（N）…叙述の対象となる物や事をあらわす。
（「体言類」とも）

    〈＋ガ・ニ〉

    （例：宇宙・人間・交通・工業・科学）

    b.　様態類（A）…事物や精神の性質・状態をあらわす。
（「相言類」とも）

    〈＋ナ・（ノ）・シイ〉

    （例：簡単・愉快・重要・意外・永久）

    c.　動態類（V）…事物の動作・作用をあらわす。（「用言
類」とも）

    〈＋スル〉

    （例：研究・運動・変化・検討・観察）

    d.　副用類（M）…動作や状態の程度・内容を限定・修飾
する。（「副言類」とも）

    〈＋φ・ニ・ト〉

    （例：突然・直接・一斉・結局・実際）

　この分類は、上に記したように、よく見るものであるが、様々な

問題点を含んでいる。以下、それらの点について、簡単に箇条書きする。

①従来の分類は、対象を語として分類すべきなのか語基として分類すべきなのか、明確でない点があった。しかし、この点に関しては、既に2.1で指摘したように、合成形式専用類をも含め全ての形式を分類するためには、語レベルではなく語基レベルで分類することを考えるべきである。

②従来の分類は、拘束形式を充分に扱っていない。それは、次の分類基準と関係するが、内実としては、次の二つの点を含んでいる。一つは、実質的な問題で、たとえば、形容詞「鬱陶しい・仰々しい・騒々しい」といった形容詞語幹の一部を構成する複合字音語基部分（「鬱陶・仰々・騒々」）は拘束形式であるため、上記分類中には、正確には位置づけることができない。この点については、実は、上記分類中、「様態類（A）」に「＋シイ」という条件が見えるが、これがこういった形式を扱うためのものなのである。しかし、厳密には、現代語では「鬱陶し」までが語幹であるから、「シイ」そのものは次項（イ）の「屈折語」や「派生語」をつくる単一の形態素ではない（出来上がった「鬱陶しい」等は結果的には「派生語である」）。そういう点で、これらの複合字音語基を「様態類（A）」に押し込めようとするのには問題がある。また、上記分類中、dの副用類に関しては、「一斉・平然・無性」等の「ニ・ト」といった助辞を伴わないと自立しない拘束形式を位置づけることができない。二つ目は、立場に関わる問題であるので次項で述べる。

③従来の分類の分類基準は「語の構成法」とされるが、その時の「語」が何を指しているのかが曖昧である。

（ア）体言類のように、「ガ・ニ」を伴うという場合と、用言類のように「スル」を伴うという場合とでは、構成される語の種類が異なるのではないか。すなわち、「宇宙ガ・宇宙ニ」と「研究スル」とは同じ性質の語ではない。

（イ）この問題は、一般的には、屈折語と派生語の区別という形で言われる。すなわち、体言類・相言類・副言類（の

一部）を取り出す基準は屈折語の構成法であり、用言類・副言類（の一部）を取り出す基準は派生語の構成法であって、異なった基準が混在している。

（ウ）　この区別は、森岡（1994）のみが取り入れている。ただし、森岡の分類には、別の問題点がある。というのは、森岡では、派生はあくまでも語基間の関係であり、直接語を構成するのは屈折でしかない。しかも、基準となる派生のパターンは和語語基を基にしたものであり限られている。

④兼用形式の扱いが不十分である。兼用形式というのは、上記分類項目中の複数の項目を兼ねるもので、たとえば、「危険・健康」が体言類と相言類を兼ねるとか（ex.「危険が迫っている。」「危険を察知する。」「危険な仕事」、「健康が一番」「健康を追求する」「健康な心身」）、「格別・当然」が相言類と副言類とを兼ねる（ex.「格別な話」「格別そうは思わない。」「当然な要求」「当然そう思います。」）といったことであるが、これについては、後（5.1）で少し詳しく取り上げる＊1。

なお、用言類についても、漢語 VN に対する考え方との関わりで、いろいろと問題が存する（つまり、自立して漢語 VN になる複合字音語基の扱いについてということ）のであるが、本節の問題意識と直接関わらないので、ここでは省略する＊2。

以下、上記の問題点について、若干説明を補足する。

まず、③で述べている屈折語と派生語との区別というのは、次のようなことである。

(15) 派生語というのは、その文法的機能が単一語（単一の自立形態素からなる語）と全く等しい複合語のことで、たとえば、man-ly、per-ceptive が単一語の good や wide と文法的役割を同じくし、man-hood や per-ception が単一語の house や book と文法的に等しいといったようなものをいう。それに対して、屈折語というのは、単一語と文法的役割が異なるというより、単一語と異なる文法的機能を帯びた複合語のことで、たとえば、play-ing や play-s が単一語の cat

と文法的に異なるといったようなものをいう。（森岡
［1994］32〜33頁）［森岡（1994）の「複合語」というの
は、「一つ以上の結合形式を含む形式」（32頁）のことを指
し、通常の「派生語」のことである］

　従って、上記③（ア）で言うなら、「宇宙ガ・宇宙ニ」は屈折語
であり、「研究スル」は派生語であって、同列には扱えないという
ことになる。

　次に、②と③（ウ）に関わることであるが、森岡（1994）の語
基分類は、確かに自立形式と結合形式に分けられている。しかし、
③（ウ）で述べているように、森岡の語基分類は、あくまでも和語
単一語基が中心、あるいは基準になっていて、それとの関わりで、
漢語語基、外来語語基、複合語基が考えられているため、実際問題
として、複合字音語基は森岡の分類では「形容言」（「鬱陶―、仰々
―、麗々―」の類）と「象徴言」（「轟々―、津々―、綿綿―」の
類）にしか出てこず、本節で問題にしているような合成形式専用複
合語基の居場所はない。従って、それらを森岡の分類に組み込もう
としても、そのままでは一括して分類することが難しく、どのよう
な接辞性の字音形態素を伴ってどういった性格の語に派生するかに
従って、個々の合成形式専用複合字音語基ごとに分類せざるを得な
くなる。なお、この問題は、上で指摘したように、森岡の語基分類
の基準のあり方と、森岡の漢語接辞の捉え方に基づくと言えるが、
後者に関しては、水野（1987）に「静的な見方」との批判がある。

　ところで、上で述べた①〜④の問題点は、実は、既に基本的に村
木（2012：第1部第5章、78–84）で指摘されている。そういう意
味では、本節であらためて事々しく述べる必要はないのでるが、議
論の展開上、本節の言葉で述べたまでである。ただ、注意しておか
なければならないのは、村木（2012）と本節とでは、基本的に目
的が異なるという点である。村木の場合には、その題名（「漢語の
品詞性を問う」）からもわかるように、あくまでも漢語の分類、す
なわち語レベルにおける品詞性を問題としているのに対し、本節で
は、どこまでも複合字音語基の分類、すなわち形態素レベルにおけ
る分類を問題としているという点である。

ただ、村木の分類で参考になる点がある。それは、村木の言う「第三形容詞」というカテゴリーである。

　「第三形容詞」というのは、本来の形容詞である「第一形容詞」、いわゆる形容動詞である「第二形容詞」に対して新たに設定された類で（詳しくは村木［2012：第 1 部第 5 章・第 2 部］参照）、「『-の／に／だ』のパラダイムをもつ（『- に／だ』のいずれかが欠けていることもある）。」「名詞の格のパラダイムである『-が』『- を』をしたがえないこと、連体修飾をうけないことを条件とする」（村木［2012: 88–89］）というものである。以下に例を挙げる。

　（16）永遠・応分・画一・各様・間接・既知・故意・広義・国
　　　営・最高・周知・出色・上質・尚早・真性・早計・相互・
　　　単独・直接・痛恨・通年・適任・同列・特製・内縁・内
　　　緒・二流・年長・迫真・抜群・必死・不意・不慮・無礼・
　　　別個・慢性・未開・未完・未納・民営・無実・無名・薬
　　　用・浴用・有意・有料・略式・良性・冷酷・冷静・類似・
　　　老練

　なお、「第三形容詞」は、村木においては語レベルで考えられているものであるが、当然、その基になる語基レベルの存在（「第三形容詞」語幹）があるはずである。しかし、従来の複合語基分類にはその枠組みが用意されていない。従って、それを従来の分類にどのように含ませるのかが従来の分類の問題点として新たに浮上してくると言えよう（ただし、「第三形容詞」の元になる複合字音語基は基本的に自立形式であるので、この問題自体は、本節で扱っている合成形式専用複合字音語基の問題には直接関わって来ない）＊3。

4.2　野村による合成形式専用類の位置づけと分類の問題点

　上記（14）で示したような従来の複合字音語基分類の中に、本節で直接扱っている 16 個以外の合成形式専用複合字音語基をも含めた合成形式専用類を何とか位置づけようとする試みが全く見られなかったわけではない。特に、合成形式専用類を中心的に取り上げた野村（1998b）には、注目すべき見解が見られる。

　野村（1998b）において、野村は合成形式専用類を上記分類中に

次のように振り分けている。

　(17)事物類（N）…国際（〜的）・具体（〜性）・羊頭（〜狗肉）

　　　　様態類（A）…可燃（〜性）・等差（〜級数）・以遠（〜権）

　　　　動態類（V）…当事（〜者）・植民（〜地）・東奔（〜西走）

　分類の基準は、「それを構成する単一語基相互の関係や類似した構造をもつ複合語基との比較」とされている。具体的には、次のようにである。

　(18)磨製石器　V（v＞v）＞N（n＞n）→N

　　　逐語通訳　V（v＋n）＞V（v＞n）→V

　　　可燃物　　A（s-v）＞n→N

　　　即物的　　V（v＋n）-s→A

　　　（ただし、ここで、N／n、A／a、V／v、は上記分類と同じ範疇を指す［小文字は構成要素の属する範疇である］。sは接辞。＞は修飾関係、＋は補足関係、-は補助関係を表わす）

　野村のこの措置には、ある程度納得のいく部分もあるが、うなずけない点も多い。以下、それらを箇条書きに記す。

①一番基本的な問題点は、拘束形式に関して、語構造だけから品詞性を判断することができるのか、という疑問である。たとえば、上例に挙がっている「可燃物」と「即物的」であるが、前者は、確かに〈燃えることが可能な物〉ということになり、「可燃」が様態類であることには問題がないように思われる。しかし、後者は、〈物に即する〉ということで動態類と判定されたのだと思われるが、〈物に即した〜〉と理解し「可燃」と同じように一種の状態を表している（つまり様態類）と理解することはできないのであろうか。たとえば、インターネットで検索してみると、「即物主義」とか「即物感覚」といった語があるようだが、前者に関しては〈事物に即した考え方〉、[4] 後者に関しては〈事物に即した感覚〉（＝叙情や詩情よりも物そのものに拘る感覚）という捉え方はできないであろうか。

②合成形式専用類は、拘束形式であるから、本来、上記の分類における分類基準（上記4.1③参照）を適用できないものであるのにもかかわらず、それを別な基準で振り分けるというのは、

異質な基準の混在になるのではないか。

③野村の挙げている基準は本当に妥当なものなのだろうか。たとえば、「具体」は事物類に分類されているが、野村の考え方では、本来、これは次のように動態類になるはずなのではないのか。

具体：v + n（体ヲ具エル）

従って、個々の例に即して分類をよく検討する必要がある。

以下、上記問題点の特に①に関して若干補足説明をしたい。

まず、確認しておきたいのは、ここで言われていることは、語構造から一語全体の品詞を考えるというのとは異なるという点である。それならば、たとえば、3.1でも言及した有名な「右側主要部の規則」がすぐに思いつく。もちろん、これにも例外が幾つか存在することは指摘されている（詳しくは、影山［1997］などを参照されたい）。しかし、①で問題にされていることは、むしろ逆に、語構造から語構成要素の品詞性（カテゴリー）を考えようということである。こういうことが一般的に言えるのかどうかはよく吟味してみなければならない。

次にもう少し大きな問題について触れる。①で指摘したような問題は、特に「動態類（V）」の場合によく起こるように思われる。たとえば、野村自身が挙げている例を使うなら次のような場合である。

(19)最恵国→最も恵まれた国（最も恵まれている国）／?最も恵まれる国

即戦力→戦いに即した力（戦いに即している力）／?戦いに即する力

偏西風→西に偏った風（西に偏っている風）／?西に偏る風

一方、そのままVとして理解できる場合もある。たとえば、次のような場合である。

(20)愛社精神→会社を愛する精神／?会社を愛した（愛している）精神

帰巣本能→巣に帰る本能／?巣に帰った本能（帰っている）本能

　　　　産油国→油を産する国／？油を産した（産している）国

　本節は、両者を区別すべきであると考えるのだが、一体両者の相違はどこから生じるのであろうか。

　この問題を考えるに当たっては、金水（1994）の「形状動詞」（もともとは寺村［1978］の用語。金水の規定では、「形容詞的な意味を持っていて、連体修飾では『～タ』、述定では『～テイル』で現れる述語」［33頁］ということになる）の扱いが参考になる。金水によれば、形状動詞は、「絵に描いた餅」や「腰が曲がったおばあさん」のような、「語彙概念構造レベルで『タ』『テイル』『テアル』を付加し、動詞の概念構造のうち結果の状態を焦点化することによって派生される。」（52頁）ものとしての「構造的形状動詞」と、それ以外の個別的な「語彙的形状動詞」とに分けられるが、ここで重要なのは、前者である。金水によれば、「焦点化」とは、「意味的には『結果の状態』を前景化し、『出来事（相変化）』を背景化するということである」（40頁）から、基本的に「結果の状態を持たない、即ち語彙概念構造にSTATE節点を持たない動詞からは、構造的形状動詞は派生できない。」（43頁）ということになる。さらに、詳しい説明は省くが、金水に拠れば、構造的形状動詞によって修飾される連体主名詞は、STATEに支配された対象（絵に描いた餅）か、PLACEに支配された場所項（餅を描いた絵）であるか、あるいは総主語構文の主語（腰が曲がったおばあさん：おばあさんは腰が曲がっている。）でなければならないという。

　今、この考え方を、上の（19）（20）の区別に適用するなら、（19）は主名詞が「恵まれる」（受身）「即する」「偏る」（非対格自動詞）といった結果状態を含んだ表現（形状動詞）に修飾されているものであるのに対し、（20）は、「愛社精神」はいわゆる「外の関係」の連体修飾、「帰巣本能」は主名詞が道具的なもの、「産油国」は主名詞が動作主的なものといった具合で、金水の規定する形状動詞の条件に合わないものばかりである。

　以上の考察からわかることは、上記①の疑問に関しては、要するに、形状動詞として主名詞に係っていくものに関しては、そもそも拘束形式なのであるから、本当に主名詞から切り離して「動態類

（Ⅴ）」としていいのか疑問が残るということである。

5. 合成形式専用類の位置づけと分類

5.1　従来の分類の修正　「第三形容詞」語幹と兼用類

合成形式専用類の位置づけと分類を新たに行なうに当たって、その前に、これまでの記述からも明らかなように、（14）で示した従来の複合字音語基分類に関して、合成形式専用類以外の部分を若干修正しておく必要がある。

まず第一に、4.1の問題点②で指摘したように、従来の分類は、拘束形式の扱いが不充分なので、全体を自立形式と拘束形式とに二分し、「鬱陶・騒々・麗々」等の形容詞語幹の一部を構成する拘束複合字音語基（相言類）、「一斉・平然・無性」等の「ト・ニ」を伴わないと自立しない拘束複合字音語基（副言類）を収める枠を作る必要がある。

次に、自立形式の方にも、それなりの修正が必要である。これには2点ある。

第一点は、4.1で紹介した村木（2012）の「第三形容詞」となる複合字音語基（「第三形容詞」語幹）の枠である。村木では、「第三形容詞」を語として認定し、「第一形容詞」（従来の形容詞）、「第二形容詞」（いわゆる形容動詞）と並べて扱っているが、既述のように、用法に制限が多く、場合によっては「ノ」を伴って連体修飾語にしかならないこともある。しかし、意味的には、形容詞・形容動詞と同じであるから、相言類の一種と考え、相言類の下位区分とするのが適当であろう。すなわち、従来の相言類を、従来の相言類と「第三形容詞」語幹とに二分する必要がある*5。なお、この場合、従来の相言類（いわゆる形容動詞語幹）と「第三形容詞」語幹とで、どちらがより体言類に近いかについては、慎重な検討が必要であるが、本節では、（形容動詞を認めない立場も多いことを考慮し）一応従来の相言類の方をより体言類に近いとしておく。

第二点は、兼用形式の位置づけである。複合字音語基に兼用形式が多いことについては、4.1の問題④で簡単に言及したが、まず

語例を補っておこう。

(21) a・b 兼用…危険・健康・困難・自由・必要・風雅

　　a・d 兼用…一方・現在・最初・全部・当時・毎日

　　b・d 兼用…案外・格別・随分・折角・当然・余計

　　a・b・c 兼用…感心・心配・無理・退屈・迷惑・乱暴

　　a・b・d 兼用…自然・大概・大抵・普通

　　b・c・d 兼用…相当

ところで、このことは、どういうことを意味するのであろうか。たとえば、「自然発火」の場合、

(22) 自然発火（する）…自然の（力による）発火：「自然」は体
　　　　　　　　　　　　言類

　　　　　　　　　…自然な発火：「自然」は相言類

　　　　　　　　　…自然に／と発火する：「自然」は副言類

というように、前項「自然」が幾つかの分類項を兼用しているという見方もできるが、そもそも「自然」には幾つかの分類項に跨るような性格が備わっていると考えることもできる。

　この点に関して、森岡（1994: 201）は、「漢語・外来語の出所はもともと外国語であり、外国語というのは、日本語にとっては非文法的であるというより、むしろ日本語文法とは異質であるという点で、無文法とでもいうべき性質のものである。」と述べている。また、村木（2012: 101）は、「日本語の漢語には、複数の品詞を兼務する例が多いといえる。この事実は、中国語に多くみとめられる多品詞性（兼類）の特徴を日本語の『漢語』の中に持ち込んでいると見てよいであろう。」と指摘している[6]。

　以上は、自立形式に属する兼用形式についての話であるが、同様のことが合成形式専用類にも当てはまるのではないだろうか。つまり、もともと合成形式専用類は不安定な存在であるが、それは単に合成形式専用であるからというだけでなく、複合字音語基の一般的な在り方とも関連性があるのではないかということである（なお、後述するように、合成形式専用複合字音語基自体にも兼用形式が存在する）。

第 1 章　複合字音語基の分類　　27

5.2　複合字音語基分類の第一段階

　合成形式専用類を実際に分類し、従来の複合字音語基の分類の中に組み込むに当たっては、最初に、上記5.1で述べた、いわば第一段階での従来の複合字音語基分類の修正が結果的に何を意味しているものなのかを確認しておく必要がある。

　5.1段階での分類を簡潔に示せば、次の（23）のようになる（自立形式の兼用形式を新たに「兼用類」として分類する）。

（23）複合字音語基の分類（第一段階）

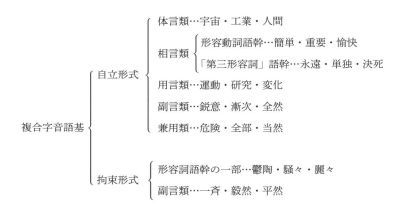

　これを見るとわかるように、上図は、上の方から下の方に向かって、語基の安定的なものから不安定なものへ、明確なものから不明確なものへ、というスケールの上に並べられていることがわかる。従って、本節では、合成形式専用類も、基本的には、このスケールに従って分類し、従来の複合字音語基の分類の中に位置づけることとしたい。

5.3　合成形式専用類分類の基本方針

　以上述べたことも含め、合成形式専用類の分類を行なうに当たって、以下の点を基本的な方針としたい。
　㋐できるだけ語形成論的な事実を重視する。
　㋑自立形式、拘束形式を含めた複合字音語基全体の分類の有する
　　意味合いに留意する。

⑰上記 5.2 で提示した、語基の安定性・不安定性、明確性・不明確性というスケールを活用する。

㋓上記スケール上の位置を確定するために、点数化という手法も取り入れる。

ただ、実際の作業に入る前に、合成形式専用類の捉え方に関して、ここで若干補足しておく。以下の 3 点がそれである。

(a) 合成形式専用類というのは、本来、非常に不安定な存在であり、自立形式の複合字音語基と同じようには考えられないところがある。具体的には、合成形式専用類は、基本的に自立せず合成語を構成するが、複合語を構成する際、合成形式専用類自体が体言性を帯びない場合には、ほとんど常に後項の語基を形容することになる。たとえば、「偏西風」「最恵国」「帰巣本能」「産油国」は、それぞれ、「西に偏った（風）」「最も恵まれた（国）」「巣に帰る（本能）」「油を産する（国）」という関係になると思われる（前二者と後二者とは同じではないが、この点については、既に 4.2 で形状動詞の問題として論じた）。

(b) 合成形式専用複合字音語基においては、常に程度性が問題となる。たとえば、合成形式専用複合字音語基は拘束形式であるといっても、必ずしも 100% 自立しないわけではなく、実際にコーパスで検索してみると、どの語基もある程度の自立用法を有する（この点につき特に「具体」に関しては、荒尾［2005・2008］で論じられているので参照されたい）。ただ、その程度や内実は語基によってまちまちである。従って、合成形式専用複合字音語基に関しては、常に個々の形式ごとに考えていかなければならない側面がある。たとえば、「国際を通じて」「具体を説く」などは名詞的な用法であるが、だからといって「国際性」「具体性」に置き換えられない。一方、「具体を確保する」などは「具体性」の意味に近いように感じられる。

(c) 合成形式専用複合字音語基に関しても、兼用ということを問題にする必要がある。

さて、以上の考え方に従って、合成形式専用類を分類するが、基になるのは、本節の第1小節で述べた「機能分担」の考え方である。すなわち、次のような考えである。

（24）SCJB-X ≒ SCJB ｛的｝ ＋ X

　ここで、「SCJB」は「合成形式専用複合字音語基（Complexform-Specific Compound Jion Base）」を指す略称であり、以下、基本的にこの略称を使用することとする。従って、「SCJB-X」というのは、SCJB を前項とする複合語のことを指す。また、｛的｝というのは、接辞性の字音形態素「的・性・化」のうちの少なくとも一つを指す。なお、「SCJB ｛的｝ ＋ X」というのは、SCJB ｛的｝と語 X とを結びつける句を表わしている。すなわち、（24）で述べているのは、次のような現象である。

（25）国際 - 意識 ≒ 国際的な意識

　　　民主 - 守護 ≒ 民主性を守護すること

　　　具体 - 例 ≒ 具体化された例

　ただし、

（26）SCJB ｛的｝ ＋ X ≒ SCJB ｛的｝ -X

となる場合もある。すなわち、（24）の右辺がさらに複合語化する場合があるということである（そうならない場合もある。この言い換えが成立するかどうかについては場合ごとに異なる）。たとえば、次の（27）のような例がそうであるが、この時、3者の間にどのような意味的相違が存するのかについては、SCJB が自立しないのでよくわからない*7。

（27）国際 - 活動 ≒ 国際的な活動 ≒ 国際的活動

　　　自主 - 尊重 ≒ 自主性を尊重すること ≒ 自主性尊重

　　　合法 - 運動 ≒ 合法化された運動 ≒ 合法化運動

　なお、「具体例」（具体的な例・具体化された例）、「合法組織」（合法的な組織・合法化された組織）等、「〜的な」と「〜化された・〜化した」はどちらでも言い換えられる場合が多い。しかし、常にそういうわけではない。「自主イベント」は「自主的なイベント」であろうが、「自主化された（自主化した）イベント」とは言いにくい。なお、「具体例」を「具体性を有する例」と言い換える

のは、単なる意味的な言い換えで、本節では機能分担とは考えない。

5.4 本節で扱う合成形式専用複合字音語基(SCJB)の分類手順

以下、SCJB の具体的な分類手順について述べる。

［1］今回は、野村（1978）の指摘に従い、{的} を取って安定すると言われているものを直接的な対象としたわけであるから、まず {的} を取るか取らないかで分かれる。

…{的} を取るものが、今回の本来的な分析対象である（16 個）

［2］このことは、実は、限定的な複合語を作るか作らないかと関連する。すなわち、{的} を取らないものは、限定的な複合語しか作らない場合が多い。

…これらもさらに形状動詞的なものとそうでないものとに二分されるが、この点は、今回の直接的な観点ではない。

［3］一方、{的} を取るものについては、{的} しか取らないものとそれ以外にも多くの複合語を作るものとに分かれる。

…前者は「画期」のみが該当する。その点で、「画期」は異質である。

［4］{的} を取り複合語を作るものについては、語基の安定性・不安定性、明確性・非明確性を基準として分類した（位置づけた）。その際、基本的には次のように考えた。

…ここは、直接的には今回扱った「画期」をのぞく 15 個についての分類基準の話であるが、重要な点は、この語基の安定性・明確性という性格が、複合字音語基全体に押し広げられることにある。それが、複合字音語基分類の有する意味合いということになり、そこが今後重要になってくるわけである。

［基本的な考え方］

a) 語基の安定性：（i) 構成する複合語が多いほど不安定である。

b) 語基の明確性：（ii) 後項との関係が一義的なものほど明確である。

　　　　　　　(iii) 兼用形式については、明確性が低い。
　　　　　　　(iv) SCJB-X（複合語）、「SCJB {的} ＋ X」
　　　　　　　　　〔句〕、「SCJB {的} -X」の三者が共存す
　　　　　　　　　る割合が高いほど明確性が高い方向に動
　　　　　　　　　こうとしている。
　　　　　　　　…形式が異なる以上、両者が全く同じ意
　　　　　　　　味ということはないと考えられるが、何し
　　　　　　　　ろ複合語の前項が拘束形式なので明確な意
　　　　　　　　味がつかめず、両形式の相違については微
　　　　　　　　妙であると言わざるを得ない。
　c)　語基の安定性・明確性：(v) 自立用法が多いほど安定性・明
　　　確性が高い。
　上記の内、［1］［2］［3］までを加味して、先に示した（23）を
拡張すると、次の（28）のようになる。
（28）　複合字音語基の分類（第二段階）

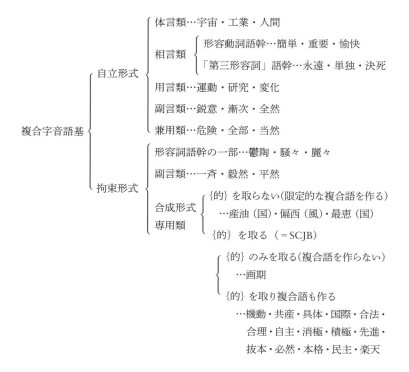

次に［4］であるが、これは単純ではなく、五つの基準がある。ただ、ここでまず確認しておかなければならないのは、これらの基準は、基本的には、(28)で示した分類表の一番下の分類項目、すなわち、「{的} を取り複合語も作る」に該当する 15 個の SCJB に適用されるものである、という点である。その一つ上の分類項目「{的} のみを取る（複合語を作らない）」に属する「画期」にも一部適用できるものがあるけれども（たとえば、(v)）、この分類項目は「画期」のみしか該当しないので、「画期」の位置づけは一応済んだものと解釈できるからである。

　次に、［4］に関して注意しなければならないのは、次の 2 点である。まず第 1 点は、これらの基準をすべて平等に扱うのではなくて、語基の安定性・不安定性に関わる (i) と、語基の明確性・不明確性に関わる (ii) を中心に据え、(iii) ～ (v) は、それらの若干の補正に使用するという点である。第 2 点は、5.3 で述べたように、これらの基準は、程度性のあるものなので、その度合いについては点数化して示すことを試みるという点である。従って、結論的に言えば、これら 15 個の SCJB の位置づけは、語基の安定性・不安定性（縦軸）、語基の明確性・不明確性（横軸）を 2 軸とする平面上の位置によって示されることになる。

　では、最初に上の基準に関する数字そのものを以下の (29) の表に示そう（基準 (iii) は少数なので省略する（具体例については、後の (34) に記す）。なお、一応「画期」も含めて示す）。

(29) SCJB16 個の数値一覧表

	(i) 複合語の数＝ ⓐ （実数）	合計点数＝ x	共通する複合語後項 数＝ⓑ （実数）	(ii) x／ ⓐ	(iv) ⓑ／ ⓐ （%）	(v) 自立的用法の割合 （延べ%）	複合語 の 例 （下線形式はⓑに相当するもの。ただし網羅的に掲出しているわけではない）
1. 画期	0	0	0	0	0	8.3	0
2. 機動	45	301	1	6.7	2.2	3.2	活動・軍・警察・作戦・隊・展開・能力・部隊・兵器・砲・力
3. 共産	30	83	0	2.77	0	0.1	ゲリラ・革命・軍・国家・支配・主義・勢力・体制・党・同盟
4. 具体	19	58	6	3.05	31.6	0.9	案・解・額・策・事例・像・内 容・物・法・名・問題・例・論

第 1 章　複合字音語基の分類　　33

5. 国際	887	4317	149	4.87	16.8	0.4	イベント・<u>圧力</u>・会議・関連・資格・ スター・<u>団体</u>・<u>地域</u>・難民・報道・マ ナー・列車・路線
6. 合法	19	44	4	2.32	21.0	14.8	運動・活動・<u>事業</u>・<u>政府</u>・団体・ドラッグ・法規・法律・論
7. 合理	15	54	3	3.60	20.0	0.4	案・科学・劇・神学・主義・人・<u>精神</u>・脳・理念・理論・論
8. 自主	152	437	20	2.88	13.2	0.5	イベント・映画・<u>解決</u>・規制・作品・退学・<u>避難</u>・放送・練習
9. 消極	16	35	4	2.33	26.7	2.3	意見・<u>教育</u>・策・<u>姿勢</u>・説・層・<u>人間</u>・ムード・目的・要素
10. 積極	57	234	23	4.11	40.3	0.3	運用・外交・<u>解明</u>・<u>採用</u>・主義・政策・対応・投資・評価・例
11. 先進	80	170	8	2.13	9.5	0.8	医療・科学・企業・<u>技術</u>・勢力・<u>地域</u>・部分・文明・モデル
12. 抜本	13	91	7	7.0	53.8	0.6	<u>改革</u>・<u>改正</u>・<u>改善</u>・策・処理・審議・対策・答申・見直し・論
13. 必然	4	23	1	5.75	4.3	23.1	結果・権利・手順・論
14. 本格	172	644	34	3.74	19.8	0.5	運転・<u>運用</u>・ドラマ・フレンチ・協議・<u>実施</u>・治療・普及・論
15. 民主	48	116	13	2.42	27.1	0.5	意識・<u>教育</u>・経営・憲法・国家・主義・制度・選挙・法律
16. 楽天	3	21	0	7.0	0	3.5	家・主義・論

以下、表の補足説明をする。

横の欄の第1覧は構成する複合語の実数、すなわち基準（i）であるから、特に説明はいらないだろう。第2欄は少し複雑である。ここは、それぞれのSCJBの構成する複合語の全て（見出し語）について、一つ一つ次のような点数を与え、それを合計したものである。

(30) 語基の明確性（後項との関係性の明確化）の点数の与え方

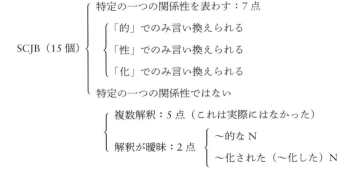

具体例で示すと、たとえば次のようになる。

（31）積極解明≒積極的な解明：7点

　　　抜本改革≒抜本的な改革：7点

　　　自主保全≒自主性を保全すること：7点

　　　合理精神≒合理的な精神／合理化された精神：2点

　　　先進エネルギー≒先進的なエネルギー／先進化されたエネ

　　　　　ルギー：2点

　　　本格技術≒本格的な技術／本格化された技術：2点

　従って、この第2欄が基準（ii）を直接表わすわけではなく、直接的に表わすのは、第2欄の総得点を構成する複合語の数で割り（x／ⓐ）、一語あたりのSCJBの明確性の平均値を算出した第4欄である。なお、これを見るとわかるように、要するに、点数の高い方が語基の明確性が高いわけである。

　第3欄は、先に5.3で挙げた（27）のような例がいくつあるかということを示す（（29）の表中、複合語の例において下線を引いたものがそれらの例である）。そして、直接、基準（iv）を表わすのは、そういったものがそのSCJBが構成する複合語中（＝ⓐ）どれくらいの割合（%）を占めるか（＝ⓑ／ⓐ）を表わした第5欄の数値である。そして、最後に第6欄が基準（v）を示すことになるが、ここで注意しなければならないのは、本欄だけは、自立用法が全用例中何例あるかということだから、延べ語数で計算してあるという点である。

　以上で、（29）の表の説明を終えるが、次になすべきことは、上記の基準を使って、15個のSCJBを平面上に位置づけることである。ただ、この際、上述したように、縦軸には、語基の安定性・不安定性を取り、横軸には、語基の明確性・不明確性を取り、前者には基準（i）［構成する複合語の量的多寡］、後者には基準（ii）［後項との関係性の一意性］を基本的な数値として当てはめ、そのほかの基準（iii）〜（v）に関しては、その基本的な位置の補正に使用することとする。このような考え方に立って作成したのが以下の（32）の図である。

(32) 15個のSCJBの平面上における位置づけ

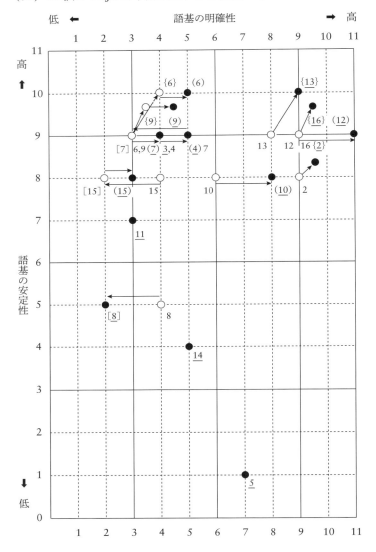

以下、上の(32)の図について説明する。

まず、第一に、縦軸、横軸の基本的な（つまり当初の）位置の決定についてであるが、次のようにした。

(33) 縦軸・横軸の基本的（当初の）値の決定方法

36　I　語構成の文法的側面についての研究

①縦軸：語基の安定性…基準（i）による

　　　　　→構成する複合語の実数（異なり語数）を9段階
　　　　　　に分けて以下の点数を与える（さらに3段階―
　　　　　　Low・Middle・High―に分ける）

401語以上：1
301語〜400語：2　｝ Low
201語〜300語：3

167語〜200語：4
134語〜166語：5　｝ Middle
101語〜133語：6

67語〜100語：7
34語〜66語：8　｝ High
1語〜33語：9

②横軸：語基の明確性…基準（ii）による

　　　　　→パーセントの数字を9段階に分けて以下の点数を
　　　　　　与える（さらに、Low・Middle・Highの3段階
　　　　　　に分ける）

$0 \leqq x \leqq 0.8$：1
$0.8 < x \leqq 1.6$：2　｝ Low
$1.7 < x \leqq 2.4$：3

$2.4 < x \leqq 3.2$：4
$3.2 < x \leqq 4.0$：5　｝ Middle
$4.0 < x \leqq 4.8$：6

$4.8 < x \leqq 5.6$：7
$5.6 < x \leqq 6.4$：8　｝ High
$6.4 < x \leqq 7.1$：9

　ここで、注意しなければならないのは、基準（i）の場合は、構成する複合語の数が多いほど語基の安定性が低いと考えるので、数が多いほど点数が低くなっているという点である。一方、基準（ii）に関しては、先の（30）を見ればわかるように、語基の明確性が高いものほど高い得点が与えられているので、その語基（SCJB）の有する平均が高いほど高い点数が与えられることになる。

第1章　複合字音語基の分類　　37

以上がそれぞれの SCJB の出発点の数値で、それに対して、基準
（iii）〜（V）によって修正を加えていくわけであるが、その方法
等をも含め、（32）の凡例に相当するものを以下に記す。

（34）上図の凡例

　　［1］表中数字（2〜16）は SCJB の番号を指す。

　　［2］矢印は、位置の変更があったことを示す。

　　［3］○印がその番号の SCJB の位置である（●が最終位置で
　　　　　ある）。

　　［4］番号に付いている印は以下のことを示す。

　　　　　a）｛｝で囲ってあるのは、自立的用法の割合が高いも
　　　　　　のである。：これらについては、語基の安定性・明
　　　　　　確性に関して、ともに 1 点ずつ加点した。ただし、
　　　　　　「機動」「消極」「楽天」はそれほど割合が高くない
　　　　　　ので、他の二つの半分の増加にとどめてある。

　　　　　　…2. 機動・6. 合法・9. 消極・13. 必然・16. 楽天

　　　　　b）［ ］で括ってあるのは、兼用形式である。：これら
　　　　　　については、語基の明確性に関して 2 点減点した。

　　　　　　…7. 合理（合理案≒合理的な案、合理実用≒合理
　　　　　　性と実用性）・8. 自主（自主解散≒自主的な解散、
　　　　　　自主尊重≒自主性を尊重すること）・15. 民主（民
　　　　　　主国家≒民主的な国家、民主尊重≒民主性を尊重す
　　　　　　ること）

　　　　　c）（ ）で括ってあるのは、ⓑ／ⓐの割合の高いもの
　　　　　　である。ただし、これは 2 段階とし、語基の明確性
　　　　　　について、それぞれ、普通に高いものについては 1
　　　　　　点、より高いものについては 2 点を加点した（「具
　　　　　　体」は本来 1.5 点くらいか）。

　　　　　　…1 点加点：4. 具体・6. 合法・7. 合理・9. 消極・
　　　　　　15. 民主／2 点加点：10. 積極・12. 抜本

　　　　　d）番号に下線が付されているのは、その番号の最終的
　　　　　　な位置であることを示す。従って、●の番号には必
　　　　　　ず下線が付されていることになる。

38　　I　語構成の文法的側面についての研究

［5］上記（4）の適用順序は、｛ ｝（自立的用法の割合）→［ ］
（兼用形式）→（ ）（ⓑ／ⓐの割合）である。

［6］図中の縦軸は、語基の安定性・不安定性を示し、横軸は、語
基の明確性・曖昧性を示す。いずれも数字は点数で、以下の
ように区分される。

①1〜3：Low（低）

②4〜6：Middle（中）

③7〜9：High（高）

④10以上：Super High（超高）…ただし、これは「高」に含
めて考える。

さて、（32）の分布図からは、次の点が読み取れると言えよう。

（a）今回扱った SCJB16個は、以下の大きく四つのグループに
分かれる（下線の数は、上記［4］で示した修正の数を示
す）。

①語基の安定性：High・語基の明確性：High…2. 機動・
10. 積極・12. 抜本・13. 必然・16. 楽天

②語基の安定性：High・語基の明確性：Middle…3. 共産・
4. 具体・6. 合法・7. 合理・9. 消極・11. 先進・15. 民主

③語基の安定性：Middle・語基の明確性：middle〜Low…
8. 自主・14. 本格

④語基の安定性：Low・語基の明確性：High…5. 国際

（b）このうち、最初の二つが中心的なグループであり、④は特
異グループである。

5.5　本節における複合字音語基分類案

　以上の分析を踏まえて、最終的に複合字音語基の分類図を作成す
るなら次のようになるであろう。

(35) 複合字音語基の分類（最終段階）

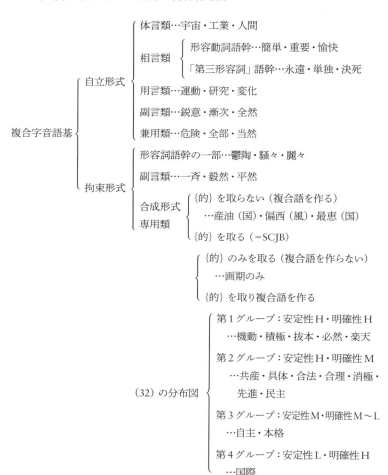

6. まとめと今後の課題

以上、本節で述べたことをまとめれば、次のようになろう。

①複合字音語基の中で、SCJB を異質なものとして特別視するのではなく、自立形式の複合字音語基の兼用類や「第三形容詞」の語基を介して、自立形式の複合字音語基と SCJB とが繋がっていることが確認できた。

②SCJBの中を下位区分することで、自立形式の複合字音語基と SCJBとが単に繋がっているだけでなく、両者が語基の安定性・不安定性、明確性・不明確性という点を通して連続的であることが示せた。

③SCJBのあり方を考察することによって、従来の複合字音語基の分類の問題点を改めて浮き彫りにすることができた。また、そのことを通して、複合字音語基全体の新たな分類案を提示できた。

④SCJBが必ずしも均質ではなく、その中にさまざまな特質を有するものが存在することを示せた。特に、SCJBを語基の安定性・不安定性、明確性・不明確性という観点から大きく四つのグループ（しかも中心的なグループとそうでないグループ）に分類できたことの意義は大きい。なぜなら、このことは、野村（1978）が接辞性字音形態素「的・性・化」に関して、これらは「実質的な意味をもつ、非自立性の語基（引用者注：SCJBのこと）と結合して、それに形式的な意味をあたえつつ、品詞性を確定させる、機能をもっている」と述べた際に念頭に置いていたSCJBが、そういった接辞性字音形態素によって安定する度合いに様々な程度差が存することを明らかにしたということだからである。

最後に、残された課題であるが、次のような点を挙げることができよう。

①今回扱ったSCJB16個について、もう少しきめの細かな扱いが必要である。たとえば、どの接辞性字音形態素で言い換えられるかどうかテストをし点数化したが、言い換えの可否については、かなり主観的な判断になってしまった。これをもう少し客観化する試みが求められる。

②造語力の大きさの解釈が適切であったかどうか疑問が残る（今回は、造語力が大きいということは、語基の不安定性を示すと解釈した）*8。

③今回は、字音語基が対象であったが、今回の観点を和語語基の場合にもうまく適応できないか、考えてみる必要がある。

④今回は、現代共時態における分析であったが、通時的な分析も興味深い。特に、これら16語の多くが、近代以降、訳語として新たに作られたか、漢籍の用法とは異なった用法として新たに使われるようになったものである点は見逃せない。このことがどういう意味を有するのか、あらためて考えてみる必要がある。

＊1　兼用形式に関する著者の考えは、本書第1部第1章第4節で詳述しているので参照されたい。

＊2　「自立して漢語 VN になる複合字音語基」＝用言類について詳しくは、本書第1部第1章第2節を参照されたい。

＊3　「第三形容詞」の漢語語基の位置づけについては、本書第1部第1章第3節で論じているので参照されたい。

＊4　芸術運動の一つに「新即物主義」（Neue Sachlichkeit）というのがあり、「1925年に G.F. ハウトラウプがマンハイムの絵画展で、後期表現主義のユートピア的パトスに反する動きを示す概念として用いて以来、即物的で飾らず、幻想を抱かずドキュメント風に時代の現実を表現しようとする1920年代ドイツの芸術一般の自己理解を示す。」（廣松渉ほか編『岩波 哲学・思想事典』1998年）と説明されている。

＊5　本書第1部第1章第3節では、相言類を拘束形式と位置づけるので、この部分は後に訂正される。

＊6　兼用形式に関する先行研究の捉え方とその問題点については、本書第1部第1章第4節（2.1）を参照されたい。

＊7　自立形式の場合には、原（1986）が指摘するように、「健康ナ美人・健康的ナ美人」「日本は今平和ダ・彼のとった手段は平和的ダ」のように相違が明確にわかる場合がある。

＊8　ただし、逆に解釈しても、縦軸に関して位置が反転するだけで、今回扱った15個の SCJB が大きく四つのグループに分かれることには変わりがない。

第2節　複合字音語基用言類の位置づけと下位分類
漢語動名詞との関わりで

1.　はじめに

「獲得する、勉強する、面会する」等のいわゆる漢語サ変動詞については、従来、様々な観点から数多くの研究がなされてきた。今、それらの先行研究を便宜的にテーマごとに分け、実際の論考例（網羅的なものではない）とともに示すなら、次のようになろう。換言するなら、これらは、漢語サ変動詞の有する諸問題の分類とも見ることのできるものである。

(1) 従来の漢語サ変動詞の研究テーマと先行研究例

  (a) 漢語の中でサ変動詞になるのはどのようなものか。

    …北條（1972）・田中／野村（1982）・日向（1985）・相澤（1993）・荻野（1996）・野村（1999）・松岡（2004）

  (b)「～する」と「～をする」との関係（「を」挿入の可否）

    …影山（1980: 3.2）・森田（1988）・平尾（1990）・影山（1993：第5章）・平尾（1995）・金（1999）・小林（2004a: 1.5）・黄（2005）

  (c)「Nの～をする」と「Nを～する」をめぐって（目的語の表示について）

    …田野村（1988）・平尾（1990・1994）・影山編（2011：第8章）

  (d)「Nを（が・に）～する」のNと漢語サ変動詞語幹との意味的関係について

    …影山（1980: 3.3.2）・島村（1985）・張（1992）・小林（2004a: 2.4）・李（2004）・中川（2005）

  (e) 漢語サ変動詞の自他

    …森田（1994［初出は1992]）・影山（1996: 4.2）・本田（2003）・金（2004）・小林（2004a: 3.3.5・2004b）・楊（2007・2009）・庵（2008）・張（2010）

第1章　複合字音語基の分類　　43

(f)「中」と共起する際のアスペクト

…柏野（1993［初出は［1979］）・水野（1984）・文（2000）・佐伯（2005）・時（2009）

(g) 一字漢語サ変動詞の特性

…邱（1993）・三宅（2010）

(h) 機能動詞との結合

…谷部（2002）・朱（2013）

(i) その他

…漢語サ変動詞全般について：松井（1987）、複合動詞との比較：石井（1987）、他動詞文としての使役文：井口（1998）、「青い目をしている」構文：佐藤（2003）・影山（2004）、日中語間の品詞のずれ：中川（2002）・五味他（2006）、特殊な一類：中村（2008）

　一方、これらの研究の流れとは別に、漢語、あるいは複合字音語基の分類において、その一類として、「する」を伴って動詞となる（すなわち、漢語サ変動詞となる）という分類項目が立てられ、「用言類」などと呼ばれてきた（たとえば、水野［1987］など）。もちろん、語基として分類するということは、語ではなく語構成要素の分類である。しかし、用言類というのは、その規定から明らかなように、漢語サ変動詞の語幹に相当するものであり、また、この語幹は、実は自立して動詞としても名詞としても用いられる（その場合には「漢語動名詞」と呼ばれる。本節では、以下、第2小節で先行研究の用語法に言及する場合を除き、基本的に語として見る場合には「漢語動名詞」という用語を使用し、「漢語サ変動詞語幹」という表現は用いない）。たとえば、以下のようにである（用例は、特に断わらない限り KOTONOHA「現代日本語書き言葉均衡コーパス」による）。

(2) 東洋の魔女と呼ばれた日本の女子バレーボールチームが金メダルを<u>獲得</u>、日本中を興奮の渦に巻き込んだ。

(木村良一『移植医療を築いた二人の男』)：動詞

(3) ルールや順番を守ること、色や数量的概念を育てることな

ど、特定のスキルや知識の<u>獲得</u>を促す場合に使われます。

（桜井茂男『子どものこころ』）：名詞

(4)　西郷は若いころ、斉彬にすすめられて水戸屋敷へゆき、藤田東湖に<u>面会</u>、以後、かれは同時代人のなかで東湖を最大の人物であると思うようになった。

（司馬遼太郎『翔ぶがごとく』）：動詞

(5)　私は早速、外事部長の鈴木乾三さんに、インボデン課長に<u>面会</u>を申し込んでほしい、と頼んだ。

（小原正雄『青春社会部記者』）：名詞

　このように考えるなら、用言類と漢語動名詞とは、前者が語基、後者が語というレベルの相違はあるものの、実質的には対応する存在であることがわかる。従って、冒頭（1）に掲げた、後者（あるいは漢語サ変動詞）に関するこれまでの様々な研究成果が何らかの点で用言類に反映され、そのことによって用言類がさらに下位分類されてもいいはずであるのに、管見の限りそういった観点からの提案は見られない。そこで、本節では、漢語動名詞に関する考察のうち、特にその名詞性をどう捉えるかといった問題、すなわち、漢語動名詞と事象名詞の下位区分（単純事象名詞・複雑事象名詞）との関わりという問題を取り上げ（これは、（1）の分類では、特に(b)・(c)のテーマと関わる問題である）、そういった点が用言類の下位分類にどのように利用できるかを考えてみたい。

　このようなアプローチは、見方を変えれば、用言類を名詞（語基レベルで言えば体言類）の観点から下位分類しようとする試みであると言えようが、野村（1998a: 138）が述べるように（「完全に日本語になった字音複合語基としても、体言として一括してよい」）、複合字音語基が基本的に体言の性格を持つとするなら、それなりに妥当な観点であると言えよう。なお、その結果として、当然、体言類の下位分類も関連してくる。

　いずれにせよ、本節の目指すところは、あくまでも語構成要素としての複合字音語基の分類全体に適用できるような下位分類の基準を探りつつ、特に用言類の下位分類案を示すことに他ならない。その意味では、本節は、第1章第1節に引き続き、複合字音語基を新

たに再分類する試みの一環として位置づけることができる。

2. 先行研究と本節の立場

2.1 従来の複合字音語基の分類

　複合字音語基の分類については、第1章第1節（4.1）でも述べたように、先行研究の分類はどれも大体共通しており、基本的には次の4分類である（野村［1998a］の分類を基に示す）。

　（6）従来の複合字音語基の分類

　　　　a. 事物類（N）…叙述の対象となる物や事をあらわす。（「体言類」とも）

　　　　　〈＋ガ・ニ〉

　　　　　（例：宇宙・人間・交通・工業・科学）

　　　　b. 様態類（A）…事物や精神の性質・状態をあらわす。（「相言類」とも）

　　　　　〈＋ナ・（ノ）・シイ〉

　　　　　（例：簡単・愉快・重要・意外・永久）

　　　　c. 動態類（V）…事物の動作・作用をあらわす。（「用言類」とも）

　　　　　〈＋スル〉

　　　　　（例：研究・運動・変化・検討・観察）

　　　　d. 副用類（M）…動作や状態の程度・内容を限定・修飾する。（「副言類」とも）

　　　　　〈＋φ・ニ・ト〉

　　　　　（例：突然・直接・一斉・結局・実際）

　この分類には、様々な問題点が含まれているが、それについては村木（2012: 78–84）で指摘されているし、第1章第1節（4.1）でも言及したので、ここでは繰り返さない。ただ、本節の内容と関わりの深い用言類の分類に関し、次の点に注意を喚起しておきたい。

　「用言類」は、「する」を伴って動詞になるという点に着目した分類項目であるが、このことと、自立して名詞にもなれるということ（つまり体言類の性格も併せ持っているということ）との関わりを

どう考えるか、という点については、従来、あまり論じられてこなかったように思われる。すなわち、この分類項目に属する語基にとっては、動詞になれるという性格（用言性）の方が名詞になれるという性格（体言性）よりも重要である（あるいは本質的である）と言えるのかどうか、といった問題である。なお、語（漢語動名詞）においては、影山（1993）等で、動名詞の有する二面性の淵源としてある程度議論されているが、語と語基とでは必ずしも同等に論じられない点があることは認識しておく必要があろう。

　ただ、この問題については、本節とは別の観点からあらためて論じる必要があるので、本節で直接取り上げることはしない（この問題については本書第1部第1章第4節を参照されたい）。とはいえ、ここで一つだけはっきりさせておきたいのは、この問題は、複合字音語基が本来的に有する不安定性（たとえば、語基の兼用性［同一語基が複数の分類項目に跨がること］の問題）とは区別し、用言類（あるいは動名詞）特有の問題として扱わなければならないという点である。

2.2　従来の漢語サ変動詞（漢語動名詞）の取り扱い

　第1小節で示したように、漢語サ変動詞に関しては、これまで様々な分析が行なわれてきているが、ここでは、そのうち、本節の問題意識に関わる先行研究、すなわち、複合字音語基「用言類」の分類に何らかの点で役立てられそうな漢語サ変動詞研究について幾つか取り上げる。

2.2.1　国語学的な観点からの漢語サ変動詞へのアプローチ
　　　　　語幹の構造による分類

　国語学的な観点からのアプローチとして、ここでは、松井（1987）、日向（1985）、野村（1999）を取り上げる。

　松井（1987）は漢語サ変動詞全般を扱った研究であるが、その中で（第2節「漢語サ変動詞の種類」）、「漢語サ変動詞の分類は、（略）第一次は語幹の字数に基づいて行われるのが普通である。」（187頁）と述べ、さらに、「この分類は、漢字の字数という形式的

第1章　複合字音語基の分類　　47

な基準によっているけれども、結果的には文法機能や意味表示機能の相違に則した分類になっている。」と指摘している。しかし、ここで問題とされているのは、基本的に、一字漢語サ変動詞とそれ以外（二字以上）における語幹の自立性や活用における相違であり、本節のように、複合字音語基を対象とする立場からは直接参考にならない。

　日向（1985）は、漢語サ変動詞の語幹が、「動詞性の訓や意味を持つ漢字」か「一字で漢語サ変になる文字」で構成されているもの（前者の例：噴火する、産出する、閉店する、後者の例：仲介する、厳禁する）を取り上げ、さらにその中でも、語幹の構造が修飾関係と客体関係（松下文法に従へ、「を」「に（へ）」「から」格を伴う場合とする）になっている場合のみを対象としている。ただ、日向の論は、語幹そのものよりも、語幹を構成する漢字自体に焦点が当てられていて、修飾関係ではどのような漢字が「修飾字」「被修飾字」になりうるか、客体関係ではどのような漢字が「客字」になりうるか、といった点が中心的なテーマであり、語幹の構造、あるいはそれによる分類そのものが問題とされているわけではない。

　これらに対し、野村（1999）は漢語サ変動詞の語幹（野村の用語では「主成分」）の語構造を語種別、単位数別、結合パターン別に細かく分類している点に特色がある。特に、野村の言う「主成分」というのは複合語基に他ならず、そういう点では、とりわけ細かく分類されている「2単位の字音複合語基」についての考察は本節にとっても非常に参考になる。ただし、これをそのまま複合字音語基の用言類の分類に持ち込むことはできない。なぜなら、分類が細かすぎるし、第一、これでは他の体言類や相言類の下位分類との一貫性が保証されない、つまり、こういった分類が複合字音語基の一貫した分類基準になり得るのかどうかが明確でないからである。

　そういう点では、むしろ、同論文で、「サ変動詞の成分となる名詞についての意味的な制約」として「かんがえてみる必要がありそうである。」（3頁）とされている4点のうちの3点（ア・イ・ウ）の方が本節にとっては重要であるように思われる。

（7）野村（1999）のあげるサ変動詞主成分の意味的な問題点

ア　サ変動詞の主成分となる名詞性の語基はかならず動作的な
　　　意味をもつか。
　イ　動作的な意味をもたない名詞性の語基でサ変動詞の成分に
　　　なるものがあるとすればどのようなものか。
　ウ　動作的な意味をもつ名詞性の語基でサ変動詞の成分になら
　　　ないものがあるとすればどのようなものか。

　このうち、アとイに関しては、主成分と「動作的な意味」との対応関係の問題であるが、野村によれば、少なくとも字音語基においては、2単位以外の場合には「字音語基が主成分となるばあいは、ほぼ例外なく動詞性語基が要素としてふくまれ」（13頁）、2単位を考慮に入れても「サ変動詞の主成分となる語基は動作・行為をあらわすという期待は、字音語ではかなり高率で実現している。」（20頁）とされている。

　一方、ウについては、「愛国、開襟、救命、決死、興業、殺人、防臭、養鶏、立憲、臨海」といった複合語基をあげ、「これらがサ変動詞の成分になりやすいパターンであ」りながら「サ変動詞を構成しないのは、ほとんどが結合専用の形式であることによる。」（21頁）と述べられている。「ほとんど」と断わっているのは、「決死」や「殺人」は自立するからであろうが、特に「殺人」については動作・行為を表わすのになぜサ変動詞にならないのかよくわからない（「殺人」については、後［4.2］にまた取り上げる）。なお、ここで野村が「結合専用の形式」と言っているのは、自立せず派生語（「愛国派」）や複合語（「救命具」「防臭剤」）を必ず作るという意味であるが（本書第1部第1章第1節で述べた「合成形式専用類」である）、本節でも、この観点は後（4.1.1）に別の意味で重要になってくる。

2.2.2　動名詞へのアプローチ

　本節との関わりで重要になってくるのは、影山（1993）、伊藤・杉岡（2002）、小林（2004a）、影山編（2011）などであるが、これらの所説は本節の分析と密接に関わるので、以下の第3小節、第4小節において本節の考察を展開する過程で適宜参照することとし、

第1章　複合字音語基の分類　　49

ここでは言及を省略することにする。

2.3 本節の立場

第1小節で述べたように、本節の目的は、従来の漢語動名詞の分析を取り入れた形での複合字音語基用言類の下位分類を目指すことであるが、その際あらためて重要になってくるのは次の2点である。

①分類対象は語ではなく語基（つまり語構成要素）であるということ。

②分類基準はできるだけ複合字音語基全体に適用できるものであること。

なお、①との関わりで、本節では、以下、語レベルの分類項目は基本的に「〜詞」、語基レベルの分類項目は「〜類」という名称で区別することとする。

さて、上記2点は、具体的にはどのようなところに表われるだろうか。

①に関しては、まず第1に、拘束形式が対象に含まれるという点が問題になる。たとえば、本書第1部第1章第1節で扱った「画期-、具体-、国際-、先進-、本格-」といった類（合成形式専用類）を積極的に分類の中に位置づけようという試みは、複合字音語基全体の分類におけるそういった点への拘りの表われであると見ることができるが、後述（4.1.1）するように用言類の場合にも拘束形式が対象に入ってくる。第2に、語レベルでのみ問題となるような相違は分類基準とせず（そういった点は語の分類の際に利用すればよい）、語基レベルで問題となる相違を分類基準とするということである。具体的には、問題となる相違が、拘束形式・自立形式といった語基の形態論的な在り方に関わるものであったり、語基の分類項目間の区別に関わるものであったりする必要があるということである。

次に②に関しては、（上記①の第2の点にも拘わらず）従来の複合字音語基の分類全体が、語基がどのような語を構成するかという基準（「語の構成法」森岡［1994: 161］、「語基の語構成能力」［野村（1998a: 140）］）に則っている点、すなわち、語基がどのよう

な語になるかという点から分類されているという点、に留意することである。

　以上のように考えるなら、複合字音語基の分類は、基本的には、その語基がどのような語を構成するかという基準による分類でありながら、その分類が語基の区別に有用なものであるということが求められると言えよう。そして、第1小節で述べたように、本節においては、そういった基準として、用言類においてはどのような事象名詞になるのか（単純事象名詞か複雑事象名詞か）、それに体言類においてはどのような名詞になるのか（モノ名詞か事象名詞か）といった点を利用して複合字音語基の分類を行おうというわけである。こういった分類法は、先の野村（1999）に見られたような、用言類にだけの特有な分類の仕方とは自ずから異なるものである。

3.　複合字音語基分類の前段階的考察　語レベルの分類

3.1　本小節の意味

　2.3で述べたように、本節の複合字音語基分類の基準は、基本的には従来の分類基準と同じく、その語基がどのような種類の語を構成するかという観点によるものである。本節で直接的に対象とする用言類の場合には、自立して漢語動名詞を構成するわけであるから、用言類を下位分類する際にも、漢語動名詞の性格をどのように考えるか、という点が重要になってくる。そして、この点に関し、本節では、第1小節と前小節（2.3）で述べたように、漢語動名詞の有する名詞性に着目することとする。既述のように、そうすることによって、複合字音語基全体（あるいは、少なくとも今回扱う用言類と体言類）に適用できる観点が確保できると考えるからである。従って、本小節では、標題に掲げたように、複合字音語基の用言類を分類するための「前段階的考察」として名詞の分類、およびそれと動名詞との関わりについて考える。

3.2　名詞の分類（1）　モノ名詞とデキゴト名詞

　ここでは、基本的に影山編（2011：第2章）の説明に基づいて

第1章　複合字音語基の分類　　51

解説する。

　名詞は、大きく「モノ名詞」と「デキゴト名詞」（影山［1993］
の用語では「事象名詞」）とに二分される。同書に従い、具体的な
例を挙げれば、次のようになる。

　（8）モノ名詞の例

　　　　アイスクリーム、机、リンゴ、先生、ニワトリ、水、空、
　　　　夢、会議室、運動場、台所、郵便局、居間、自転車置き場
　　　　（「会議室」以下は、モノ名詞の一種である「場所名詞」の
　　　　例であるが、本節では、この区別には拘らない）

　（9）デキゴト名詞の例

　　　　会議、運動会、オリンピック、試合、コンサート、事故、
　　　　地震、爆発

　両者の基本的な違いは、「『時間』の観念がそれ自体に含まれるか
どうかということである。」（38頁）という。すなわち、「典型的な
『モノ名詞』は、『鉛筆、自転車、砂』のように単純な物質を表し、
そこに時間の概念は関係していない。」（43頁）のに対して、「デキ
ゴト名詞は『会議、事故、地震、お祭り、事業仕分け』のように、
出来事や動作・活動を表し、名詞ではあるものの、どちらかという
と『動詞』に近い性質―すなわち時間の流れとともに変化する性質
―を備えている。」（42頁）ということになる。

　こういった点が、たとえば、時間表現を取れるかどうか、「～で
の」という場所表現で修飾できるかどうか、といった違いとして表
われるという。

　（10）時間表現との共起

　　　　a. モノ名詞：＊3時間の鉛筆、＊今だけの自転車、＊7時から
　　　　　 7時5分までのジュース

　　　　b. デキゴト名詞：昨日の火事、3時間の会議、昼下がりのコ
　　　　　 ンサート、今朝の事故

　（11）「～での」による修飾

　　　　a. モノ名詞：＊大学での鉛筆、＊大ホールでのピアノ、＊居
　　　　　 間での希望

　　　　b. デキゴト名詞：大学での会議、渋谷での事故、インドで

52　　　Ⅰ　語構成の文法的側面についての研究

の地震、料亭での食事

　また、両者の違いは、「～がある／いる」という構文の解釈にも表われるという。

　(12) a. 目の前に ｛パソコン／交番／バケツ2杯の水｝ がある。
　　　 b. あそこに ｛父／幼なじみ／きれいなキジ｝ がいる。

は、いわゆる「存在文」であり、「～が」に該当する名詞（モノ名詞）がある場所に存在することを表わす。それに対し、

　(13) a. （次の日曜日に）小学校で運動会がある。
　　　 b. あの交差点では（しょっちゅう）事故がある。

では、同じく存在を表わすといっても、次の2点で（12）と異なる。一つは、「場所を表す名詞の格標示」（40頁）であり、（12）では「～に」であったのに対し、（13）では「～で」となっている。もう一つは、「『ある』という動詞の現在時制の意味解釈」（41頁）である。「ある、いる」はいわゆる状態動詞であるから、通常、単純現在時制では「いま現在の実際の状態」（41頁）を表わす。（12）の場合がそうである。ところが、（13）の「ある」は「そのうちにその事態が起こるという近い将来の意味か、あるいは、その事態が頻繁に起こるという繰り返しの解釈になる。」（41頁）。これは、（13）の「ある」が状態動詞ではなく「出来事や行為を表す動詞」（41頁）になっているということであり、この場合の「～が」に該当する名詞がデキゴト名詞である。

　なお、同書によれば、通常、「モノ名詞とデキゴト名詞のいずれに所属するのかは、個々の名詞ごとに決まっている」（39頁）が、「名詞によってはデキゴト名詞としての意味とモノ名詞としての意味を併せ持」（39頁）っている場合もあるという。たとえば、「広告」は、「商品の広告に力を入れる」のように「広告活動を指す場合」（39頁）はデキゴト名詞であるが、「折り込み広告を見て買い物に行く」のように「広告のチラシを指す場合」（39頁）はモノ名詞であるという。

3.3　名詞の分類（2）単純デキゴト名詞と複雑デキゴト名詞

　名詞をモノ名詞とデキゴト名詞に二分しただけでは、まだ動名詞

第1章　複合字音語基の分類　　53

との関わりが出てこない。この点について考えるためには、動名詞の有する名詞性がどのような性格のものであるのかを明らかにしなければならない。そして、そのためには、デキゴト名詞をさらに単純デキゴト名詞と複雑デキゴト名詞とに二分する必要がある。

デキゴト名詞がさらに二分されるというのは、もともとは英語において動詞が名詞化される際に見られる区分として、Grimshaw（1990）によって提唱された考え方である。以下、影山編（2011：第8章）や伊藤・杉岡（2002: 3.1–3.2［同書の用語は「単純事象名詞」と「複雑事象名詞」]）の説明をも参照しつつ、両者の相違、その区別と動名詞との関わり等について略述する。

3.3.1 両者の相違

単純デキゴト名詞と複雑デキゴト名詞との違いは、端的に言えば、項構造を有するかどうかであり、有するのが複雑デキゴト名詞、有さないのが単純デキゴト名詞ということになる。この場合の項構造というのは、基になった動詞の項構造であり、本来、項構造は動詞に備わっているものだから、この点から言えば、「単純デキゴト名詞は動詞よりモノ名詞に近く、複雑デキゴト名詞はモノ名詞ではなく動詞に近い」（影山編［2011: 216]）ということになる。このことは、「複雑デキゴト名詞は動詞と同じように出来事のアスペクトに合った時間副詞のみを取る」ことができるのに対し、単純デキゴト名詞は「完了や継続を表す時間副詞と共に使うことができない」（影山編［2011: 215]）という点にも表われているという。なお、この他にも、単純デキゴト名詞は可算名詞であり、複数形になるが、複雑デキゴト名詞は不可算名詞であり複数形にならない、という相違もあるという。

英語の場合、「接尾辞を伴う名詞では2種類のデキゴト名詞を語形だけで区別することはでき」（影山編［2011: 217]）ず、「接辞によって、たとえば転換名詞は項構造をもたないものが多く（e.g. *the buy of clothes, *the push of the door）、-（at）ion は項構造を取りやすい（e.g. the construction of the building, the relaxation of external controls）といった傾向性が指摘されているものの（中

略）例外もあり、あくまで傾向にすぎない」（伊藤・杉岡［2002：80］）という。従って、結局は、「どの名詞がどのような意味をもつかは、個々にレキシコンにリストされていると考えなければならない。」（同上）ということになる。ただし、例外的に「-ing は、すべての動詞に付加することができ、必ず複雑事象名詞の意味をもつという点で、他の接辞に見られない突出した生産性と規則性をもち、話者による個人差もない。」（同上）という。

　以上は、英語の場合であるが、日本語の場合はどうであろうか。日本語において動詞を名詞化する方法には、「大きく分けて、動詞連用形を接辞なしで名詞として使う方法（笑い、繰り返し）と、ある意味をもつ接辞付加によるもの（笑い方、繰り返し方、読み手、聞き役）とがある。」（伊藤・杉岡［2002：92］）が、同書によれば、前者、すなわち「日本語の動詞連用形の事象名詞においても、英語の名詞化（discussion, examination）の場合と同様に、単純事象名詞と項構造をもつ複雑事象名詞の両方が存在する可能性が」（100頁）あり（ただし、この点に関しては影山編［2011］では見解が異なり、「デキゴトを表す日本語の転成名詞は、厳密には単純デキゴト名詞に相当すると考えられる。」［222 頁］とされている）、後者においても「-方」に関しては、複雑事象名詞を形成するとされている（この点は、影山編［2011］でも同様である）。

3.3.2　（漢語）動名詞との関わり

　以上、英語と日本語における単純デキゴト名詞と複雑デキゴト名詞の在り方について概観したが、この区別が漢語動名詞とどのように関わってくるのであろうか。

　この点については、影山編（2011）の次の言葉が明快に示してくれる。「では、英語の複雑デキゴト名詞に相当する日本語の表現は何だろうか。それは『建築、訪問』などの漢語名詞である。」（222頁）。すなわち、日本語においては漢語動名詞が複雑デキゴト名詞を形成するというのである。ただし、これには、以下のような動名詞ならではの留保条件が付く。

　（14）ただし、英語の複雑デキゴト名詞は動詞から派生したもの

しか存在しないが、日本語の動詞的名詞は、動詞から派生
した名詞ではなく、元々、名詞と動詞の機能を兼備してい
る。したがって、(29)、(30) の動詞用法(引用者注:「首
相が昨年、<u>中国を訪問</u>の折…」「売り出し期間中に<u>新製品を
ご予約</u>のお客様は…」) が元にあって、そこから (31) の名
詞句(引用者注:「首相の昨年の中国の訪問」「売り出し期
間中の新製品のご予約」) が『派生』したと考える必要はな
いのである。英語の複雑デキゴト名詞では項の受け継ぎと
いう用語を用いたが、日本語の動詞的名詞については『項
の受け継ぎ』という用語は適切でない。(31) のような名詞
用法で現れる項は、動詞から受け継がれたのではなく、
元々、これらの名詞に備わっているのである。(222〜223頁)
　これは、同書に見られる「影山 (1993) はいわゆるサ変名詞を
動名詞(あるいは動詞的名詞、Verbal Noun)と呼び、もともと、
名詞としての性質と動詞としての性質を併せ持つ特殊な品詞である
と論じている。」(222頁)という理解の仕方を承けたもので、非常
に重要な指摘である。

3.4　動名詞の分類　VN の編入分析

　動名詞の有する名詞性というのが複雑事象名詞としてのものであ
るという点は、影山 (1993:第5章) でも強調されている(同書
の用語は「単純事象名詞・複雑事象名詞」である)。

　影山は、「NP の〜をする」(ex. 遠足の準備をする。運動会の練
習をする。公園を掃除する。全国各地の方言の調査をする。) とい
う言い方を取り上げ、こういう構文を取れるのは、「〜」の部分が
単純事象名詞と複雑事象名詞の場合であり、そのうち、後者の場合
に限り、「NP を VN する」と言い換えられると論じている(上記
の場合、「*遠足を準備する。*運動会を練習する。公園を掃除する。
全国各地の方言を調査する。」となるので、「準備、練習」は単純事
象名詞、「掃除、調査」は複雑事象名詞である)。またこの場合、単
純事象名詞か複雑事象名詞かという点と平行して、「NP の」の担
う役割も異なり、「NP の」が主要部の修飾語になっている(「〜の

ための」と言い換えられる）のが単純事象名詞の場合で、目的語に
なっているのが複雑事象名詞の場合であると述べている。なお、同
じ形式であっても、「胃潰瘍の父が胃の手術をした。→胃潰瘍の父
が胃を手術した。」、「大学病院の医師たちが花子に心臓移植の手術
をした。→＊大学病院の医師たちが花子に心臓移植を手術した。」
と並べてみれば分かるように、前者の「手術」は複雑事象名詞
（「正当なVN」〔269頁〕）、後者の「手術」は単純事象名詞、とい
うように異なる場合があるという（270頁）。

　この論点は、非常に興味深いものであるが、実は、これだけでは
VNの分類には繋がらない。VNを分類するためには、影山の言う
「編入分析」を利用する必要がある。

　影山によれば、複合語「VNする」は、語彙部門で複合語として
形成されるものではなく、「VN（を）する」という迂言的な表現
から統語部門のS構造で統語的編入（VN編入）を受け派生される
ものであるという。つまり、VN編入が起こるまではあくまでも句
として統語的に存在しているということである。そして、このよう
に考えると、複合語「VNする」に、「VNをする」という表現が
許されるもの（VN編入が任意的なもの）と許されないもの（VN
編入が義務的なもの）の2種類が存在することがわかる。たとえば、
次のようにである。

（15）VN編入が任意的なもの
　　　胃の手術をする（胃を手術する）・機械の修理をする（機械
　　　を修理する）・法律の改正をする（法律を改正する）・人質
　　　の釈放をする（人質を釈放する）・息子が家出（を）する・
　　　紅白歌合戦に出場（を）する
（16）VN編入が義務的なもの
　　　水が蒸発（＊を）した・長男が誕生（＊を）した・株価が下
　　　落（＊を）する・演奏に驚嘆（＊を）する
　このように見てくると、VN編入が任意的なのは、VNがいわゆ
る他動詞・非能格動詞の場合であり、VN編入が義務的なのは、
VNがいわゆる非対格動詞の場合であることがわかる。なお、影山
によれば、非能格動詞であっても「を」格を取り得るのは、

「Burzioの一般化」（＝「外項を取る動詞のみが目的語に対格を与えることができる。」）に基づくという（283頁）。ただし、この点については、小林（2004a）は若干懐疑的であり、「主語の一側面（一部分）や〈経路〉など、非対格の述語と共起するヲ格名詞句」（67頁）も存在することから、「Burzioの一般化を使う分析に問題があることを示している。ヲ格名詞句の『～を』と『～をする』構文の『～を』は、分けて考えなければならない。」（同上）と述べている。

　以上のように、動名詞は、影山の言うVN編入が任意的か義務的か、換言すれば、VNが他動詞・非能格動詞か非対格動詞かによって分類できるわけであるが、次小節で示すように、本節では、この点を基準に用いて用言類を分類しようというわけではない。なぜなら、この問題は、言わばVNの動詞性の性格に基づく分類であり、繰り返し述べてきたように、本節で目指しているVNの名詞性に基づく分類ではないからである。

4.　複合字音語基の下位分類　「用言類」と「体言類」

4.1　「用言類」について

　第2.1小節で述べたように、用言類というのは、「する」を伴って動詞（サ変動詞）となるものである（ただし、既述のように、実際にはそのままの形で自立して漢語動名詞となる）。本節では、これを以下の大きく二つの基準によって細分したいと思う。

4.1.1　第1の基準（自立形式か拘束形式か）

　従来の複合字音語基分類においては、あまり拘束形式への配慮がなされていなかった。実際、先（2.1）に示した先行研究に共通する4分類は、基本的に自立形式の分類である。野村（1998b）のように、本書第1部第1章第1節で扱った「具体・国際・本格」等の合成形式専用類に早くから着目していた研究者の分類にしても、表だって拘束形式の枠が設けられていない（先に（6）として掲げたのは、まさにその野村［1998a］の分類であり、同論文では、これ

らの語基は「事物類」［＝「体言類」］の一類とされている）。もちろん、「鬱陶しい・仰々しい・騒々しい・麗々しい」などの「鬱陶・仰々・騒々・麗々」のように、相言類の一部において、特殊な語基や畳語形式の語基などに拘束形式の語基となるものがあることは早くから気づかれていた（宮地［1973］・森岡［1994］）が、上記（「具体・鬱陶・騒々」）のような、いわば特殊なもの以外には、少なくとも複合字音語基に関してはあまり拘束形式に目が向けられることはなかった。

しかし、複合字音語基において、拘束形式は思いの外多く存するものと考えられる。そのことは、今問題にしようとしている用言類の場合を見てもよくわかる。

具体的に話を進めよう。よく話題になるように、普通「する」を伴わないと考えられる形式が「する」を伴うことがある。たとえば、「科学する・主婦する・哲学する」などである。具体例として、次のようなものが挙げられる。

(17) さて、このSFには科学する対象が多すぎて困惑するくらいであるが、むりに三つほど拾い出してみよう。

（石原藤雄・福江純『SFを科学する』）

(18) 昔の保母仲間で専業主婦している人にあたってみましょうか。子どもの手が離れている人なら、数日間なら来てくれるかも知れない。　　（柴田よしき『フォー・ユア・プレジャー』）

(19) 彼は企業成長や経済発展の本質に立ち返って哲学すること、つまり技法論から存在の本質論への、優れた思考力と洞察力を通じた理論的回帰の重要性を示唆した。

（寺東寛治『時間と空間の戦略』）

「科学・（専業）主婦・哲学」などは、もともとモノ名詞であり、本来「する」は付かないはずである。しかし、敢えて「する」を付けることによって、それらがいわば隠し持っていた動作的な概念が引き出されている感じがする。影山編（2011）では、「お茶する、スタバする、写メする」といった語を挙げ、次のように述べる。

(20)「する」の前に来る名詞は、モノ名詞ではなくデキゴト名詞の性質を帯び、「お茶する」は「お茶（あるいはコーヒーな

ど）を飲んで休憩する」のように「休憩」といった動作的な意味が生じる（「お茶、お絵描き」などは第8章の分類で言うと、単純デキゴト名詞と思われる）。　　　　　（182–183頁）

　ただ、注意しなければならないのは、「お茶・たばこ」などは、「お茶（たばこ）にする」、「お茶（タバコ）の時間［いずれも休憩時間の意］」などと言えることからわかるように、これらはもともとモノ名詞と単純事象名詞の両方の用法を有していると考えられるのに対し、上で問題にした「科学・主婦・哲学」は、あくまでも「する」を伴う際に単純事象名詞の意味合いを有してくるのであり（上記引用（20）中、「デキゴト名詞の性質を帯び」とある点に注意）、通常は、やはりモノ名詞であると考えられるという点である。そのことは、たとえば、3.2で挙げた影山編（2011）の基準（時間表現・場所表現の修飾を受けにくい）や、影山（1993: 270）で述べられている、（単純・複雑）事象名詞には「〜をする」構文が成り立つという説明から見てもわかる。

（21）＊3日間の科学（哲学・主婦）

（22）＊仙台での科学（哲学・主婦）

（23）＊科学（哲学・主婦）をする

　そうすると、これらの形式は、「する」を伴う際とそうでない際とで若干性質が異なると考えなければならないことになる。

　もう一度確認すれば、これらの形式の場合、重要なのは次の2点である。

（ i ）　本来、モノ名詞である。

（ii）「する」を伴うことができ、その場合に限り事象名詞としての性質を帯びる。

　（ii）から、これらは規定から言って語基としては用言類に属することがわかる。しかし、通常の用言類と異なり、これらは単独では事象名詞として自立しない。そこで重要になってくるのが、（ i ）である。すなわち、これらは、通常、自立してモノ名詞となる語基として体言類に属していると考えるべきものなのである。そして、それが事象名詞となる語基に変質することがあり、その場合に限り「する」を伴って自立するのである。つまり、これらは、語基レベ

ルで体言類（後述するように、「モノ名詞になる」類）から拘束形式の用言類へと転成するのだと見なされるわけである。なぜ拘束形式かというと、単独では動詞にならず、「する」を伴って初めて動詞になるからである。なお、ここで言う「転成」、すなわち、語基レベルにおける「転成」については、本書第1部第3章第1節で論じているので参照されたいが、わざわざ転成を持ち出す理由は、自立形式から拘束形式への変化は語基における本質的な質的変化であると考えられるからである。

　以上のように考えるのであれば、まず複合字音語基の用言類は次のように大きく二分される。

(24)「用言類」の分類（その一）

用言類 ┤ 自立形式

　　　　└ 拘束形式（←体言類より転成）

　　　　　　…ex. 愛称・科学・効果・主婦・哲学・文学

　なお、これらは、拘束形式であるから、これらからできる漢語サ変動詞（「科学する・主婦する」等）は、3.4で述べた影山（1993）の言う「編入」によって形成されるものではなく、語彙部門で直接「する」と複合するものと考えられる。また、これらの漢語サ変動詞の語幹は、通常の場合と異なり、複雑事象名詞ではなく単純事象名詞である。

4.1.2　第2の基準（「体言類」をも兼ねるか）

　既に何回か述べたように、従来の用言類は体言類をも兼ねるのが原則である。従って、森岡（1994）のように、以下のような考えに基づき、これらを基本的に「体言」に入れる立場も存在する。

(25)これらは、分類上体言に所属させるが、純粋に体言として機能するのは、①だけであって（引用者注：字音語基としては、「王、恩、客、晴天、会社、学校、精神」の類）、他は用言もしくは情態言（引用者注：形容動詞語幹のこと）を兼ねている。このような兼用が生じるのは、漢語・外来語系や和語系複合語を受け入れる際に、語基への適用がど

うしても緩くなるためだと思われる。（214頁）

　確かに、字音語基にはいわゆる兼用形式（幾つかの分類項目に跨がるもの）が多いのが一つの特色であり、村木（2012: 101）では「日本語の漢語には、複数の品詞を兼務する例が多いといえる。この事実は、中国語に多くみとめられる多品詞性（兼類）の特徴を日本語に持ち込んでいるとみてよいであろう。」と指摘されている。その点で、森岡や村木の指摘には一理ある。ただし、他の分類項目はともかく、用言類に限ってはこれらの言をそのまま受け入れがたい点がある。

　先に述べたように、従来の用言類というのは、語レベルで考えるのであれば、漢語動名詞である。そして、動名詞という語類には、漢語に限らず、和語（「受け付け」「立ち読み」）や外来語（「コピー」「テスト」）においても、動詞性と名詞性との二面性が見られるのである。つまり、用言類における二面性というのは、字音語基（漢語）だからというよりも、動名詞が本来的に有する特徴を語基レベルで体現しているものと考えられるのである。このことは、換言すれば、用言類の有する二面性は、字音語基が一般的に有する不安定性とは別物であり、用言類固有の問題であるということに他ならない。ただ、その内実を語基レベルで具体的にどう捉えたらよいかについては未だ明確でない。語（動名詞）に関しては、影山（1993: 37）では、「この名詞性と動詞性という二面性を理解するには、動名詞の内の関係と外の関係を区別して考えることが必要になる。」とされ、動名詞は動名詞節（VNP）を構成するとされているが、同書第5章（294頁）では、動名詞はVN'を構成すると修正されている。いずれにせよ、語でのこういった捉え方をどのように語基での二面性に反映させたらよいかが問題になってくるであろう。

　ところで、よく観察すると、用言類の大部分は体言類をも兼ねるが、中にはそうでないものも存在する。そこで、用言類を分ける第2の基準として、体言類を兼ねるかどうかという観点を導入したい。

4.1.2.1 「体言類」をも兼ねる場合

これらは、従来の用言類の大部分を占める。すなわち、これらは

換言すれば自立して漢語動名詞となる語基である。問題は、これらがいかなる種類の名詞になるか、という点であるが、基本は、3.3.1・3.3.2で見たように、動詞の項を受け継ぐ複雑事象名詞である。たとえば、次のようにである（動作主は「の」ではなく「による」の形を取ることもある。また「にの」は「への」となる）。

（26）太郎の（による）日本語の研究（観察・記述・調査・分析）

（27）太郎の（による）花子への回答（求婚・質問・返答・要求）

問題は、それ以外の体言類をも兼ねる場合である。特に、複雑事象名詞になる場合と単純事象名詞になる場合との区別が難しい。3.3.1で見たように、影山編（2011）には、両名詞の区別に関する基準が幾つか上げられているが、それらは基本的に英語の場合に適用されるものであって、必ずしも日本語にそのまま適用できるとは限らない。このことについて、伊藤・杉岡（2002:100）には、「今まで英語について提唱された基準からは、必ずしも明確な答えが得られない。」と指摘されている（なお、両者の区別が難しいことは、ある程度英語に関しても言えるようで、同書［92頁］には、「従来、単純事象名詞と複雑事象名詞との区別が見過ごされてきた1つの理由は、（38a）のような事象構造全体を取り立てる単純事象名詞（引用者注：The house's construction was finished in two months.）と、項構造全体を引き継ぐ複雑事象名詞とが、ほぼ同じ意味をもつためであると考えられる。」とある）。ただし、影山（1993:275）では、日本語において、「～をする」が「～を行なう（実行する）」で言い換えられるかどうかを問題とし、「『行う』や『実行する』が取るのは単純事象名詞に限られ、複雑事象名詞（VN）との共起は排除される。」と述べているが、この指摘は両者の区別に有用である。

また、この他に、複雑事象名詞がモノ名詞として機能する場合もある。影山（1993）には次のような説明が見える。

（28）更に、VNの中には結果名詞になるものもある。

（36）a. 彼の研究は理解しにくい。

b. この報告にはそれについて何も書かれていない。

（36a）の「研究」、（b）の「報告」はそれぞれ研究され、報

告されたことの中身そのものを指し、結果名詞に分類できる。どのような VN がどの機能を持ち得るかは辞書で個別に記載されているものと考えておく。「手術」は複雑事象名詞（VN）としても単純事象名詞（N）としても登録されているが、結果名詞の意味は持たない。他方、「報告」や「研究」は複雑事象名詞、単純事象名詞、および結果名詞の 3 つの語彙エントリーに記載されていると考えられる。

（271 頁）

従って、語基レベルにおいては、理論的に次の 4 種類が存在する可能性があるわけであるが、上記のような理由で、現段階では、それぞれに属する具体的な語基を明示的に挙げるのは保留しておく。（ただし、(iv) に属する語基が実際に存するかどうかはわからない）。

(29)「用言類」で「体言類」をも兼ねる場合の可能性

(i)　動詞になる・複雑事象名詞になる

(ii)　動詞になる・複雑事象名詞になる・単純事象名詞になる

(iii)　動詞になる・複雑事象名詞になる・単純事象名詞になる・モノ名詞（結果名詞）になる

(iv)　動詞になる・複雑事象名詞になる・モノ名詞（結果名詞）になる

なお、考え方として、単純事象名詞にせよモノ名詞にせよ、語基レベルでは純粋に体言類に属するわけであるから、上記 (i) ～ (iv) に属する語基がそれらの名詞になる場合には、動名詞になる場合と区別し、用言類から体言類へと語基レベルで転成していると考えた方がよいと思われる。先の 4.1.1 での転成は、自立形式から拘束形式への質的変化であったが、ここでの転成は、自立形式内での大項目間の移動に関わる質的変化を導くものである。影山（1993: 191）では、複雑事象名詞から結果名詞をゼロ接辞を用いて導くのは「ゼロ接辞が名詞を名詞に変えるという奇妙な事態であり、品詞の変更というゼロ接辞本来の意義が失われている。」と述べられているが、これは、「名詞化に絡む様々な意味合いをゼロ接尾辞で説明するのは記述的にも形式的にも困難だと判断できる。」という考

え方に基づくもので、それなりに理解できるが、本節の場合は語基の話であり、しかも大きな分類項目間という語で言えば品詞に相当するカテゴリー間の移行であるから問題ないと思われる。

　ただ、それとは別に、上述のように考えた場合、注意しておくべき点がある。それは、複雑事象名詞の語基レベルにおける位置付けについてである。上記（ⅰ）〜（ⅳ）を見るとわかるように、「動詞になる」と「複雑事象名詞になる」とは常にセットになっている。このことは、すなわち、複雑事象名詞にのみなる複合字音語基は存在しないということを意味する（4.1.2.2で述べるように、単独で「動詞になる」語基は存在する）。つまり、複雑事象名詞というのは、確かに名詞の一類ではあるが、語基レベルでは体言類の中に位置付けることができない存在なのである（なぜなら、単独で複雑事象名詞になる複合字音語基は存在しないからである）。従って、そういう点では、複雑事象名詞になる複合字音語基というのは、いわば用言類の中に隠れた形で存在する表だっては現われない体言類ということにならざるをえない（この点については、本書第1部第1章第4節（3.3）で論じているので参照されたい）。

4.1.2.2　「体言類」を兼ねない場合

　従来の基準（すなわち、「する」をとって漢語サ変動詞になる）では用言類に属するとしても、その中には、自立する（つまりそのままで動詞として機能する）もののそのままの形では名詞に（ほとんど）ならないものが存在する。たとえば、「圧倒・潜在・付帯」などがそうである。具体的に言うと、ネット上で公開されているNINJAL-LWP for BCCWJを使って検索してみると、「圧倒」は全1226例中、助詞（に、も）を伴う例が各1例（「痩せようと思っている女性が圧倒に多い」「ここまで立体的で豊かな思索ができるものかと圧倒もされるし」）、「潜在」は全890例中、助詞（の、を、は）を伴う例が各1例（「一万人に二千人も潜在の白ろう患者がいる」「炭鉱離職者が中心的に潜在をしておりますけれども」［この例は、非対格自動詞が「をする」となっている例で、3.4の考え方からすると例外的］「潜在は徐々に稼ぐとしても、それじゃ4700くら

第1章　複合字音語基の分類　　65

いが限度。」［この例、意味不明］）、「付帯」は全322例中、助詞
（で）を伴う例が1例（「既に千六百億円が附帯で使われている」）。
なお、野村（1974・1975）によれば、その他「強制・固定・視
聴・総合・平行・発起」等もほとんどサ変動詞としてしか使われな
いとされているが、実際にNINJAL-LWP for BCCWJで検索して
みると、必ずしもそうではないことがわかる。

　なお、これらは、基本的に名詞にならないわけであるから、拘束
形式であるかのように見えるかもしれないがそうではない。という
のは、そのまま自立して動詞として使われるからである。たとえば、
次のようにである（「潜在・付帯」の適当な例がBCCWJにないの
で、同じグループに属する「引火」の例を挙げる）。

（30）スピードに乗った攻めを、確実にシュートへと結びつけて、
　　　宇都宮中央女を終始圧倒、　　　　　　　　　　（「琉球新報」）

（31）外板が吹き飛んで、エンジンが止まって、燃料に引火。炎
　　　と黒煙を吹き出した機体は右側に落ちていく。

　　　　　　　　　　　　　　　　　　　（時雨沢恵一『アリソン』）

　本節では、このような用言類が自立して動詞としてのみ使われて
いるものを、松下文法の用語を借りて「無活用動詞」と呼ぶことに
したい。そうすると、4.1.2.1で述べた（29）（i）〜（iv）の「動
詞になる」という部分は、「無活用動詞になる」と言い換えられる
ことになる。

　以上述べた第2の基準（「体言類」を兼ねるか）に基づき、用言
類は次のように分類される（先の「第1の基準」による分類と併せ
て示す）。

（32）「用言類」の分類（その二）

用言類 ┬ 自立形式 ┬ 複雑事象名詞になる… ex. 改正・建設・研究・検討・
　　　　│　　　　│　　質問・手術・掃除・調査・報告・練習
　　　　│　　　　├ ┌ 複雑事象名詞にしかならない（i）
　　　　│　　　　│ │
　　　　│　　　　│ └ 単純事象名詞、またはモノ名詞にもなる（ii）〜（iv）
　　　　│　　　　│　　→体言類に転成
　　　　│　　　　└ 複雑事象名詞にならない（無活用動詞になる）
　　　　│　　　　　　… ex. 圧搾・圧倒・引火・混成・付帯・浮動・品評
　　　　└ 拘束形式（←体言類より転成）
　　　　　　　… ex. 愛称・科学・効果・主婦・哲学・文学

　蛇足ながら、（29）で示した四つの可能性（i）〜（iv）との対応関係をも記しておいたので参照されたい（このことからも分かるように、複雑事象名詞になるということは漢語動名詞になるということである）。なお、ここで確認しておくべきことは、これら全て「する」を伴って漢語サ変動詞になるわけであり、その点では、従来の用言類の規定を変える必要はないという点である。

4.1.3　漢語動名詞の分類との関わり

　上記（32）に示した分類の中で、「複雑事象名詞になる」類は、漢語動名詞になるわけであるから、先に 3.4 で示した漢語動名詞の分類（15）（16）をそのまま利用するということも可能である。ただ、先の分類は、影山（1980・1993）の提唱する「編入分析」の考え方に基づいており、表層における「VN をする」の「を」の有無が、VN の性質、すなわち、他動詞・非能格自動詞か非対格自動詞かによるとするものである。そうすると、この分類は、いわばVN の動詞性に着目した分類ということになり、本節の基本的な立場である、体言性に基づいた分類とは観点が異なるものとなる。しかも、（32）の「複雑事象名詞になる」類の下位区分は（未だ不明確な部分を残しているとはいえ）、先の漢語 VN の分類と必ずしも平行しないし、さらに、「無活用動詞になる」類と拘束形式の用言類は、前者は名詞にならず、後者は複雑事象名詞ではなく単純事象名詞になるという点で通常の漢語 VN とは異なるため、当然、漢語

第 1 章　複合字音語基の分類　　67

VN の分類が適用出来ない。このことは、別な言い方をするならば、用言類は全て「する」を伴いうるが、全て動名詞になるわけではないということ、すなわち、「する」を伴うものが全て動名詞ではないということである。以上のような理由で、ここでは、漢語 VN の下位区分をそのまま用言類の下位分類に持ち込むことにはしないことにした次第である。

4.2 「体言類」について

4.1 で用言類の下位分類をしたが、この結果は、体言類にも影響を及ぼす。それは、一つには、本節が体言性の観点から複合字音語基全体を分類しようとしているからであるが、もう一つは、転成という形で記述したように、用言類と体言類との間には実際的な関連性が存在するからである。以下、これらの点を考慮しつつ体言類を下位分類することにしたい。

3.2 で述べたように、名詞は、大きくモノ名詞と事象名詞とに分かれる。従って、体言類の語基は、まず、大きく「モノ名詞になる」類と「事象名詞になる」類とに分けられる。このうち、前者については、モノ名詞がさらに「結果名詞」「ところ名詞」「動作主名詞」等幾つかに下位区分されるので、それに対応させるような形で「モノ名詞になる」類をも下位区分することが考えられるが、モノ名詞のこのような分類は、語の意味上の観点による分類であるので、語基には必ずしも反映させる必要はないと考えられる。従って、「モノ名詞になる」類は、「モノ名詞にのみなる」類と先に 4.1.1 で述べた「拘束形式の用言類にもなる」類とに二分すればいいのではないかと考えられる。

次に「事象名詞になる」類であるが、まず明らかなことは、ここはあくまでも体言類の話であるから、事象名詞になるといっても、複雑事象名詞になることはなく、全て単純事象名詞になるタイプであるということである。ただ、単純事象名詞には、モノ名詞としての用法を持つものもあるので、結局、この類は、大きく「単純事象名詞のみになる」類と「単純事象名詞とモノ名詞とになる」類に分かれると言えよう。

なお、モノ名詞になる語基にしても、単純事象名詞になる語基にしても、純粋にそうであるものと、先に4.1.2.1で述べたように、用言類から転成によって体言類に移ってきたものを含んでいる点に注意しなければならない（つまり語レベルでは、複雑事象名詞としての用法も有する語基）。しかし、それらも下位分類に含めると煩雑になるので、ここでは殊更にそういった区別はしないことにする。

　以上述べた観点から体言類を下位分類すると、結局、次のようになる（4.1.2.1（29）の説明で述べたように、(iv) のタイプが「モノ名詞にのみなる」類中に実際に含まれているかどうかははっきりしない）

（33）「体言類」の分類

体言類
- モノ名詞になる
  - モノ名詞にのみなる
    （含「用言類」から転成してきた語基）
    …ex. 会社・教室・工場・紙幣・先生・鉄板
  - 拘束形式の用言類に転成する
    …ex. 愛称・科学・主婦・哲学・文学
- 事象名詞になる
  - 単純事象名詞にのみなる
    （含「用言類」から転成してきた語基）
    …ex. 暗殺・手術・授与・脱出・爆破
  - 単純事象名詞・モノ名詞になる
    （含「用言類」から転成してきた語基）
    …ex. 計算・研究・建築・説明・報告

　なお、理屈の上では、「単純事象名詞・モノ名詞になる」類は「モノ名詞になる」類の下位区分としてもいいわけであるが、事象名詞になるという点を重視して（複雑事象名詞の用法を持つ可能性もある）「事象名詞になる」類に入れておいた。

　影山（1993: 270）は「〜をする」構文が成り立つのは複雑事象名詞と単純事象名詞の場合であると述べているが、その逆は必ずしも成立しない。まず、3.4で述べたように、漢語動名詞でも、非対格自動詞の場合には「を」を取りにくいということがある。さらに単純事象名詞の場合でも、たとえば、「殺人・事故」のような語は（「構内での殺人・事故」、「構内で殺人（事故）があった。」）、「する」はもちろん「をする」も取らない（「*殺人（事故）する」「*

第1章　複合字音語基の分類　　69

殺人（事故）をする」）。この点に関し、4.1.2.1で引用した影山（1993: 275）の基準を使えば、確かに「殺人」は「行う」を取れるし、「事故」は「起こす」を取れる。そういう点では、単純事象名詞になった際に「をする」と共起できるかどうかという点から上記（33）の「事象名詞になる」類を下位区分することも可能であるが、上記の分類とはうまく平行しないし、ちょうど、漢語動名詞の分類を用言類の「複雑事象名詞になる」類の下位区分に適用しなかったように、この観点は、どちらかと言えば、単純事象名詞の動詞性に目を向けたもののように思われるので、ここでは適用しないことにした。

4.3　全体の分類

　以上、複合字音語基の用言類を下位分類するとともに、それに伴って必然的に生じる下位分類を体言類に施した。ここで、両者の分類と、それ以外の分類項目を合わせた複合字音語基全体の分類図を（34）に示すことにする（ただし、体言類と用言類以外については簡略化して示す。それらを含めた複合字音語基全体の分類図は、本書111頁を参照されたい*1）。

　以上の本節における複合字音語基の分類、特に用言類と体言類の下位分類に見られる特色は以下の点にあると言えよう。

　第一に、基本的な立場として、語基と語とを峻別し、あくまでも語基における分類に徹したという点である。もちろん、語基を分類するに当っては、その語基がどのような語になるかという点は重要な観点であるが、それを重視しすぎると、語基の分類ではなく語の分類を単に受け継いだだけのものになってしまうので、語基の分類にとって語の分類のどのような側面が重要なのかを慎重に見極めつつ分類を施した。第二に、できるだけ統一的な視点によって分類するように試みた点である。具体的に言えば、本節では、体言性という側面を重視し、特に用言類の下位分類が体言類と呼応するように、用言類（あるいはそれが自立した漢語動名詞）の有する体言的な側面に着目して分類を施した。そうすることによって、その分類項目だけに通用する分類ではなく、複合字音語基全体に共通する分類基

（34）複合字音語基の分類（全体図）

複合字音語基

自立形式

体言類

モノ名詞になる

モノ名詞にのみなる
（含「用言類」から転成してきた語基）
… ex. 会社・教室・工場・紙幣・先生・鉄板

拘束形式の用言類に転成する
… ex. 愛称・科学・主婦・哲学・文学

事象名詞になる

単純事象名詞にのみなる
（含「用言類」から転成してきた語基）
… ex. 暗殺・殺人・手術・授与・脱出・爆破

単純事象名詞・モノ名詞になる
（含「用言類」から転成してきた語基）
… ex. 計算・研究・建築・説明・報告

相言類

形容動詞語幹（形容名詞）… ex. 温暖・快活・簡単・慎重・
重要・純粋・単純・明快・明朗・愉快

「第三形容詞」語幹… ex. 永遠・会心・決死・単独・特製・必死・
無礼・未踏・無名・有料・類似・冷酷

用言類

複雑事象名詞になる… ex. 改正・解放・建設・研究・検討・質問・
手術・掃除・調査・破壊・報告・練習

複雑事象名詞にしかならない
単純事象名詞、またはモノ名詞にもなる→体言類に転成

複雑事象名詞にならない（無活用動詞になる）
… ex. 圧搾・圧倒・引火・混成・付帯・浮動・品評

副言類 … ex. 鋭意・漸次・全然
兼用類 … ex. 危険・困難・自由・現在・全部・随分・当然・感心・自然

拘束形式

用言類（体言類より転成）… ex. 愛称・科学・効果・主婦・哲学・文学
形容詞語幹の一部 … ex. 鬱陶・仰々・騒々・福々・麗々
副言類 … ex. 一斉・毅然・平然

拘束形式
専用形式

{的} を取らない（複合語を作る）
… ex. 産油（国）・偏西（風）・最恵（国）・当事（者）

{的} を取る
… ex. 画期・具体・合法・合理・国際・積極・
消極・先進・抜本・必然・本格・民主

第 1 章　複合字音語基の分類　　71

準が得られたのではないかと考えている。

5. まとめと今後の課題

　以上、現代日本語における複合字音語基の用言類を主な対象とし、語レベルにおいて対応する漢語動名詞に関する従来の考察結果を参照しつつ、その下位分類について考えてきた。また、同時に、用言類を下位分類することによって、必然的に生じる体言類の下位分類についても考察を加えた。それらの結果を踏まえた複合字音語基全体の最終的な分類は（34）に示したとおりである（本書全体の最終的な分類図については111頁を参照されたい）が、そこに見られる本節の分類上の特色は、基本的な立場や観点としては、第一に、語の分類を単に反映させたものではなく、あくまでも語基における分類になることを目指した点と、第二に、特に用言類と体言類との下位分類が同様の観点から行なわれるように、語基の有する体言性の側面を重視して分類を試みた点である。また、具体的な点に関しては、用言類に拘束形式を設定したことや、語基レベルにおける転成の考え方を導入したところが、本節として新しく提唱した点であると言えるが、特に、前者に関しては、この分類が語基の分類であることを再認識させるという意味で重要である。

　本節の分類は、4.1.2.1に記したように、分類それ自体としてまだ線引きの不分明な箇所を抱えたままであるという問題点を有しているが、その他、従来の複合字音語基の再分類という観点から見ても、次のような大きな問題点を残していると言えよう。それは、相言類の中の形容動詞語幹（形容名詞）の位置づけについてである。よく知られているように、形容動詞という品詞は様々な問題を抱えており、品詞自体を認めない立場も多い。また、名詞は、「モノ」「コト」「サマ」の「三種の意味」を表現しうるとする考え方も存する（塚原 [1970: 45 下]）。そして、そう考えるのなら、当然、漢語形容動詞語幹（漢語形容名詞）の位置づけに関しても、体言類と相言類の間で問題になると言えよう（特に形容動詞を認めない立場に立つ場合）。これらの点にそれなりの解答が与えられなければ複

72　　Ⅰ　語構成の文法的側面についての研究

合字音語基の分類はまだ完成したとは言えない。ただし、それは次の問題であり、本節に残された大きな課題である（この問題については、本書第 1 部第 1 章第 3 節を参照されたい）。

＊1　第 1 節と本節では、相言類を自立形式として扱っているが、次節（第 1 部第 1 章第 3 節）における考察の結果、本書では、相言類を最終的には拘束形式として位置づけることになる（111 頁の図はそうなっている）。

第3節　複合字音語基相言類の位置づけと下位分類
漢語形容動詞語幹との関わりで

1.　はじめに

　現代日本語において、漢語は量的に大きな位置を占めるが（国立国語研究所［2006］）、その用法においても、名詞・サ変動詞・形容動詞・副詞等、様々な品詞として（あるいは複数の品詞に跨がって）用いられる点で重要である。しかし、個々の漢語の用法や成り立ちではなく、現代日本語における漢語全体を探求しようとする研究は意外と少ない（比較的最近の漢語研究の成果をまとめたものとして、大島・中島・ブラン編［2010］、野村編［2013］などが挙げられよう）。そこで、本節では、形態論的な観点から見た漢語（字音語基）分類の問題を取り上げ、特に、従来の漢語（複合字音語基）分類のうち「相言類」（「意外、簡単、重要」といった形式が属する）と呼ばれる分類項を対象とし、複合字音語基分類中におけるその位置づけ・下位分類等に関し考察を行ないたい。

　本節の基本的な立場は以下の通りである（ここでは、本節に直接関係する点のみを示す）。

①語レベル（漢語）ではなく、語基レベル（字音語基）における分類を目的とする。

②字音語基の中でも、2単位によって構成されるもの（複合字音語基）を対象とする。

③分類基準の大枠は、先行研究と同じく「語の構成法」（当該語基がどのような語を構成するかということ）による。

　なお、本節は、複合字音語基の新たな分類を目指す本書の考察（本書第1部第1章第1節・第2節）の一環として位置づけられる。

2.　従来の複合字音語基分類

　従来、漢語、あるいは複合字音語基（両者を並記するのは、従来の分類が、この区別に関し明確でないからである）の分類について

は、既に本書で何回か言及したように、いずれも大きく4分類説を採る点では基本的に同種のものと見ることができる。

　今、本書におけるこれまでの考察と同様、その代表として、最も新しく、かつ語基の分類であることが明確な野村（1998a）の分類を以下に示す（ここでは、「相言類」は「様態類」と呼ばれているが、野村［2013］では「様相類」と改められている）。

　　a.事物類（N）… 叙述の対象となる物や事をあらわす。（「体言
　　　　　　　　　　類」とも）
　　　〈＋ガ・ニ〉（例：宇宙・人間・交通・工業・科学）
　　b.様態類（A）… 事物や精神の性質・状態をあらわす。（「相言
　　　　　　　　　　類」とも）
　　　〈＋ナ・（ノ）・シイ〉（例：簡単・愉快・重要・意外・永久）
　　c.動態類（V）… 事物の動作・作用をあらわす。（「用言類」と
　　　　　　　　　　も）
　　　〈＋スル〉（例：研究・運動・変化・検討・観察）
　　d.副用類（M）… 動作や状態の程度・内容を限定・修飾する。
　　　　　　　　　　（「副言類」とも）
　　　〈＋φ・ニ・ト〉（例：突然・直接・一斉・結局・実際）

図1　従来の複合字音語基分類の代表例

3. 従来の分類の問題点　相言類を考えるに当たって

　前小節で挙げた先行研究の分類には、様々な問題点が含まれているが、それらについては既に述べているので、詳しくはそちらを参照していただきたい（本書第1部第1章第1節4.1）。ここでは、相言類を考えるに当たって特に関係する問題点のみを取り上げる。ただ、その前に一つ基本的なことを確認しておきたい。それは、上記図1を見れば明らかなように、相言類の語基というのは、いわゆる「漢語形容動詞語幹」に相当するという点である。

　本節で指摘すべき従来の分類の問題点は、次の3点である。

　ⓐ相言類は自立形式か拘束形式か、あるいはその双方を含むのか

第1章　複合字音語基の分類　　75

（この点は、一般的に形容動詞をどう位置づけるのか、という問題と関係する）。

ⓑ漢語語幹形容詞（「四角い、鬱陶しい、騒々しい」etc.）の語幹をどう位置づけるのか。

ⓒ村木（2012）の言う「第三形容詞」（後述第4小節参照）を語基レベルでどう扱うか。

なお、ここで本節における用語に関して一言補足しておく。ⓐに記したように、本節では、形容動詞の位置づけについて論じるが、この品詞名は定着していると考えられるので、本節にて同品詞を認定するかどうかに拘わらず、以下、この名称を適宜使用する。また、第1小節で述べたように、本節で扱う形式は基本的に語基（複合字音形式）であるが、漢語形容詞・漢語形容動詞に関しては、それらはほぼいわゆる語幹に相当するので、上記ⓑのように、以下、「語幹」という用語も同様に適宜使用しながら論を進める。

4．考察

4.1　漢語形容動詞語幹以外

4.1.1　漢語形容詞語幹

語幹（厳密には、「‐い・‐しい」を除いた部分で、後者に関しては学校文法で言う語幹とは一致しない）が字音形式である形容詞は、「四角い、鬱陶しい、仰々しい、騒々しい、麗々しい」等、ごく僅かである。これらの語幹をどう処理するかに関しては、本節では、それが自立形式か拘束形式かによって区別する。

前者については、「四角」が相当する。すなわち、語レベルで考えるなら、「四角い」という語は、もともと「四角」という名詞が存在し、それが形容詞に派生してできたものと考えられる。それを、今、語基レベルで説明するならば、語基「四角」はもともと「体言類」（自立形式）であり、それが語基レベルで形容詞語幹（後述4.2.3「形容言類」）に派生したということになる。次に、後者については、「四角」以外の「鬱陶」の類が相当する。これらは、拘束形式であるので、新たに拘束形式の複合字音語基の中に一類（「形

容言類」）を立て、そこに所属させることになる。

4.1.2 漢語「第三形容詞」語幹

「第三形容詞」というのは、村木（2012）の提示する語類で形容詞の下位類であるが、同書によれば、その規定は次の通りである。

> 「-の／に／だ」のパラダイムをもつ（「-に／だ」のいずれかが欠けていることもある）。ただし、名詞の格のパラダイムである「-が」「-に」を従えないこと、連体修飾語を受けないことを条件とする。（88–89頁）

これには、和語語幹のものも漢語語幹のものもある。たとえば、前者には「おしきせ、しりあがり、てづくり、とびきり、ひとかど、わりやす」など、後者には「画一、間接、最近、出色、即席、痛恨、内緒、必須、満面、有害、良性、類似」などが挙げられるが、前者については、本節の対象外である。

これらについて、本節では、拘束形式の相言類の下位類に位置づけることとするが、その理由については後述（4.2.3）する。

4.1.3 「〜の」形式の漢語連体詞

村木（2012: 96–98 等）が指摘しているように、漢語の中には「の」（場合によっては「なる」「たる」）を伴い名詞修飾でしか使われないものがある。同書に多数の語例が挙げられているが、たとえば「遠来、既得、好学、最愛、生得、長蛇、当面、瀕死、亡国、民営」などがそういったものである。

これらは、「〜の」といった語レベルでは連体詞と考えてもいいが、「漢語」の部分については、自立しないので、正確には拘束形式の複合字音語基と見るべきである。かつ、村木（2012: 150–151）が述べるように、これらの「〜の」形式は、通常の「名詞＋の」が「関係規定」（＝「一般に『だれの』『何の』『どこの』などの疑問詞と対応する」）であるのに対し、「属性規定」（＝「『どんな』という疑問詞と対応する」）を行なうので、形容詞的な存在であると考えられる。

以上の点から、本節では、「〜の」全体については、村木に従っ

第1章　複合字音語基の分類　　77

て「無活用形容詞」と捉えるが、「漢語」の部分については、拘束形式の相言類の下位類と位置づけることにする。なお、この種の「漢語」の位置づけはこれまであまり明確でなかったが、それは従来の複合字音語基分類の有する、自立形式と拘束形式の区別が十分ではなかったという問題点に起因する。

4.1.4　文語のタリ活用形容動詞

　文語のタリ活用形容動詞（基本的に漢語語幹）系統の語は、現代語では「〜たる」の形で連体詞として用いられることが多い。たとえば、「暗然たる思い」「悁恐たる思い」「錚々たるメンバー」「微々たる問題」などがそうである。

　これらの「漢語」の部分は、上記4.1.3の場合と同じく、拘束形式の相言類の下位類に属すると捉えることができよう。なお、中には、「燦然と／たる」「整然と／たる」「堂々と／たる」「漫然と／たる」「悠然と／たる」のように、語レベルで「〜と」と「〜たる」の両形式を有するものもある。これらは、村木の考え方に従えば、「第三形容詞」の変種ということになるであろうか（「- と／たる」のパラダイム）。

4.1.5　漢語副詞

　これについては、「5.1 残された問題」を参照されたい。

4.2　漢語形容動詞語幹

　漢語形容動詞語幹の複合字音語基における位置づけを考えるためには、前提として、いわゆる形容動詞を品詞論的にどう捉えるのか、ということが問題となる。この点については、従来から様々な考え方が提出されているが、それらの個々の内容については、柏谷（1973）、小島（1984）に簡潔にまとめられている。従って、本節では、両論を参照しつつ、形容動詞に対する従来の諸説を自分なりに整理した上で、まず本節における形容動詞の捉え方を確定し、その後に漢語形容動詞語幹の位置づけについて考察することとしたい。

78　Ⅰ　語構成の文法的側面についての研究

4.2.1 従来の形容動詞の捉え方

　従来の形容動詞の様々な捉え方を本節なりに整理すれば、次の図2のようになる。

A. 形容動詞を認める…橋本文法（学校文法）・北原保雄
　　　　　　　　　　　　　　　　　　↓
　　　　　　「なり（だ）」の「構造的意味」に焦点を当てる
B. 形容動詞を認めない

　　［1］「Xだ」を一語とする

　　　（a）形容詞の一類とする…鈴木重幸・村木新次郎（第一形容詞・第二形容詞）
　　　　　　　　　　　　　　　　　　　　　　　　↓
　　　　　　　　　　　　　　「第三形容詞」をも設定する
　　　　　　　　　…日本語教育（イ形容詞・ナ形容詞）
　　　　　　　　　　　←三尾砂・三上章
　　　（b）動詞の一類とする…松下文法
　　　（c）独自の品詞（名詞性と形容詞性とを併せ持つ）とする…影山太郎（形容名詞）
　　［2］「X」と「だ」を分ける：語基X→自立形式

　　　（d）「X」を名詞とする

　　　　　（i）　名詞を分類しない…時枝文法・塚原鉄雄
　　　　　　　　　　　　　　　　　↓
　　　　　　　名詞に本質的に「三種の意味機能」（モノ・サマ・コト）を認める
　　　　　（ii）　名詞を分類するが固定的なものとは考えない…鈴木英夫（「情態性体言」）
　　　　　（iii）名詞を分類し「X」をその中に位置づける…山崎良幸（「情態詞」）
　　　　　　　　　　　　　　　　　　　　…渡辺実
　　　　　　　　　　　　　　　　　　　　　（「状名詞」5.2参照）
　　　（e）「X」を副詞（情態副詞）とする…山田文法（「なり・たり」：説明存在詞）

　　　（f）「X」を独自の品詞とする…森岡健二（「情態詞」4.2.3参照）
　　　　　　　　　　　　　　　…寺村秀夫
　　　　　　　　　　　（「名詞的形容詞」・cf.「形容詞性名詞」）
　　　　　　　　　　　　　　　　↓　　　　　　　　↓
　　　　　名詞と形容詞の中間であるが、より形容詞に近い　　名詞の一類

図2　従来の形容動詞の捉え方

　図2について、簡単に何点か補足説明を加える。

　㊀A中、北原保雄の「構造的意味」は、北原（1967）の用語であるが、北原（2014：140）では「文法的意味」とされ、「『文

法的機能』『構文的職能』などと呼ばれるものとほぼ同じもの
を指す。『なり』の文法的意味は、『なり』が文の構成の上でど
んな位置をしめるか、すなわち、文中において『なり』がどの
ような単位に接続するか、あるいは、どのような単位に関係す
るか、という結合の機能を意味する。」と説明されている。

㊁B［1］（b）松下文法では、「なり・たり・だ」の中に分析的に
「あり」を認め（「時間の形式に由る」「動作性活用」を示すと
いうこと［松下（1930b: 109–110、250–252)］)、「Xだ（な
り・たり)」で動詞の一種（「静止的」な「動作動詞」）とする。
ただし、「〜に・〜と」形は切り離して、「形容動詞」（松下文
法の「形容動詞」は通常の形容詞に当たる）とする。なお、こ
の「-に・と」は「静助辞」（いわゆる助詞の類）ではなく「動
助辞」（いわゆる助動詞の類）である。

㊂B［1］（c）の「形容名詞」に対して、影山（1993）は「名詞
と形容詞の両方の特徴を兼ね備えた、独立の存在である」（24
頁）と捉え、［-V, +N, –A］（V：動詞性、N：名詞性、A：形
容詞性）という素性表示を与えている（40頁）。

㊃B［2］（d）（i）中、塚原鉄雄の主張は、塚原（1970）の次の
言に集約的に表わされている。「国語の体言―名詞には、根底
的に、三種の意味機能を具有している。三種の意味とは、事物
と様態と事態とである。」また、（ii）の鈴木英夫の立場は、塚
原（1970）を受け継いだもので、鈴木（1986）に次のように
述べられている。「これらの三種の意味機能は、形式と結びつ
いて固定化しているものと、かなり流動的なものとがある。つ
まり、時代によって、また、個人によって、顕在化する意味機
能の異なることがみられる。」

㊄B［2］（f）中、寺村秀夫の「形容詞性名詞」は、寺村（1968
= 1992）で「名詞の仲間に一応入ってはいるが、色々な点で
形容詞と紙一重の差だと言えるもの」（15頁）とされたもので
あり、「嘘、タダ、病気、本当、有料」等を指す。これらは、
村木（2012）の「第三形容詞」に相当すると考えられる。

4.2.2 本節における形容動詞の捉え方

図2に基づいて、本節なりに形容動詞を捉えようとする場合、図2の整理の仕方からわかるように、次の4点が論点となる。

⑦ 「Xだ」を一語とするかしないか。

④ 一語とする場合、「形容動詞」というカテゴリーを独立して設定するかしないか。

⑦ 「形容動詞」を設定しない場合、どういうカテゴリーとするか。

④ 「Xだ」を一語としない場合、「X」（さらに「だ」）をどう考えるか。

最初に⑦についてであるが、結論的には、本節では「Xだ」を一語と捉える立場に立つ（従って、④は本節には関わらないことになる）。理由は、影山（1993: 361–371）で示された「Xだ」に対する「削除規則」の適用結果とその解釈に基づく。というのは、これは統語的な規則の適用結果であり、客観性の高いものと考えられるからである。

すなわち、影山（1993）によれば、「等位接続構文」における「削除規則」の適用に関し、「句ないし句の一部分には適用できるが、語の一部分だけに作用ことはできない。」（369頁）という原則が存在し、「ある表現が語であるかどうかを見極めるための信頼できる基準」（77頁）であるという。そして、これを問題の「Xだ」に当てはめた結果、「Xだ」は形容詞（「〜い」）と同じく「語であって句ではない」という結論が導かれるとする。具体的には、影山の挙げる次の例を参照していただきたい（369頁）。

（1） a. 兄は大学卒（で）、弟は高校卒だ。

 b. 兄は穏やか *（で）、弟は活発だ。

 c. 兄は強 *（く）、弟は弱い。

（2） a. 兄は看護婦（の）、弟は OL の美しい女性と結婚した。

 b. 兄は穏やか *（な）、弟は活発な女性が理想だ。

（3） a. 兄は医者（に）、弟は公務員になった。

 b. 兄は元気 *（に）、弟は病弱になった。

これらの例から、aの「で・の・に」は前の形式との「結びつき

が比較的緩い」こと、b（・c）の「で（・く）・な・に」は前の形式と「緊密な結合を成すこと」がわかる。つまり、前者は「名詞＋で・の・に」で句をなし、後者は「〜＋で・な・に」で一語（いわゆる形容動詞）をなしているということになるわけである。

　次に、上記の論点⑦・⑰に移る。まず⑦についてであるが、本節では「形容動詞」というカテゴリーを独立には立てない。そして、その理由が⑰になる。すなわち、この２点に関して、本節では、「Xだ」を形容詞の一類とする立場に立つ。

　形容動詞を形容詞の一種とする立場は、三上（1953 = 1972: 43）、鈴木（1972: 427–429）等に見られるようにそれほど珍しいものではないが、その理由に関し、ここでは村木（2012: 172）の以下の説明を引用する。

　　（いわゆる形容動詞は）連用・連体・述語形式で［- に、- な、- だ］の語形変化のシステムをもち、狭義の形容詞の［- く、- い、- い］と異なるが、統語的機能と形態論的なカテゴリーが共通している。すなわち、両者の違いは語形だけであり、これは動詞における一段動詞と五段動詞の活用の違いに相当するものである。両者は文法的な特徴が共通しているので、同一の品詞に属するものとするのはまったく妥当なあつかいである。

　ただし、形容詞と形容動詞とを一括して捉える立場については、加藤（2013: 23–27）において一定の疑問が提示されている。重要な指摘だと思われるので、以下に一部引用する。

　　形容詞と形容動詞、また、形容表現相当の名詞述語などのあいだに機能的な連続性を認めることは必要であり、しごく妥当な考えではあるが、他の品詞資源が形容という働きを担うという機能的な点だけを重視しすぎると、形容詞でないものまで形容詞のたぐいに位置づけることになる。さらに、品詞体系全体の整合性や一貫性を損なわないことを考慮すると、特定の観点を偏重しすぎることや、十分な根拠がないままに特定の品詞範疇を中心に品詞体系を構築することは、避けなければならない。（26頁）

以上、本小節で述べたように考えるなら、結局、本節における形

容動詞の捉え方に関する立場としては、上記図2中のB［1］（a）ということになる。

4.2.3 漢語形容動詞語幹の位置づけ　相言類との関わりで

　上記4.2.2で述べたようにいわゆる形容動詞「Xだ」を一語と捉えた場合、「X」の部分は語幹、「だ」の部分は活用語尾となるので、漢語形容動詞における「X」の部分は、拘束形式の複合字音語基ということになる。

　ただし、ここで補足しておかなければならないのは、いわゆる語幹用法についてである。形容詞や形容動詞（特に後者）は、語幹単独で使用されることがある。たとえば、漢語相言類の場合、次のようにである（用例は、「BCCWJ（現代日本語書き言葉均衡コーパス）」による）。

（4）　じゃ、男はどうしたらいいんでしょうか？　答えは<u>簡単</u>。
　　　おばあちゃんを見習って生きればいいんです。

（永六輔『夫と妻』）

（5）　「この人、<u>綺麗</u>ね。女優さんみたい」女が由美子を舐めるように見ながら言った。　（藤田宜永『愛さずにはいられない』）

　これを自立用法と考えると、複合字音語基「簡単、綺麗」を自立形式としなければならなくなるが、本節では、これらは活用語尾「だ」の活用形の一種（ゼロ形式「∅」）を取っているものと理解することにしたい（形容詞の語幹用法も同様の解釈となる）。そうすることによって初めて形容動詞を「い」語尾の形容詞と同列に位置づけることが可能になる。なお、森岡（1994）では、形容動詞語幹の自立用法を重視し、形容動詞語幹を自立形式（「情態言」）、形容詞語幹を結合形式（「形容言」）と認定し、前者から形成される品詞を「情態詞」、後者から形成される品詞を「形容詞」と区別している。

　その上で、漢語形容動詞語幹をどう位置づけるのかについては、次の点を考慮しなければならないと思われる。すなわち、語レベルの区別を語基の分類にどのように反映させるか、という点であるが、この問題は、結局、語基の分類をどう考えるのか、「語構成の方法」

か「意味的な内実」かという問題に帰着すると考えられる。そして、今、相言類との関わりで問題となるのは、次のグループである。

　　⑤漢語形容詞語幹（「鬱陶・仰々・騒々」の類）
　　⑪漢語形容動詞語幹（「曖昧・簡単・単純」の類）
　　⑤漢語「第三形容詞」語幹（「永遠・広義・出色」の類）
　　⑤漢語無活用形容詞語幹（「暗黙・気鋭・絶世」の類）

　以下、これらの処理の仕方について述べる。

　まず、確認しておきたいのは、本節が基本的に依拠している村木（2012）では、語になった段階ではこれらが全て形容詞の下位類になると捉えられている点である（すなわち、順に「第一形容詞・第二形容詞・第三形容詞・無活用形容詞」）。しかし、本節が問題としている語基レベルでは、⑤を別扱いにした方がよいと思われる。なぜなら、⑤と⑪⑤⑤とは、「語構成の方法」（屈折の仕方）が異なるからである。すなわち、先の村木（2012: 172）の説明を援用するならば、⑤は「‐く、‐い、‐い」の語形変化のシステムを有するのに対し、⑪⑤⑤は大きくは同類の語形変化のシステム（⑪「‐に、‐な、‐だ」、⑤⑤「（‐に、）‐の、（‐だ）」）を有すると捉えられるのである。従って、この2分割は、第1小節で述べた本節の基本的な立場③から当然導かれる帰結なのであるが、同時に、語レベルの区別が必ずしもそのまま語基レベルに反映されるとは限らない、という点をも意味することに注意する必要がある。

　以上から、本節では、新たに拘束形式の中に「形容言類」という分類項を設け（名称は森岡［1994: 186］を踏襲した）、⑤をその中に所属させ、同じく拘束形式の相言類の中の下位区分として⑪⑤⑤を所属させるという立場に立つ。なお、語レベルの形容詞の下位類の名称は村木（2012）に従うこととする。

4.3　結論　複合字音語基分類中における相言類の位置づけ

　以上の考察を踏まえ、相言類の新たな位置づけに基づく複合字音語基全体の分類を示せば、次の図3のようになる（複合字音語基全体の分類については、本書111頁参照）。

複合字音語基

```
┌ 自立形式
│  ┌ 体言類
│  ┤ 用言類
│  └ 副言類
│
│  拘束形式
│  ┌ 形容言類（第一形容詞語幹）… ex. 鬱陶・仰々・騒々・凛々・麗々
┤  │ 相言類
│  │  ┌ 第二形容詞語幹 … ex. 曖昧・簡単・肝要・謙虚・平凡・優秀・有名
│  ┤  ┤ 第三形容詞語幹 … ex. 永遠・間接・広義・出色・特製・抜群・有給
│  │  └ 無活用形容詞語幹 … ex. 暗黙・応急・気鋭・好学・漆黒・絶世・亡国
│  │ 副言類（第 5.2 小節参照）
│  └ 合成形式専用類
│
└ 兼用類
```

図 3　相言類の新たな位置づけによる複合字音語基の分類（関係する部分以
　　　外は簡潔に記す）

　上記図 3 において、相言類との関わりでは次の点が重要である。

㋑相言類は全て拘束形式となり、自立形式には相言類が存在しな
　くなるということ *1。

㋺相言類は 3 種（「第二・第三・無活用形容詞語幹」）に下位区分
　されるということ。

㋩第一形容詞語幹は「形容言類」として、相言類とは別に、拘束
　形式の中に新たに立てられるということ。

　なお、図 3 中「合成形式専用類」というのは、「具体 -、合理 -、
国際 -、積極 -、抜本 -」等、常に合成語（複合語・派生語）を構成
する複合字音語基を指すが、詳しくは本書第 1 部第 1 章第 1 節を参
照されたい。

5.　まとめと今後の課題

5.1　本節のまとめ

以上、複合字音語基分類中の相言類の位置づけと下位分類をめぐ

って、漢語形容動詞語幹との関わりを通して考察してきた。本節の
考察結果、および主張は次のようにまとめられる。

a) 従来の複合字音語基分類中における相言類の位置づけに関しては問題がある。

b) 問題は、(i)（相言類をも含め）複合字音語基を分類するに当たって、語基の自立性（自立語基か拘束語基か）を考慮していない点、および、(ii) 相言類の内実として、ほとんど漢語形容動詞語幹しか対象にしていない点、に起因する。

c) 上記（i）に関しては、一般に形容動詞をどのように捉えるのか、という点を明確にすることが必要である（特に、一語と認定するかどうか）。この問題に関しては、従来から様々な立場が見られるが、本節では、形容動詞を、(iii) 一語と認める、(iv) 従来の形容詞とともに広義の形容詞の下位類とする、という立場に立つ。従って、その漢語語幹は、拘束形式の相言類の下位類として位置づけられることになる。

d) 上記（ii）に関しては、漢語形容動詞語幹以外に、漢語形容詞語幹、村木（2012）の言う漢語「第三形容詞」語幹、漢語「無活用形容詞」語幹を対象として分類を行なうことが必要である。この問題に関しては、本節では、漢語形容詞語幹については拘束形式の中に新たに「形容言類」として位置づけ、漢語「第三形容詞」語幹と漢語「無活用形容詞」語幹については、ともに拘束形式の相言類の下位類として位置づける。

e) 以上から、本節における相言類は、全て拘束形式となり、下位類として、漢語形容動詞語幹（漢語「第二形容詞」語幹）、漢語「第三形容詞」語幹、漢語「無活用形容詞」語幹を含むこととなる。

f) 漢語形容詞語幹を相言類に含めないのは、本節の語基分類の基準が基本的に従来同様「語の構成法」（屈折の仕方）にあり、意味の内実にあるわけではないからである。

5.2 残された問題

複合字音語基分類全体に関わるものとして、本節に残された最も大きな問題点は、4.1.5 で言及した「副言類」の位置づけである。

本節の枠組み（本文図3）では、副言類は大きく、自立形式（「一切、鋭意、急遽、早速、畢竟」等）と拘束形式（「一概、毅然、徐々、平然、無性」等）とに分けられるが、後者は、必ず「- と」ないし「- に」を伴って漢語副詞として使用される。

ところで、渡辺実の文法論（渡辺［1971: 410–413]）では、本節図2に示したように、形容動詞を認めず「状名詞＋だ（判定詞）」と分解して考えるが、ここで「状名詞」というのは、形容動詞語幹に相当し、渡辺文法では「体言類」（語レベル）の下位類に位置づけられる。

また、同文法では、同じく「体言類」の下位類に「情態詞」を立てるが、これは、情態副詞から語尾「- に」「- と」を取り去った部分に相当する。すなわち、同文法の「情態詞」とは、レベルこそ違うものの、本節中の副言類とかなりの部分重なってくるのである（ただし、渡辺文法の情態副詞には和語もはいる。「しっかりと、ゆっくりと」の類がそうである。従って、その場合には下線部が「情態詞」である）。ということは、本節の副言類のうち、「結局、全然、畢竟」（自立形式）、「一概、一向、無性」（拘束形式）といった形式等、（「に」の有無に拘わらず）語として明らかに情態副詞にはならない場合以外には、同文法の考えを受け入れるなら、本節の「体言類」に所属させるという選択肢が出てくることになるわけであり、この点をどう扱うかが本節にとって大きな問題として残る。なお、このこととの関わりで、図2に示したように、山田文法が形容動詞を認めず形容動詞語幹に相当する部分を情態副詞と捉えている点をどう理解したらよいか、という問題も併せて出てくると言えよう。

もう一つの残された問題は、形容動詞の捉え方に関してである。本節では、結局、村木（2012）の立場を踏襲するような形になったが、形容動詞というのは、従来、様々な捉え方がなされていることからもわかるように、なかなか一筋縄ではいかない存在である。

特に、本節との関連でいうと、形容動詞と名詞の連続性の問題が

厄介である。4.2.1で示した図2中に挙げた影山（1993）の「形容名詞」にせよ、塚原（1970）の主張やそれを引き継いだ鈴木（1986）の考え方にせよ、寺村（1968＝1992）の「形容詞性名詞」にせよ、いずれも形容動詞語幹の有する名詞性をどう位置づけるか、という問題に対するそれぞれの把握の仕方を示すものであり、そういった点を考えると、本節のように、形容動詞を単純に形容詞の下位区分とすることに若干の躊躇いを感ぜざるをえない。ただ、見方を変えれば、加藤（2013: 284）が指摘するように、「形容詞は従来考えられてきた以上に、名詞（厳密には名詞述部）に近い性質を持っている」という面も存するのであり問題は複雑である。なお、この問題は、本書第1部第1章第4節で論じる複合字音語基の「兼用」の問題とも関連する点に留意しておく必要がある。

　以上2点は、本節に残された今後の課題である。

＊1　本書第1部第1章第1・2節では、相言類を自立形式として扱っているが、本節の考察により、本書では、相言類は最終的には拘束形式として位置づけられることとなる。本書111頁の最終的な分類図ではそうなっている。

第4節　複合字音語基「兼用」類

1.　はじめに

　複合字音語基（基本的に2語基の複合語基）の分類については、既に何回か述べたように、これまでにも山田（1940）をはじめ、池上（1954 = 1984）、宮地（1973）、森岡（1994）、野村（1998a）等において幾つか分類案が提示されているし、著者の分類案も本書第1部第1章第1・2節で提出している（最終的な分類案については本書111頁を参照されたい）。ただ、どのような分類を行なうにしても、複合字音語基の一つの大きな特色として、幾つかの分類項に跨がる語基が必ず出てくるので、それらを何らかの形で分類の中に位置づけなくてはならないという問題が生じる（もちろん、従来の分類案が、それらを正面切って自らの分類中に取り込んでいるというわけでは必ずしもないが、何らかの形でその点には言及している）。本節で「兼用」と呼ぶのも、そういった同一形式の複合字音語基が複数の分類項に跨がる現象を指している。たとえば、複合字音語基「危険」は、そのままで自立し「危険が、危険を、危険に」、接辞「だ」を伴って自立、屈折し「危険な、危険だ」となるので*1、「体言類」（自立して名詞になる語基）と「相言類」（いわゆる漢語形容動詞語幹）の双方に属すると見られるし（他に「健康・困難・自由・必要」等も同様）、複合字音語基「一方」は、自立して「一方が、一方を、一方」となるので、体言類と「副言類」（自立して副詞になる語基）の双方に属すると見られる（他に「現在・最初・全部・当時」等も同様）。なお、村木（2012: 101）では、この現象を語レベルにおける分類（品詞）の問題として捉え、「品詞の兼務」と呼んでいる。

　このように、複合字音語基の兼用という現象そのものについては、先行研究で常に言及されるのであるが、そのこととは裏腹に、こういった現象が、（i）複合字音語基に特有のものなのかどうか、（ii）もしそうだとしたら複合字音語基の在り方・特質とどのような関連性が存在するのか、さらには、（iii）複合字音語基の兼用はすべて

同質の現象と考えてよいのか、といった問題については、従来、あまり吟味されて来なかったように思われる。もちろん、上記（i）（ii）については、先行研究でそれなりに指摘されている点がある。それについては、本節の第2小節（先行研究の紹介と批判）で簡単に触れる予定である。しかし、上記（iii）の問題については、先行研究でほとんど取り上げられていないと言ってよい。そこで、本節では、専らこの（iii）の問題を中心に考察を行ないたい。

2. 従来の兼用に対する捉え方とその問題点

2.1　先行研究の兼用に対する捉え方　問題（i）（ii）に関して

　従来の複合字音語基分類において、兼用に関して比較的多くのことを述べているのは森岡（1994: 201–202）であろう。森岡によれば、日本語における語構成は「和語系単一語基」が基本であり、それ以外の「和語系の複合語基や漢語系・外来語系の語基」の語構成法は、和語系単一語基の語構成法に従うという（ここで語基の語構成法が問題となるのは、森岡の考えでは、語基の語構成法によって語基が分類されることになるからである）。森岡は、そう述べた上で、漢語系・外来語系の語基の特質について、以下のように指摘する。なお、引用文中「情態言」というのは、形容動詞語幹のことであるが、森岡は、形容動詞を認めず、いわゆる語幹は自立して「情態詞」を構成すると考える。

（1）漢語・外来語の出所は、もともと外国語であり、外国語というのは、日本語にとっては、非文法的であるというより、むしろ日本語文法とは異質であるという点で、無文法とでもいうべき性質のものである。この無文法的なるものを、日本語に持ち込むためには、日本語の文法に組み入れなければならず、組み入れる基準となるのは、どうしても本来の日本語である和語系の単一語基ということになる。（中略）しかしなんといってもこれらの無文法的な性格の語基を日本語に組み込もうとするのであるから、単一語基の枠

に納まらないものもあるし、どの枠に入るか、きれいに対
応させにくいものもでてくる。（中略）たとえば、

　　得をする（体言）　得な仕事（情態言）　得-する（用言）
の「得」という語基は体言、情態言、用言の機能を兼用して
いて、一つの枠に納まらない。

　また、別の箇所（214頁）では、こういった漢語系・外来語系の
語基の在り方は、和語系単一語基では「象徴言」（オノマトペを構
成する語基）に似ていると述べられている。ここには、前小節で挙
げた問題の（i）（→兼用は、和語系単一語基の象徴言と、和語系単
一語基以外の和語系複合語基、漢語系・外来語系語基に見られる）、
（ii）（→これらは、無文法性といった性質を有する）に関する森岡
の考え方が示されていると言えよう。

　次に注目すべきは、宮地（1982）である。宮地には、字音語基
の分類に関して、他にも宮地（1973・1979）といった論があるが、
宮地（1982）において、兼用について比較的まとまって述べられ
ている。以下に引用する。

（2）　和・漢・洋・混種の各語種ごとに兼用系の多少を比較する
　　　と、洋語はもともと用例がすこししか出ていないうえに、
　　　兼用例がない。この点では混種語も同じである。ただし、
　　　対象資料においてそうなっているという以上のことを言う
　　　わけではない。これに対して和語・漢語には兼用例があり、
　　　とくに和語より漢語のほうに兼用例が断然おおい。類詞の
　　　別そのものが、ものごとの認識と語の表現性のちがいとに
　　　対応するものであって、もともと、和語について考察され
　　　分類されたものであり、和語のA・B・C・D系の、かなり
　　　はっきりした区別があるからこそ、この類詞の別あるいは
　　　これに準ずるものがすでにひさしく支持されてきたのでも
　　　あろう。漢語に兼用系がおおいことは、類詞別に当てはめ
　　　きれない曖昧さが漢語にあることを意味するだろうが、類
　　　詞別ひいては品詞別にする以上は、漢語と言っても日本語
　　　のなかのものだから、和語と同様にあつかうべきものにち
　　　がいない。まったく別の原理を立てて、和漢を通じてもっ

第1章　複合字音語基の分類　　91

といい語分類ができるのなら、はなしは別であるが、現状
では見とおしも立てにくい。

　ここで、宮地は洋語には兼用例が見られないと述べているが、森
岡（1994: 213）に「収支のアンバランス」「アンバランスな建築」
といった例が挙げられているように、外来語系語基にも体言と情態
言とを兼用するものが見られる（他に「クラシック・ストレート・
ハンサム」等）。そういう点では、宮地の言う通り、ここは「対象
資料」とした約2000語（国立国語研究所［1982］の上位約2000
語と同じもの）の問題であろう。なお、引用文中「類詞」と呼ばれ
ている「A・B・C・D系」というのは、それぞれ「体言系・相言
系・用言系・副言系」を指す。以上のように見るなら、宮地の上記
の指摘で重要なのは、問題（ii）に対する宮地の捉え方（＝「漢語
系に兼用系がおおいということは、類詞別に当てはめきれない曖昧
さが漢語にあることを意味するだろう」）ということになろう。

　最後に、村木（2012）を取り上げる。同書では、前小節で述べ
たように、複合字音語基の兼用の問題を語レベルで捉え「品詞の兼
務」と呼んでいるが、この点に関する次の2点の主張が注目される。

（3）　日本語の漢語には、複数の品詞を兼務する例が多いといえ
　　　る。この事実は、中国語に多くみとめられる多品詞性（兼
　　　類）の特徴を日本語の中に持ち込んでいるとみてよいであ
　　　ろう。
　　　　　　　　　　　　　　　　　　　　　　　　　（101頁）

（4）　漢語の多品詞性や臨時的な品詞のスライドは、日本語の漢
　　　語の品詞性が不安定であることを意味する。その理由とし
　　　ては、中国語の特徴である単語の多品詞性（中国語学では
　　　「兼類」とよばれる）を日本語の中にもちこんでいるためで
　　　もあり、日本人の漢語使用にばらつきがあるためでもある
　　　と考えられる。
　　　　　　　　　　　　　　　　　　　　　　　　　（107頁）

　引用文（4）に見られる「臨時的な品詞のスライド」とは、「<u>丈
夫</u>がとりえだ。」「<u>高級</u>、<u>低級</u>は志次第だ。」（下線は引用者）などに
見られる「形容詞による臨時的な名詞使用」（105頁）のことを指
す。村木の主張の一つ、「日本語の漢語の品詞性が不安定である」
という点は上述の宮地や森岡と基本的には同じであると思われるが、

もう一つ、複合字音語基の兼用（村木では「品詞の兼務」）が中国語の文法上の性格（「兼類」）を引き継いだものであるという指摘は新しい。

なお、森田（1994: 258–259）は「漢語と品詞性との関係」に関して、特に兼用という観点からではないが、次のように述べており、これも間接的には、上記の論者達が指摘する日本語漢語の品詞の不安定性を導く要因であると考えられる点で注目される。

(5) 日本語語彙にあっては、すべて辞書的意味と並んで文法的意味のレッテルを貼られる決まりになっている。語義による概念として"動詞"だ"形容動詞"だというレッテルが決まるのではない。（中略）それゆえ日本語に不慣れな中国人学習者は、辞書的意味を手掛かりに、先に掲げた例のような

　　○戦いは人民に有利する方向になっていった。
といった誤用を犯す。「有利」そのものに形容動詞的概念（状態性）だ動詞的概念（動作性）だといった区別を立てるわけには行かない。日本語の中に定着していった過程で「有利する」とならず「有利な／に」と形容動詞としての用い方が進んだというだけの話である。（中略）

　　中国人の誤用例を見ていると、日本漢語の持つ辞書的意味、特にその意味が有する動作性・状態性といった語義の性格と、その語の品詞性との間には一貫した論理的関係がほとんど無いことを痛感させる。

2.2　先行研究の問題点　問題（iii）に関して

第1小節で述べたように、従来の研究は、複合字音語基の兼用に関し、その存在と存在の意味（すなわち、問題（i）（ii））についてはそれなりに言及するが、兼用の在り方、特に兼用を全て同質のものと捉えてよいのかどうか（すなわち問題（iii））については、ほとんど検討することがない。

それに対し、従来の研究でよく見られるのは、兼用のパターンを分類することである。たとえば、森岡（1994: 211–214）は、漢語

系・外来語系・和語系複合語基を分類する際に、体言語基を、①体言のみのもの、②体言と用言とを兼ねるもの（ただし、森岡の場合は、用言はあくまでも「形式用言」の「する」を伴った形で考えられている）、③体言と情態言とを兼ねるもの、④体言と用言と情態言とを兼ねるもの、の４種類に下位分類しているが、これは、何と何を兼用するかという観点からの分類であり、兼用の在り方そのものによる分類ではない。同様に、村木（2012: 104）は、「品詞の兼務」を以下の８種類に分けて挙げている。①名詞・動詞、②名詞・形容詞（村木の形容詞は、形容動詞、「第三形容詞」[「幸福・退屈・迷惑」等、「の、に、だ」と活用する類]、連体詞を含む）、③名詞・動詞・形容詞、④名詞・形容詞・副詞、⑤形容詞・副詞・⑥副詞・名詞、⑦副詞・動詞、⑧名詞・感動詞。その他、宮地（1973 等）にも同様の観点からの分類が見られる。しかし、これらはいずれも兼用のパターンの分類に過ぎない。もちろん、それも必要ではあるが、その前に、上述のパターンが全て同じような性質のものなのか、すなわち、兼用の内的実質の在り方が問われなくてはならないであろう。

3. 兼用の在り方　用言類の場合

3.1　基本的な問題点

　第１・２小節で従来の複合字音語基に関する先行研究を幾つか挙げたが、それらの間には分類の大枠自体にそれほど大きな違いがなく、基本は、体言類・用言類・相言類・副言類の４分類である。このうち、著者の見るところでは、本節のテーマである兼用に関して最も大きな問題が潜んでいるのは用言類であるように思われるので、最初に用言類の兼用の在り方から検討することにしたい。なお、従来の複合字音語基分類には、基本的なところで様々な問題点が見られるが、それについては、野村（1998a）を直接の対象として村木（2012: 77–84）の指摘があり（野村［2013］はそれに対する反論である）、本書第１部第１章第１節（4.1）でも述べたのでここでは省略する。

「用言類」とは、野村（1998b）によれば、次のように説明される（同論文では「動態類」と呼ばれている）

（6）動態類（V）…事物の動作・作用をあらわす。

　　　（例：研究・運動・変化・検討・観察）

　　　スルをともない、動詞として文の成分となる。

　この用言類についてまず疑問に思うのは、従来、これらが基本的に体言類の特徴をも併せ持っているとされていることである。すなわち、この用言類というのは、本来的に体言類との兼用類なのである。この点について、たとえば、池上（1954＝1984）、宮地（1973）は次のように述べる（池上のA類は体言類、B類は用言類に相当する）。

（7）AB両類はそれぞれ名詞・動詞の性質をもっているがB類はA類の性質をも兼ね備えているわけであって、「する」を取除けば名詞になるということは、動詞の名詞化をここで行っていることなのである。即ち、動詞の連用形がその機能を早く喪失しているのに対する代償作用はここで行われていることになる。これに反し、名詞の動詞化が必ずしもあらゆる場合に行われないからこそ（即ち「犬する」「アメリカする」とならない）、A類がB類とは別に立てられるのであって、これは一般に、事物の名と動作とが無関係な場合も多いという語彙論的事実を示すものといえる。

（池上［1954＝1984：74］）

（8）いずれも「―する」のかたちとしてつかわれるが、結合形態単一語基に「―する」の付いた「対する・比する」「接する・関する・排する」など以外は体言兼用である。しかし、体言系のみに属するものには「―する」が付かないのだから、体用言兼用のものには、それだけ動作性が加わっていると見てよいであろう。　　　　　　　　　　　（宮地［1973］）

　こう考えるなら、用言類というのは、あたかも、体言類の一種の下位分類で、「する」を伴って動詞にもなれるグループであるようにさえ思われる（ただし、本書第1部第1章第2節［4.1.2.2］で分類したように、厳密には、用言類の中には自立して名詞にならな

いもの［無活用動詞になるもの］も一部含まれると考えるのが妥当
である）。

3.2　用言類の兼用の基本的特徴

　用言類は、基本的には自立していわゆる漢語動名詞（Verbal
Noun）となるが、影山（1993）は、動名詞に関し、「動名詞はあ
くまで名詞であるという考え方」（35頁）、および、「格を与える動
名詞は動詞（V）に他ならない」（36頁）という考え方のそれぞれ
を否定し、「動名詞は名詞的であるだけでなく、動詞としての機能
も併せ持つ」（34頁）「独自の範疇として立てる」（39頁）ことが
できると捉え、動名詞を［+V, +N , -A］と素性表示している。さ
らに、この点を統語的にどう理解するかについて、影山は次のよう
に述べる。

（9）　この名詞性と動詞性という二面性を理解するには、動名詞
　　　の内の関係と外の関係を区別して考えることが必要になる。
　　　すなわち、動名詞が形成する節（VNP）の内部においては、
　　　動名詞は述部［+V］としての機能を果たし、それ自体で項
　　　に格を与えることができる。他方、動名詞句を外から眺め
　　　ると、［+N］素性のために動名詞句は名詞句と同等の資格
　　　を持つことになり、それゆえ、格助詞「の」による支えが
　　　必要となる。このように、本書では動名詞（VN）が独自の
　　　投射を構成し、その内部で格付与が行われるものと考えて
　　　おく。
　　　　　　　　　　　　　　　　　　　　　　　　　（37–38頁）

　ただし、同書第5章（「VNする」構文）では、VNPという考え
方は破棄されている（294頁）。
　以上から、複合字音語基において用言類が体言類をも兼ねるとい
う特徴は、語としての動名詞が有する名詞性と動詞性とを兼ね備え
るという特徴の反映に他ならないということがわかる。だからこそ、
用言類がいわば丸ごと体言類を兼用するということが可能になるわ
けである。つまり、用言類と体言類の兼用は、構造的な性質のもの
なのである。なお、このことは、漢語動名詞に限らず、和語動名詞
（「立ち読み（スル）、取り締まり（スル）」等）でも外来語動名詞

（「コピー（スル）、テスト（スル）」等）でも、動名詞でありさえすれば、「名詞性と動詞性という二面性」を有するということからも言えよう。

3.3　用言類が兼用する体言類の特質

　ただし、用言類と体言類との兼用に関しては、一つ注意しておかなければならない点がある。それは、動名詞が構造的に有する名詞性というのは単なる名詞性ではなく、ある特定の名詞性、すなわちいわゆる「複雑事象名詞」（あるいは「複雑デキゴト名詞」とも言う）としての名詞性であるという点である。

　影山（1993）、伊藤・杉岡（2002）、影山編（2011）等の説明によれば、名詞は、「『時間』の観念がそれ自体に含まれるかどうか」（影山編［2011: 38］）によって、「モノ名詞」と「事象名詞（デキゴト名詞）」に大きく二分されるが、さらに、Grimshaw（1990）は、後者を、「項構造をもち、より動詞に近い性質を示す『複雑事象名詞』（complex event nominal）と、項構造をもたず、統語的にはむしろ結果名詞に近い性質を示す『単純事象名詞』（simple event nominal）」（伊藤・杉岡［2002: 70］）とに区別しているという。そして、これらの分類は、日本語の名詞にも適用できると見なされている。

　これら 3 者の相違、および、それが語基レベルにおける分類項である体言類、用言類とどのように関わるのか、という点については、本書第 1 部第 1 章第 2 節で詳述したので、ここでは本節で問題にしている兼用との関わりについてだけ触れることにする。

　結論的に言えば、用言類が構造的に兼用するのは複雑事象名詞となる体言類だけである。複雑事象名詞はそのままの形で単純事象名詞やモノ名詞になる場合があるのでわかりにくいが、それらの元となる語基は、語基レベルで用言類から体言類に「転成」したものであり、用言類の語基の兼用とは考えない（この点について詳しくは、本書第 1 部第 1 章第 2 節［4.1・4.2］を参照されたい）。

　具体的に言えば、たとえば、

（10）ジョンが日本語を研究（記述・分析）する。

という文において、「研究（記述・分析）する」という漢語サ変動詞（「漢語動名詞＋する」の形式）の元になる語基は、「研究・記述」という用言類であるが、それが兼用する体言類の語基「研究・記述・分析」はあくまでも、

（11）ジョンの（による）日本語の研究（記述・分析）

といった（項を有する）複雑事象名詞の元になる体言類であり、

（12）ジョンの日本語の研究（記述・分析）はわかりにくい。

といった「モノ名詞」（結果名詞）の元になる体言類の語基「研究・記述・分析」ではないということである。これらの語基は、既に語基レベルで、複雑事象名詞となる語基「研究・記述・分析」から体言類に転成しているのである。このように考えると、用言類が兼用している体言類というのは、従来の複合字音語基の４分類における体言類ではなく、いわば用言類とともにある体言類であり、表立っては現われてこない分類項であると言えよう。なぜ、このような一見煩わしい考え方をするのかというと、複雑事象名詞になるのは用言類に限られており、単独で複雑事象名詞になる語基は存在しないからである。この辺のことについては、従来の用言類の兼用の考察では明確化されておらず、これまでは用言類と（従来の）体言類とを直接的に兼用で結びつけていた。そのことが用言類の兼用の特殊性、延いては兼用の種類分けという問題をより見えにくくしていたように思われる。

4.　兼用の在り方　用言類以外

4.1　相言類の場合

4.1.1　相言類の内実と兼用

「相言類」とは、野村（1998b）によれば、次のように説明される（同論文では「様態類」と呼ばれているが、野村［2013］によれば、現在は「様相類」と呼んでいるとのことである）。

（13）様態類（A）…事物や精神の性質・状態をあらわす。

　　　（例：簡単・愉快・重要・意外・永久）

　　　ナ（ノ）・シイをともない、連体修飾成分となる。

ただ、これには、幾つか補足説明が必要であろう。第一に、括弧に入っている「の」は、語例の中では「永久」がそれを取るもので、「永久の存在」のように用いられる場合である。通常、相言類が語として連体修飾成分になる場合には、「簡単（愉快・重要）な＋名詞」のように、「な」形を取るのが一般的なのであるが、「の」を取る場合も見られるということである（ただし、村木［2012］は、性質規定を行なう際の連体修飾語尾が「の」の場合と「な」の場合とで区別している）。次に、相言類は、語として連体修飾成分だけでなく、連用修飾成分、叙述成分にもなる、という点である。前者の場合には「に」、後者の場合には「だ」を取る。第三に、「しい」を伴う場合があるとされているが、これは例には挙がっていない「鬱陶しい・騒々しい・麗々しい」などの特殊な漢語形容詞における語基の場合を指す、という点である。これらは数が非常に少ない。このように見てくると、相言類というのは、基本的には、いわゆる漢語形容動詞の語幹を指すということがわかる。

　漢語に限らず、形容動詞ということになると、そもそもその存在自体をどう考えるかということが問題となる。端的に言えば、形容動詞という品詞を独立に認めるか否かということであるが、認める場合はともかく、認めない場合にはさらに様々な考え方、立場が存在する。本節は、形容動詞の認定の問題、あるいはそれに伴う漢語語幹（複合字音語基）の分類の問題そのものを扱うわけではないので（この点については本書第1部第1章第3節を参照されたい）、ここではその問題について深くは追究しないが、兼用との関わりで必要になってくる点には触れざるを得ない（第6小節も参照）。ただ、今、重要なことは、形容動詞をどう位置づけるかということよりも、形容動詞の認定が揺れているということ自体が漢語形容動詞語幹（相言類）の兼用とどのように関わるのか、という視点であろう。このことを最初に強調しておきたい。

4.1.2　相言類の兼用の特質
　相言類の場合、問題となる兼用は、基本的に体言類との間に生じる。たとえば、

（14）危険　：相言類…危険な仕事／この仕事はとても危険だ
　　　　　　　：体言類…危険が迫っている／危険を顧みない／危険
　　　　　　　　　　　　にさらされる
　（15）困難　：相言類…困難な事態／打開するのがとても困難だ
　　　　　　　：体言類…困難が待ち受けている／困難を乗り越える
　　　　　　　　　　　　／困難に打ち勝つ
　もちろん、相言類は、場合によっては副言類との間に兼用を生じ
ることもある。次のようにである。
　（16）格別　：相言類…格別な思い／今日の心境はとても格別だ
　　　　　　　：副言類…そうは格別思わない／格別相応しい
　けれども、形容動詞否定論者の多くが、形容動詞を「体言＋だ」
と解釈している点（この「体言」は語レベルの存在である。また、
「だ」の捉え方にも「助動詞」「判定詞」等いろいろある）、また、
必ずしもそういった解釈を取らなくても、形容動詞に関して、名詞
性と形容詞性の両方の性格を有する点を強調したり（影山［1993:
40］は形容動詞語幹を「形容名詞（AN）」と呼び、[-V, +N, +A]
と素性表示している）、「名詞と形容詞の中間的な性格をもつが、ど
ちらかといえば形容詞に近い」と捉えたり（寺村［1982: 53］は形
容動詞語幹を「名詞的形容詞」と呼ぶ）することを考えると、そも
そも形容動詞というのは、名詞の性格と形容詞の性格とを併せ持っ
ている存在であり、その語幹（漢語語幹）が相言類と体言類とを兼
用するというのは、いわばその極端な場合なのではないかと考えら
れて来るのである。そういう意味で、相言類の兼用としては、体言
類との場合が最も問題になるわけである。
　しかし、もしそう考えるのであれば、相言類における体言類との
兼用は、前小節で述べた用言類における体言類との兼用とは性格が
本質的に異なることになる。なぜなら、用言類の場合には、語とし
ての動名詞が本来的に有する二面性を語基レベルにおいてそのまま
反映した構造的なものであったのに対し、相言類における体言類と
の兼用は、形容動詞の抱え込んでいる名詞性と形容詞性との二面性
が極端に現われ出たものの語基レベルにおける反映（すなわち語構
成法の違い）に他ならないからである。このことは、端的に言えば、

用言類と体言類との兼用はほとんど常に成立するけれども、相言類と体言類との兼用はごく一部の語基においてしか成立しない、という相違となって現われる。そういう点では、影山（2013：6）において「形容名詞」を「ハイブリッド品詞」と呼び、「動詞的名詞」（引用者注：動名詞のこと）も似た性質を有すると述べているが（8頁）、両者の有する二面性は同質ではないと言えよう。

4.2　その他の場合

第2小節で見たように、兼用は、何と何を兼用するかという観点から、いろいろなタイプに分けられるが、第3小節、第4.1小節で問題とした、用言類と体言類との兼用、相言類と体言類との兼用以外は、大きく、同じ意味での兼用（すなわち、同時にある分類項と別の類項との双方に完全に属する）ととらえてよいのではないかと思われる。たとえば、次のようなものである。

〈用言類と相言類〉

（17）感心　：用言類…彼の行為に感心する
　　　　　　：相言類…感心な心がけ／彼の行ないはとても感心だ

（18）心配　：用言類…結果を心配する
　　　　　　：相言類…心配な事情／彼のことがとても心配だ

〈相言類と副言類〉

（19）自然　：相言類…自然な態度／彼の行為はとても自然だ
　　　　　　：副言類…「この網干が杉木家の壇地であったため、
　　　　　　　　　　　自然茶の湯の上でも師弟関係が結ばれたのであろう。」
　　　　　　　　　　　（谷端昭夫『近世茶道史』［用例はBCCWJに拠る：
　　　　　　　　　　　　以下、実例は全て同コーパスからのものである］）

（20）普通　：相言類…普通な感じ／「背丈は標準的で、体格は逞しくもなく、風貌に目立つ特徴もなく、とても普通だ。　（若木未生『メタルバード』）
　　　　　　：副言類…普通、そうは思わない／普通、このようにする

〈用言類と相言類と副言類〉

(21)相当　：用言類…相当する
　　　　　：相言類…相当な値段／「記録によると、この日から
　　　　　　　　　　五日間降り続き出水の被害も相当だったと
　　　　　　　　　　あるが」　　　　　　　　（山岡荘八『徳川家康』）
　　　　　：副言類…相当面白い／相当考えにくい

　上記のうち、「普通」は名詞を修飾する際、「普通の態度」というように「の」を取る方が一般的である。そういう点では、「普通の／な＋名詞」は語形的に「ゆれている」と見ることが出来るが、「ゆれ」と「兼用」とでは、前者は一時的なものであるのに対して後者は固定的なものであるという相違が存する。ただ、従来の複合字音語基分類における相言類には、4.1.1で見たように「の」も相言類の語尾に含めているで、ここはどちらの語尾を取ろうとも相言類ということでは違いがない。とはいうものの、「の」をとった場合にはもちろん通常の形容動詞にはならない。また、「感心」「心配」は名詞としての用法も有するが、これは、体言類と用言類との兼用になるので除いた。なお、「相当」に見られるように、兼用は二つの分類項ばかりでなく、三つの分類項を兼ねる場合もある。

　これらの兼用は、用言類と体言類との兼用が構造的・恒常的な性格のものであり、相言類と体言類との兼用が本質的な程度性を背景とした局所的な性格のものであるのに対して、完全に複数類を兼ねるが個別的・偶発的な性格のものとして位置づけることができよう。

5.「兼用」を考える上での問題点

5.1　意味の問題

　上記4.2で、兼用の第3の種類として、相言類と副言類とを兼用する語「自然」を例に挙げた。しかし、すぐわかるように「自然」は体言類にも属する。

(22)自然：体言類…雄大な自然が見られる／自然を克服する／
　　　　　　　　　厳しい自然に立ち向かう

　しかし、相言類と体言類との兼用は、4.1で問題とした兼用の第2の種類に属するので、兼用の分類を論ずる4.2では、「自然」に

関して体言類・相言類・副言類の三つの分類項を並べて挙げること
はできなかった。けれども、一方で、体言類に属する「自然」と、
相言類・副言類に属する「自然」とではかなり意味が異なるのでは
ないか、という直感も否定できない。簡単に言えば、体言類に属す
る「自然」は、我々人間を取り巻く外界であって、あくまでも一種
のモノである。相言類・副言類に属する「自然」はそうではない。
従って、場合によっては、前者の「自然」と後者の「自然」とはい
わば同音異義であるという考え方もあり得るであろう（この点は、
あくまでも共時的な話であり、通時的なことを問題としているので
はない）。もちろん、体言類と相言類とを兼用する他の語の場合、
たとえば、「危険、健康、困難、自由、必要、風雅」等においては、
そういったことは見られないから、この問題はあくまでも「自然」
という個別的な語の特殊事情と考えられるが、それでも、意味が明
らかに異なる場合に兼用についてどう対処したらよいのか、といっ
た問題は残ると言えよう。なお、同様の問題は、他にも、4.2で3
類を兼ねるとした「相当」の用言類（語レベル：「重役に相当する
待遇」＝「その程度・地位などに応じていること。」）と相言類・副
言類（語レベル：「相当な人出」「相当苦しい」＝「かなりの程度で
あるさま。」[以上、語レベルの用例と意味は、いずれも『岩波国語
辞典』第7版新版による]）との間にも生じる。

5.2 「兼用」と「転成」

5.2.1 個別的な問題 「四角」と「四角い」

「四角」という漢語は、「四角が並んでいる／四角を描く／四角に
囲む」のように使われるから、名詞であり、従ってその元となる語
基は体言類である。しかし、一方で、「四角」は、「四角い」という
形容詞としても使われる。たとえば、次のようにである。

(23)みかん箱ほどの大きさのある四角い水槽の中で、鮮やかな
　　　オレンジ色をした金魚が水に浮く藻をぱくぱくとついばん
　　　でいる。　　　　　　　　　　　　　　（小池真理子『夢のかたみ』）

(24)テーブルに戻って、四角く折り畳んだティッシュペーパー
　　　をマドンナの掌に載せた。　　　　　　（内山安雄『霧の中の頼子』）

複合字音語基を語幹とする形容詞は非常に少ないので、従来の複合字音語基分類中には、明確な位置を与えられていないのが一般的であるが、もし位置づけをするのであれば、形容詞語幹は拘束形式であるから、拘束形式の中に、相言類に対応するような分類項（森岡［1994］に倣い、本書第1部第1章第3節で命名したように「形容言類」と称する）を作る必要がある（そこには、「鬱陶しい、仰々しい、騒々しい」等の「鬱陶・仰々・騒々」が一緒にはいるであろう）。しかし、そうしたとして、複合字音語基「四角」は体言類と形容言類とを兼用すると考えるべきであろうか。

　もちろん、それも一つの考え方ではあるが、母語話者の感覚としては、そもそも「四角い」という形容詞はあくまでも名詞「四角」が本籍であって、そこから形容詞「四角い」が派生的に生じたものであるという意識が非常に強い（ちょうど、混種語において名詞「茶色」から形容詞「茶色い」が派生したように）。従って、兼用として扱うよりも、むしろ、上記の感覚に対応するような形で、体言類に属する「四角」が拘束形式の形容言類に転成し（語基における、自立形式から拘束形式への「転成」については、本書第1部第1章第2節を参照されたい）、そこから「四角い」という形容詞が形成されると考えた方がいいように思われる。

5.2.2　用言類の二面性と転成

　「四角」の問題自体は小さな問題であるが、実は、同じような問題が逆の形で用言類にも生じるという点で重要である。というのは、第3小節で、用言類と体言類との兼用の内実について、動名詞が本質的に有する名詞性と動詞性の二面性が語基レベルにおいて反映したものであり、その点でいわば構造的な性格のものであると述べたが、このことは、換言すれば、たとえば動詞（連用形）から動詞連用形名詞が「転成」によって作られるというのと同じような意味合いでは、動名詞における二面性の間に一定の方向性が存在しないということ、すなわち、動名詞の有する二面性は「転成」によって説明することはできないということを意味していると解釈できるからである。

このことを、影山編（2011）では、わかりやすく次のように説明している。すなわち、まず「英語の複雑デキゴト名詞に相当する日本語の表現」が「『建築、訪問』などの漢語名詞である」とし、これらを、影山（1993）が「動名詞（あるいは動詞的名詞、Verbal Noun）と呼び、もともと、名詞としての性質と動詞としての性質を併せ持つ特殊な品詞であると論じている。」（以上、222頁）と紹介した上で、次のような興味深い指摘をしているのである。

(25) 英語の複雑デキゴト名詞は動詞から派生したものしか存在しないが、日本語の動詞的名詞は、動詞から派生した名詞ではなく、元々、名詞と動詞の機能を兼備している。したがって、(29)、(30) の動詞用法（引用者注：(29) a. 首相が昨年、中国を訪問した。 b. 首相が昨年、中国を訪問の折… (30) a. 売り出し期間中に新製品をご予約になったお客様は… b. 売り出し期間中に新製品をご予約のお客様は…）が元にあって、そこから (31) の名詞句（引用者注：(31) a. 首相の昨年の中国の訪問 b. 売り出し期間中の新製品のご予約）が「派生」したと考える必要はないのである。英語の複雑デキゴト名詞では項の受け継ぎという用語を用いたが、日本語の動詞的名詞については「項の受け継ぎ」という用語は適切でない。(31) のような名詞用法で現れる項は、動詞から受け継がれたのではなく、元々、これらの名詞に備わっているのである。　　　　　　　　　　　　（222–223頁）

この点が、先に 3.3 で述べた、用言類の語基には動名詞になる部分と複雑事象名詞になる部分とがほとんど常に共存しているという意味で構造的に用言類と体言類とが兼用されているのであり、複雑事象名詞と同じ形で単純事象名詞（体言類）、モノ名詞（体言類）であるものは、用言類から体言類へと転成した語基が自立することによって成立したものである、ということの意味合いに他ならない。

5.2.3　兼用と方向性の問題

以上のように見てくると、兼用というのは、文字通り、幾つかの分類項を同時に兼ねる、あるいは兼ねているという在り方そのもの

を指しており、それらの分類項の間に本業と副業のような本来性の区別、あるいは一方から他方への派生といったような方向性の区別はないと考えた方がいいように思われる。すなわち、兼用というのは、あくまでも一つの語基内においてある分類項の性質と別の分類項の性質とが共存しているといった関係性を述べているのに過ぎないわけである。先に、2.2 で先行研究を検討した際に、従来、兼用の問題は、主に兼用のパターンの分類を中心に考察されてきたことを見たが、それも兼用の有するこういった性格と無縁ではないと思われる。

5.3 「品詞の兼務」との関係

2.1 の先行研究で紹介したように、本節で扱っているような語基の兼用の問題を、村木（2012）では語レベルの問題として取り上げ、「品詞の兼務」と呼んでいる。また、3.2 で述べたように、用言類と体言類との兼用は、品詞としての動名詞の有する名詞性と動詞性との二面性（いわば兼務）を語基レベルにおいて反映させたものに他ならない、というのが本節の捉え方である。従って、このように考えるなら、兼用と兼務とは、単に語基と語というレベルが異なるだけであり本質的には同じ現象と見ることが出来るのではないか、といった考え方も出来るかもしれないが、実際にはそれほど単純ではない。

たとえば、動名詞の二面性について、影山（1993: 38）では、それを統語論的にどう説明すべきかが明確に提示されている（上記引用（9）参照）。しかし、語基レベルでは、用言類の語基に動詞になる側面と名詞（複雑事象名詞）になる側面とが共存しているということが言えるだけであり、その二面性が用言類の語基においてどういう形で共存しているのか、を明示的に示すことは出来ない。

さらに、相言類の兼用に関して、本節では、4.1.1 で示したように、いわゆる形容動詞の扱いが立場によって様々であることに基づき、それらがもともと名詞性と形容詞性との二面性を有すること、従って、その際の兼用というのは、その二面性を極端に有する場合の反映であると考えられることを述べた。しかし、形容動詞否定論

の中には、塚原（1970）、鈴木（1986）のように、形容動詞語幹を体言に解消する根拠として、そもそも体言には、様々な側面が存在するということを挙げる論者がいる。たとえば、塚本（1970）は次のように述べる。

（26）国語の体言―名詞には、根底的に、三種の意味機能を具有している。三種の意味とは、事物と様態と事態とである。換言すれば、国語の名詞は、根源的に、「モノ」と「サマ」と「コト」とを表現しうる。そして、そのいずれかを具現するかは、文脈―場面が決定する。

この考え方によれば、形容動詞というのは、動詞や形容詞と違って、「認定が、文脈に即応して―ということは、パロルもしくはパロルふうな次元において可能である」ということであり、そういう点で、形容動詞を他の品詞と同列に設定することはできないというわけである。

こういった捉え方は、品詞論としてはよくわかるし、一理あると考えられるが、この考え方は、要するに、形容動詞というのは文脈レベルの存在であるというのであるから、形態論の立場からは、それに対応する存在を語基レベルに設定することは出来ないということになる。すなわち、上記のような立場に立つなら、品詞の兼務に対応する現象は認めてもいいけれども、それが語基レベルにおいて常に反映されるかどうかは別問題であるということになるであろう。このように、兼務と兼用とを必ずしも対応させない立場も充分にあり得るのである。

本節では、品詞の兼務（に対応する現象）がある以上、それが何らかの形で語基レベルにおいても反映しているであろうという前提の元に（この前提の根底には、全ての語は語基によって成り立つという考え方が存在する）考えてきたが、実際問題として、語基において複数の特性がどのような形で共存しているかは明らかではない。今後の課題である。

第1章　複合字音語基の分類　107

6.「兼用類」の位置づけ

　以上、見てきたように、語基の兼用を3種類に分けた場合、第2種の兼用について注意すべきことがある。それは、この種の兼用に属する語基は、自立形式と拘束形式との兼用類になる、という点である。なぜなら、本書第1部第1章第3節で述べたように、相言類というのは基本的に拘束形式であると考えられるからである。すなわち、形容動詞に関する著者の捉え方の結論だけを繰り返しておくと、著者はいわゆる形容動詞を一語として認定するが（従って、語幹は拘束形式になる）、独立の品詞として特立せず、形容詞の一類として位置づけるという立場に立つ（この点では、村木［2012］とほぼ同じである）。

　このように理解するなら、語基の兼用の複合字音語基分類中における位置づけは次のようになるであろう。ここでのポイントは、上述の相言類の捉え方から、兼用類が自立形式、拘束形式と同レベルに並べられる点である

$$(27)\qquad \text{複合字音語基} \left\{ \begin{array}{l} \text{自立形式} \\ \text{拘束形式} \\ \text{兼用類} \end{array} \right.$$

7．まとめと今後の課題

7.1　本節のまとめ

以上、考察してきたことから明らかなように、従来、語基の兼用と一括りにされていた現象には、少なくとも、性格の異なる3種類の区別があることがわかった。あらためて示せば次の通りである。

①用言類と体言類（複雑事象名詞になる）の兼用⇒構造的・恒常的な兼用

　　ex. 研究・分析：用言類→ジョンが3年間日本語を研究（する）・分析（する）

　　　　　　　　　　…動名詞（漢語サ変動詞）［語レベル］

　　　　　　：体言類→ジョンの（による）3年間の日本語
　　　　　　　の研究・分析
　　　　　　　　…複雑事象名詞［語レベル］
②相言類と体言類との兼用⇒程度的・局所的な兼用
　　ex. 必要：　相言類→必要な事項、とても必要だ…形容動詞＊2
　　　　　　　［語レベル］
　　　　　　：体言類→必要が生じる、必要を感じる、必要に備え
　　　　　　　る…名詞［語レベル］
③その他の兼用⇒個別的・偶然的な兼用
　　ex. 特別：　相言類→特別な扱い、とても特別だ…形容動詞［語
　　　　　　　レベル］
　　　　　　：副言類→特別、何とも思わない…副詞［語レベル］
このうち、上記、①・②は、ともに本質的な兼用という点では大き
く③と対立する。
　また、兼用について考えるに当たっては、次の点に考慮する必要
がある。
　（a）意味の違いをどうするか。…全くの別義には慎重に対処する
　　　必要がある。
　（b）「転成」と区別する。…本来性・方向性といった概念を持ち
　　　込まない。
　（c）品詞の兼務とは必ずしも厳密に対応しない。
なお、上記のように兼用を考えるということは、結局、本節におい
ては、兼用の本質を次のように考えるということである。
　（28）兼用→一つの語基の中に複数の意味的特徴が共存している
　　　　　　ため、その形式が複数の形態論的な枠組みに亘って
　　　　　　使われるという現象となって現われること
　最後に、兼用類の語基の位置づけに関し、自立形式、拘束形式と
同レベルに並べられることを述べた。

7.2　今後の課題

　本節中においても、第5小節で今後の課題について触れたが、一
番重要な点は、語基の兼用と品詞の兼務との異同をどう明示的に示

すか、という点であろう。なぜなら、そのことが語レベルと語構成
要素レベルとの本質的な相違を明らかにすることに繋がると考えら
れるからである。

　本文中で触れなかった課題としては、兼用を本節のように理解・
設定した場合に、従来の複合字音語基の分類にどのような影響を与
えるのかを明らかにするということが挙げられる。この問題につい
ては、用言類と体言類との兼用を問題とした際に、表だっては現わ
れてこないものの自立して複合事象名詞を構成するという特殊な体
言類が存在することに触れたが、それとは別に、もう少し具体的な
分類の細部において、本節のような兼用の捉え方がどう影響するの
かを示すことが求められよう。特に、いわゆる形容動詞の位置づけ
と兼用の問題とを絡めて相言類の下位区分をどうするのか、という
問題が重要であるが、この点については、本書第1部第1章第3節、
および本書における複合字音語基分類の最終案（111頁）を参照さ
れたい。

＊1　本書第1部第1章第3節では詳しく論じていないが、相言類は、接辞「-
だ」（第二・第三形容詞語幹の場合）・「-の」（無活用形容詞語幹の場合）を伴
って初めて自立し、それぞれ語（第二・第三形容詞・無活用形容詞）として屈
折する。
＊2　本書の立場からは「形容詞」となるが、ここは通説に従い「形容動詞」と
しておく（以下、同じ）。

以下に、本書における複合字音語基の最終的な分類を提示する。

〈本書における複合字音語基の分類図〉

複合字音語基

- 自立形式
  - 体言類
    - モノ名詞になる
      - モノ名詞にのみなる
        （含「用言類」からの転成語基）
        ex. 会社・教室・山荘・工場・大学・編隊・目録
      - 拘束形式用言類に転成する
        ex. 愛称・科学・主婦・哲学
    - 事象名詞になる
      - 事象名詞にのみなる
        （含「用言類」からの転成語基）
        ex. 殺人・手術・授与・準備・脱出・爆破・練習
      - 単純事象名詞・モノ名詞になる
        （含「用言類」からの転成語基）
        ex. 計算・研究・建築・広告・説明・報告
  - 用言類
    - 複雑事象名詞になる　ex. 改正・解放・建設・研究・検討・質問・
      手術・掃除・調査・破壊・報告・練習
      - 複雑事象名詞にしかならない
      - 単純事象名詞またはモノ名詞にもなる → 体言類に転成
    - 複雑事象名詞にならない（無活用動詞になる）
      ex. 圧搾・圧倒・引火・混成・付帯・浮動・品評
  - 副言類　ex. 一切・鋭意・刻々・元来・急遽・結局・早速・暫時・全然・畢竟
- 拘束形式
  - 形容言類　ex. 鬱陶・仰々・騒々・麗々
  - 相言類
    - 第二形容詞語幹　ex. 曖昧・頑固・簡単・寛容・謙虚・平凡・優秀・有名
    - 第三形容詞語幹　ex. 永遠・間接・広義・出色・特製・抜群・無人・有給
    - 無活用形容詞語幹　ex. 暗黙・応急・気鋭・好学・漆黒・絶世・長蛇・亡国
  - 副言類　ex. 一概・一斉・毅然・懇々・次第・徐徐・咄嗟・不意・平然・無惨
  - 合成形式専用類
    - {的} を取らない（複合語を作る）　ex. 過渡（期）・産油（国）
      ・人件（費）・偏西（風）・最恵（国）・当事（者）・保菌（者）
    - {的} を取る
      - {的} のみを取る（複合語を作らない）　ex. 画期
      - {的} を取り複合語を作る ex. 機動・具体・合法・合理
        ・国際・積極・消極・先進・抜本・必然・民主
  - 兼用類
    - 体言類と相言類（第二形容詞語幹）の兼用　ex. 危険・健康・幸福・孤独・
      困難・自由・親切・退屈・多忙・不安・名誉・迷惑
    - その他の兼用　ex. 案外・絶対・折角（相言類と副言類）／一生・全体・大概
      （体言類と副言類）

図　本書における複合字音語基の分類図

第1章　複合字音語基の分類　　III

第**2**章

語構成要素間に見られるヴォイス的関係

第1節　複合語に見られる受身的関係

1.　複合語に見られる直接的な受身的関係

1.1　はじめに

　複合語の語構成要素の関係については、斎藤（2004：第1部第1章［1.4.2］）において示されているように、従来、様々な観点から分析されているが、その中の一つに、文中における語同士の関係（＝syntax）という観点から語構成要素間の関係を捉えようとする立場がある。なかには、syntaxのルールによって語が直接形成されると考えたり（「変形論」と呼ばれる）、syntaxのルールが語の形成にも応用できると考えたり（奥津［1975］など）する極端な立場も存在する*1。

　しかし、語と文というのは、本質的に異なった言語単位であり、前者における構成要素（＝語構成要素）間の関係と、後者における構成要素（＝語、文の成分）間の関係とは必ずしも同質ではないと考えられる。もちろん、両者が全く異なるということはあり得ないし、事実、両者の間の平行性については従来多くの指摘が見られる（阪倉［1957］、斎賀［1957］、西尾［1988：第二部第三篇］など）。しかし、一方で、たとえば玉村［1985:7.7］の「NV型複合名詞の構造分析」に見られるように、syntaxの観点（この場合は「格」）から説明できるとされる例（ex.「雨降り」：主格、「草取り」：対格、「砂遊び」：具格、「東京育ち」：場所格、「湯上がり」：奪格 etc.）と説明できないとされる例（ex.「うぐいす張り」「虎刈り」）とが共存している場合、はたして両者の間に複合語として何らかの本質的相違が存在しているのかどうかについては明確でない*2。

113

以上のように見てくると、語構成要素間の関係とは一体何なのか、syntax とは何が違うのか、という点が根本的な問題として浮かび上がってくると言えよう。そこで、本項では、その点を明らかにするための一つの手がかりとして、複合語の語構成要素間に見られる受身的関係というテーマを取り上げ考察することとする。受身的関係を取り上げる理由は、（ア）受身関係というのは基本的に統語論的な関係であること、（イ）後に見るように、複合語の語構成要素間の関係を受身的なものとして解釈するかどうかに関して揺れが見られる場合があること、の二つの点から、この関係が上記の問題を追究するのに適していると考えられるからである。

1.2　語構成要素間に見られる受身的関係とは

　野村（1977: 272–273）によると、外見上は同様の構造を有するように見える 2 語、「使用者」と「使用人」とは、「基底の構造にたちいってかんがえる」と、前者が、「人₁ガ Y ヲ使用スル、ソノ人₂」から人₁と Y が消去されたものであるのに対し、後者は、「X ガ人₁ヲ使用スル、ソノ人₂」（人₁＝人₂）から X と人₁が消去されたものであり、異なった構造を有していることになるという。すなわち、前者が、前項「使用」と後項「者」との間の関係が「何かを使用する者」という能動的関係なのに対して、後者は、前項「使用」と後項「人」との間の関係がいわば「誰かによって使用される人」という受身的関係であるというわけである。さらに、同様の受身的関係は、野村（1974）によれば、「拡大写真」「指導価格」「消費電力」「保護動物」「予告期限」といった四字漢語にも認められるという（最初の例であれば、「誰かによって拡大された写真」）。

　一方、影山（1996: 138）は、「逮捕者」（逮捕された者）対「破壊者」（破壊する者）、「離婚歴」（離婚した経歴）対「逮捕歴」（逮捕された経歴）といった対を挙げ、「（とくに漢語では）」「能動と受動の区別さえ曖昧になる」ことを指摘している。

　本項では、これらの複合語に見られるような語構成要素間の関係を以下「語構成要素間の受身的関係」と呼ぶこととする。すなわち、本項で言う語構成要素間の受身的関係とは、語構成要素の間に認め

られる「Vされる（た）N」という関係を指すが、この点をもう少し詳しく言えば、語構成要素の一方が動詞的要素（V）、もう一方が名詞的要素（N）である場合に、両者の間に認定される統語的な意味での受身的関係（＝助動詞「れる・られる」で言い換えられる関係）のことである＊3。ただし、上記「逮捕歴」のような語は、後の1.4.2で述べるような理由により、本項の直接的な考察対象からは除かれることになる。

　なお、次の点補足しておく。それは、「いじめられっ子」「嫌われ者」「切られ役」等、複合語内部に「れる・られる」が出現することもあるが、それらは例外的な語構成であるということである。というのは、語には「形態的な緊密性」と呼ばれる特質が存在し（影山［1993: 10–11］）、一般に語の内部に統語的要素（句・格助詞・時制など）は侵入できないとされているからである（これには幾つか例外もある）。受身や使役の形態素もそういった要素の一つである（ただし、「やらせ」「親泣かせ」「読み聞かせ」等の例外もある）。

　以上、本小項では、（複合語の）語構成要素間に見られる受身的関係を規定するとともに、語中に「れる・られる」が出現しないからといって、語構成要素間に受身的な関係が存在しないわけではないということを確認した。

1.3　当座の問題点

　複合語の語構成要素間に見られる受身的関係というテーマに関し、ここで、差し当っての問題点として、次の2点を指摘しておく。なお、以下のような形に問題点を絞り込む理由は、この関係が、前小項で挙げた先行研究において、いわば特殊な事例として位置づけられていると見なしうるからである。

　Ⓐ野村や影山が指摘する例は、いずれもいわゆる「漢語動名詞」を動詞的語構成要素とするものであるが、和語動詞的要素を語構成要素とする例は考えられないのか。

　Ⓑ動詞的要素と名詞的要素の結合ということでは、先行研究で指摘する「V＋N」型ではなく、「N＋V」型の複合語の場合にそういった例は存在しないのか。

以上をうけ、本項では、問題が煩雑になるのを避けるため、次のような観点から当該テーマの考察を行うこととする。

　　Ⓒ和語動詞的語構成要素の場合に複合語に受身的関係が構成されるかどうかを、「Ｖ＋Ｎ」型と「Ｎ＋Ｖ」型といったパターン別に考察する。

1.4　考察

1.4.1　パターン別の考察

1.4.1.1　「Ｖ＋Ｎ」型の場合

　「置き手紙」「捨て犬」「貼り紙」といった和語動詞的語構成要素を前項とする複合名詞を考えてみる。これらの意味は通常次のように理解されよう。

　（1）置き手紙：誰かが置いた手紙

　　　　捨て犬：誰かが捨てた犬

　　　　貼り紙：誰かが貼った紙

しかし、これらの場合、前項と後項との間に本項で言う受身的関係を想定してはいけないのだろうか。すなわち、次のようにである。

　（2）置き手紙：誰かによって置かれた手紙

　　　　捨て犬：誰かによって捨てられた犬

　　　　貼り紙：誰かによって貼られた紙

先に、漢語動名詞を含む複合名詞における受身的関係の例を見たが、その中の幾つかのもの（たとえば、「拡大写真」「保護動物」「消費電力」等）に関しては、直感的には、必ずしも受身的関係がすぐに想起されるわけではない。すなわち、次のような能動的関係を想定することはそれほど困難ではない。

　（3）拡大写真：誰かが拡大した写真

　　　　消費電力：誰かが消費した電力

　　　　保護動物：みんなが保護すべき動物

そうすると、そもそもこれらの場合、語構成要素間に受身的関係を認定する基準は何なのであろうか。

　この点に関し、野村（1974）は、「ＸガＹヲＶスルＮ」で「Ｙ＝Ｎ」の関係が成立する場合に、「ＸガＮヲＶスルソノＮ＝（Ｘニ）

Vサレタ N」という関係になるという旨の説明を与えているが、この関係自体は、先の（1）（2）に示した複合名詞にもそのまま当てはまるものである。そうすると、「V ＋ N」型の複合名詞において、語構成要素間に受身的関係が成立しうるというのは必ずしも特殊な現象ではなく、語構成要素間に上述のような関係が見られる場合には、V が漢語動名詞の場合にせよ和語動詞的語構成要素の場合にせよ、受身的関係、能動的関係の双方の解釈が成立することが多いと考えるべきなのではないだろうか。

　ただし、常に両方の解釈が成立しうるわけではない。たとえば、先に挙げた影山（1996: 138）の例「逮捕者」などは、受身的にしか解釈しにくい。すなわち、

（4）逮捕者：　誰かによって逮捕された者

　　　逮捕者：？誰かが逮捕した者

また、その他にも「晒し者」「除け者」「笑い者」などはそういった例であろう＊4。これらは、いずれもある人にあまり好ましくない行為が及ぶことを表わす語である。もちろん、逆に、たとえば「待ち人」「取り分」のように能動的な解釈が普通である語もある。

　このように見てくると、問題は、複合名詞の語構成要素間に上記野村が指摘するような関係が存在する時、語構成要素間の関係の解釈として、受身的解釈・能動的解釈のどちらが優先的であるかを決める基準は何かということになるであろう。

　以上の考察からわかるように、1.3 で述べた目的 A との関わりでは、次の点が一つの結論として導かれる。

（5）「V ＋ N」型の複合名詞（ただし、N が V の対象）において、V が和語動詞的語構成要素の場合にも受身的関係は構成されうる。

1.4.1.2　「N ＋ V」型の場合

「N ＋ V」型の複合名詞については、従来様々なことが言われているが、そのうちの一つに、動詞由来複合語の内項規則というものがあり、影山（1997: 42）によれば、次のようにまとめられる。

（6）名詞＋動詞型の複合語では、名詞は動詞の内項（つまり目

的語）と解釈できる。

この規則の具体例としては、たとえば、「あら探し・腕くらべ・金もうけ・魚釣り・人殺し・店じまい・村おこし・厄落とし」などが挙げられよう。ただ、実際には、先に玉村（1985: 7.7）で見たように、日本語の「N + V」型複合名詞においては、NがVの対格以外の場合も数多く存する。そして、その場合には、Nは（内）項ではなく付加詞であり、内項の場合とは違った作られ方をされると考えられている*5。

さて、影山編（2001：第9章）によれば、「付加詞＋動詞」の中でも、「結果副詞＋動詞」「道具＋作成・使役変化動詞」の場合には、結果状態を表わす際（「〜だ」あるいは「〜のN」という使われ方）、受身的な意味合いを表わすという。すなわち、次のようにである。

(7)　薄切りのハム：薄く切られたハム（結果副詞の場合）*6

　　　手作りのドレス：手で作られたドレス（道具の場合）

　　　ワープロ書きの原稿：ワープロで書かれた原稿（道具の場合）

この点に関し、同書では、結果状態の焦点化によりある種の受身化が行われると述べている*7。

以上から、「N + V」型の複合名詞において、和語動詞的語構成要素に受身的な解釈が生じる場合があることが明らかになった。

1.4.2　本項の考察対象について

「N + V」型の場合にVが受身的な解釈を受ける場合があるといっても、NとVとの間に受身的関係が直接成立するわけではない。ということは、それらは本項の考察対象である複合名詞の語構成要素間に見られる受身的関係の語例ではないということである。そして、そのように考えるなら、むしろ、「N + V」型は、「V + N」型の複合名詞において和語動詞的語構成要素が語構成要素そのものとして受身的な解釈を有する場合があり得ることの一つの傍証と捉えることができよう。従って、以後の考察においては、「V + N」型のみを直接的な考察対象に据えることとする。

なお、上記（5）で述べたように、「V + N」型において解釈が問

題となるのは、NがVの対象になっている場合である。これは、つまり、本項で言う受身的関係（＝「Vされる（た）N」）というのは、いわゆる内の関係の連体修飾構造として捉えられるということである。従って、影山（1996: 138）が挙げた「逮捕歴」のような例は、「逮捕された経歴」というように、いわゆる外の関係の連体修飾構造をなすと考えられるので、本項の考察対象からは外れるということになる。

1.5　この段階での結論と課題

ここまでで明らかになったことと、それに基づく課題について簡単にまとめれば次のようになる。

a　「V＋N」型の複合名詞でNがVの対象である場合に、語構成要素間に能動的関係と受身的関係の双方の解釈を想定できる例が数多く見られる。

b　その場合の受身的関係については、従来、専らVが漢語動名詞の例が指摘されていたが、和語動詞的語構成要素の場合にも同様に受身的関係が成立する場合があると考えられる。

c　ただし、漢語動名詞、和語動詞的語構成要素どちらの場合にせよ、能動的関係と受身的関係のどちらの解釈をより優先的に認定したらよいか、についての基準が今一つ明確でない。

d　従って、この段階における重要な課題は、上記cの基準を明確にすることになるが、この問題は、それぞれの解釈が語の内部構造の相違と何らかの対応関係にあるわけではない（上記a）ので、一語のみを見ていたのでは充分に明らかにすることができないと考えられる。

なお、上記まとめとの関わりで以下の点を補足しておく。

一般に「V＋N」型の複合名詞においては、NがVの主体である場合も対象である場合も存在する。従って、次の二つの問題は区別する必要がある。すなわち、一つは、

（8）落ち人・釣り人・詠み人：NがVの主体

思い人・尋ね人・待ち人：ＮがＶの対象

と並べてみた場合に、個々の語がなぜそのような解釈になるのかという問題であり、もう一つは、たとえば「思い人」において、「誰かが思っている人」「誰かに思われている人」のどちらの解釈がより妥当かという問題である。今、本項で問おうとしているのは、あくまでも後者の問題に他ならない。

1.6　統語論的な分析の援用

1.6.1　能動文と受身文の選択要因について

1.5でのまとめcのより明確な基準を明らかにするために、まとめdに従い、一つの試みとして、ここで一旦語構成を離れ、従来、統語論において能動文と受身文の選択要因に関してどのようなことが言われて来たのか、という点について見てみようと思う。

この点については、今までいろいろな論が提出されているが、本小項では、代表的なものとして、（イ）工藤（1990）、（ロ）奥津（1992）・張（1995）、野田（2002）を取り上げることとする。

工藤（1990）は、能動文と受身文との選択要因そのものについて論じたものではないが、受身文の意味・機能を論じる過程でその点に触れている。工藤の指摘する受身文の意味・機能は次の3点である。（i）受手のテーマ化、（ii）行為者の背景化、（iii）結果化。このうち、能動文と受身文との選択要因という問題に直接関わるのは（i）で、工藤によれば、ディスコース（テキスト）の中で、「テーマ上の統一性＝結束性を保証するために、受動文が要求されることが起こってくる」という*8。なお、益岡（1987：第3部第2章）の「昇格受動文」「降格受動文」といった受身文の分類も、同様の観点から見ることができる。

次に、上記（ロ）のグループであるが、これらは、大きく言えば、能動文と受身文の選択要因に関して、「視点」という観点から論じているものである。そこで、今、それぞれの論において主張されていることを、能動文と受身文の選択要因という観点から簡単にまとめるなら次のようになる。

（9）㋐特に文脈上の要請がない場合には、奥津の言う「視点の

120　　Ⅰ　語構成の文法的側面についての研究

序列」が機能する。

　　④文脈上の要請がある場合には、野田の言う複文・テキストにおける主格選択の原則が機能する。

奥津の言う「視点の序列」とは、久野（1978：第2章）の提唱した‘empathy’（共感度）（たとえば、主語＞目的語＞受身文の旧主語［＝対応する能動文の主語］）に基づく概念で、他に、動作主＞被動作主、一人称名詞（話し手）＞非一人称名詞（非話し手）、二人称名詞（聞き手）＞三人称名詞（非聞き手）、等幾つかある。また、野田の言う「主格選択の原則」とは、複文の節に関しては、「・原則1　動作を行うほうを主格にする　・原則3　主文の主格に近いほうを主格にする」（「原則2」は単文の場合に適用されるものである）、テキストに関しては、子文の主格は親文の主格に一致させる、テキスト全体の枠に依存して主格が固定される場合がある、というものである*9。

　以上、統語論における能動文と受身文の選択要因に関する二つの立場について簡単に見たが、（イ）の工藤（1990）で指摘された(i)の問題は、（ロ）の野田（2002）の言うテキストにおける主格選択の原則と重なってくると捉えることができよう。

1.6.2　語構成との関わり

　上記1.6.1で見た統語的な分析は、必ずしも語構造（語構成要素間の関係）の分析にそのままの形で適用できるわけではない。その理由としては、次の2点が考えられる。

　　あ語構造の場合、文脈という概念がそのままでは適用できるかどうか明確でない。

　　い「V＋N」の場合、語構造は、実質的には単文相当ではなく、「連体節＋被修飾名詞」の形になる。

1.6.2.1　語構造と文脈の問題

　上記あ、すなわち、語構造と文脈との関係の問題に関しては、次のように考え方が分かれるであろう。

（Ⅰ）　語構造においては文脈という概念をうまく適用できないと
　　　考える立場

　語構造の場合、文脈という概念が明確でないということは、換言
すれば、語構造というのは、1.6.1 で述べた（9）⑦の場合と類似
しているということである。従って、もしそうであるならば、たと
えば「捨て犬」の場合、「誰かが捨てた犬」と能動的に解釈するの
は、主語（動作主）に「誰か」という不特定者が来るという意味で
普通のパターンではなく、不特定者を背景化した「（誰かによって）
捨てられた犬」という受身的な解釈をする方が普通のパターンだと
いうことになるのではないだろうか。そうすると、複合語の場合、
動作主は「誰かが」という不特定者になるのが一般的であるから、
本項で扱っているうような構造の語については、受身的に解釈され
るのがむしろ普通であるということになる。ただし、語によっては、
通常の解釈としてある程度特定の動作主が想定されているような例
も存在する。そして、その場合、最も考えられやすい動作主は一人
称（「私」）であるから、そういう語においては、受身的解釈よりも
能動的解釈が優先される。先に 1.4.1.1 で挙げた「待ち人」「取り
分」がそれに相当する。たとえば、次のようにである。

(10)待ち人：〇私が待っている人
　　　　　　　？私に待たれている人

これは、上記奥津（1992）で提示されている序列（第一人称＞非
第一人称）から言って当然であろう。

（Ⅱ）　語構造に関しても文脈という概念を適用できるケースが存
　　　在すると考える立場

「贈り物」という語を例として考えてみる＊10。

(11)まったく、それに相違ない。この十日ばかりというもの、
　　　一日に何人となく諸国諸大名の使いが、この林念寺前の柳
　　　生の上屋敷へやってきて、さて、判で押したような同じ文
　　　句をのべて、おなじような贈り物をさしだす。

　　　　　　　　　　　　　　　（林不忘『丹下左膳（こけ猿の巻)』「発願奇特帳　二」）

(12)翌日から、又いつもの通り、朝早く出勤して掃除をした。

彼の贈り物の口紅は、どうしてもつける気がしなかった。日本製の安物の目立たない赤さの方を私は好んでいた。

(久坂葉子『灰色の記憶』「第七章」)

（13）野枝さんは殺される少し以前に、アルスから出た大杉君と共訳のファーブルの自然科学をまこと君に送ってくれた。それが野枝さんのまこと君に対する最後の贈り物で、形見になったわけだ。

(辻潤『ふもれすく』)

（14）「こちらから御挨拶に出ねばなりませぬところを、斯様な結構な下され物、なんとお礼を申し上げましてよろしいやら……ともかく、有難く頂戴いたしまする、後刻、改めて御礼に……」

老女は詮方なしにこう挨拶して、筑前守の奥方からの贈り物を受けました。　　（中里介山『大菩薩峠』「お吟様の巻　十三」）

（15）もう一つの竹の皮包みには、食い残しの握り飯と刻みするめのようなものがはいっていた。

「まあ、これを子供衆にあげてください。」

ここらに年じゅう住んでいる者では、海苔巻のすしでもなかなか珍らしい。重兵衛は喜んでその贈り物を受取った。

(岡本綺堂『木曽の旅人』「二」)

（16）マルクープの親戚だといい、死んだ爺さんに頼まれましたとて、椰子バスケットを差出した。今度はもう驚きはせぬ。又、雞であろう。そうだ。雞であった。何故こんな贈り物を私が受けるのかと聞くと、爺さんが生前先生には大変お世話になったと言っていましたから、と言った。

(中島敦『南島譚』「雞」)

　上記6例のうち、前半の3例に関しては能動的解釈、後半の3例に関しては受身的解釈がより相応しいように思われる。理由は、前者の場合、（12）（13）に関しては、「彼の贈り物」「野枝さんのまこと君に対する最後の贈り物」というように、「贈り物」を「贈る」主体が文中に「〜の」の形で現われているので、「贈り物」も「（彼［野枝さん］が）贈った物」と能動的に解釈するのが自然だからである。つまり、「V＋N」型の複合名詞のVの主体が句中に「〜の」

の形で明示されていれば、その複合名詞の語構造はその主体を動作主とする他動詞構造で（＝能動的に）解釈されやすいということである。また、（11）が能動的解釈を受けやすいのは、特に「〜の」の形で主体が示されてはいないが、全体が「贈る」主体である「諸国諸大名の使い」に視点が置かれて述べられているからであると考えられる（（13）についても、「野枝さん」の視点で話が進んでいる点に注意されたい）。

　一方、後者に関しては受身的解釈が普通であると思われるが、その理由は、いずれも（14）「老女」、（15）「重兵衛」、（16）「私」といった「贈り物」を受け取る側が主語として文中に表示されていて、その視点で話が進んでいるため、「贈り物」が「（老女［重兵衛・私］が）贈られた物」というように解釈されやすいからである（なお、（14）においては、「筑前守の奥方からの」というように、「贈る」主体が句中において「から」で示されている点にも注意されたい）。

　以上のように考えると、要するに、句ないし文中に「贈り物」の「贈る」主体が主格として現われている場合には能動的解釈になりやすく、文中に「贈られる」側が主語として現われている場合には受身的解釈になりやすい、ということである。これは、結局、先に1.6.1の（9）㋑で見た「主格選択の原則」が語構造の解釈においても成り立つ場合がある、ということに他ならない。つまり、「贈り物」の解釈上の主語は、それが含まれる句ないし一文に依存するわけである。

1.6.2.2　語構造と連体修飾の問題

　上記㋺、すなわち、語構造と連体修飾の問題について考えたい。

　㋺で述べていることは、「V＋N」の語構造を考える際、能動的解釈では「誰かがVする（した）N」、受身的解釈では「誰かによってVされる（された）N」というような連体修飾構造になるということであるが、本項は、ここで、合成語に広く成立すると言われる「右側主要部の規則」（right-hand head rule）［＝形態的に複雑な語の主要部はその後の右側の要素である（影山・由本［1997：

55])）に着目したい*11。中でも、特に、ここで言う「主要部」（head）というのが、影山・由本（1997: 55）によれば、「合成語全体の統語範疇（品詞）を決定する要素であり、特に複合語の場合は、主要部は語全体の意味を支配する要素でもある」という点が重要である。というのは、このことは、要するに、「V + N」型の複合名詞においては、Nが主要部であり、意味的には「V + N」全体を〈一種のN〉と見なすことができるということに他ならないからである。

では、今、問題となっている「N + V」型の複合名詞における能動的解釈と受身的解釈のうちで、このことをより適切に表現できるのはどちらであろうか。答は、受身的解釈であると思われる。なぜなら、先の工藤（1990）の説明にもあったように、受動化は結果状態に焦点を当てる機能があるので、連体修飾節に現われた場合、一種の属性表現として被修飾名詞を修飾することが可能になるからである。

しかし、実際には事情はそう単純ではない。というのは、「形状動詞」の問題があるからである。

形状動詞というのは、もともとは寺村秀夫の用語であるようだが（寺村［1978: 81]）*12、ここでは、金水（1994）の規定「形容詞的な意味を持っていて、連体修飾では『〜タ』、述定では『〜テイル』で現れる述語」に従う。具体的には、「曲がった道」「酢でしめた蛸」のようなものである。金水は、形状動詞においては、「意味的には『結果の状態』を前景化し、『出来事（相変化)』を背景化する」という作用が施されているとするが、この作用は、受身化の有する機能と等しい*13。このことは、ここでの問題との関連で言うならば、すぐ上で述べた説明とは異なり、「ゆで卵」の場合に見られるように、受身的解釈（＝誰かにゆでられた卵）よりも形状動詞による能動的解釈（＝ゆでた卵）の方がより相応しいということが生じうる、ということである*14。

しかし、翻って考えるならば、今回問題にした能動的解釈に現われる「〜した」は全て形状動詞と言えるのであろうか。この点は、語によって違うのではないかと思われる。たとえば、「ゆで卵」や

「焼き魚」などの場合はそう考えてもいいように思われるが、「捨て犬」「置き手紙」などの場合にはそう考えにくい。

　（17）？捨て犬：捨てた犬

　　　　？置き手紙：置いた手紙

「捨てる」「置く」は、「ゴミが捨てられている（置かれている）。」というように、受身の「ている」文にすると結果状態を表わすし（工藤［1990］参照）、「ゴミが捨ててある（置いてある）。」と「てある」文にも使えるので（影山［1996: 65–66]）、状態変化を含む動詞であると思われる。従って、金水の言う「構造的形状動詞」となる条件（結果の状態を有すること）を有しているはずであるが、実際にはなぜか構造的形状動詞化しにくい。

　一方、「食べ物」「保護動物」「飼い犬」といった語を考えてみると、

　（18）食べ物：誰かが食べる物／誰かに食べられる物

　　　　保護動物：みんなが保護すべき動物／みんなに保護される

　　　　　　　　べき動物

　　　　飼い犬：人が飼っている犬／人に飼われている犬

というように、能動的解釈・受身的解釈の対立は、実は必ずしもタ形で出てくるとは限らない。

　このように見てくると、形状動詞「〜した」の問題と語構成要素間の関係が能動か受身かという問題とは本質的に別問題ではないか、と思われる。

　以上、上記⒝の問題について考察を加えたが、その結果、この問題について、あらためて次のように捉え直すことが可能になったと言える。

　本項では、語構成要素間の関係を表わすのに一貫して句の形で表示してきた。その方がわかりやすいと考えたからである。しかし、語構成要素間の関係そのものと句とは異なる。前者をどのように表示すべきかは今後の課題であるが、後者は実際の統語形式であり、前者そのものではない。従って、あまり後者に寄り掛かった形で議論するのは問題である。ここで取り上げた⒝の問題（語構造と連体修飾の問題）というのは、実は、そういった点に根差したいわば見

かけ上の問題に過ぎないと言える。

1.7　語構成要素間の関係をどう捉えるか

　前小項末の記述を承け、本項の最後に、本項の基本的な問題意識
である「語構成要素間の関係とは何か」という点に関して、本項で
のこれまでの考察から言える事柄に絞って述べることにしたい。

　まず、明確にしておきたいことは、本項で提示した「能動的解
釈」「受身的解釈」というのは、本来の意味での語構成要素間の関
係と見なすことはできない、という点である。なぜなら、これらは、
(a)（表面的には）句という現実の統語的表現に依存したものであ
り、(b)（本質的には）1.6.2 の（Ⅱ）における説明で見たように、
文脈によって変わるものに過ぎないからである。

　では、この場合における「本来の意味での語構成要素間の関係」
とは何であろうか。

　この点について考えるに当たっては、語構成要素間に同じヴォイ
スに関わる関係である使役的関係が見られる場合を考えてみるとよ
い＊15。たとえば、「乾燥剤」という語の場合なら、次のようなこ
とが言える。

　(19) 乾燥剤：○　　（［濡れた］物を）乾燥させる剤（＝薬）…（ア）
　　　　　　　　×　　（［濡れた］物が）乾燥する剤（＝薬）…（イ）

　すなわち、「〜を乾燥させる」のと「〜が乾燥する」のとは明ら
かに別の事態であり、それに応じて、（ア）の場合の語構成要素間
の関係と（イ）の場合の語構成要素間の関係とは違ったものとなる
ので、「乾燥剤」という一語が（ア）と（イ）の解釈を同時に受け
ることはない（この点については、本書第 1 部第 2 章第 2 節［2.2］
でも論じているので参照されたい）、というようにである。また、
1.1 で挙げた「NV 型複合名詞の構造分析」においても、N の有す
る格が異なる場合には語構成要素間の関係も異なるものと考えられ
る。

　このように見てくると、一つの考え方として、異なる事態に結び
付く場合には語構成要素間の関係も異なる、という捉え方があり得
るように思われる。すなわち、語構成要素間の関係は事態の構造を

第 2 章　語構成要素間に見られるヴォイス的関係　　127

反映したものである、という考え方である。実際、本項で問題となっているようないわゆる直接受身（の典型例）に関しては、能動と受身との相違は、同一事態を動作主側と対象側とのどちら側から捉えるかの相違である、という理解が一般である*16。従って、そう考えるなら、本項で取り上げて論じた、「V + N」型の複合名詞において能動的解釈か受身的解釈かといったことが問題となるような場合の語構成要素間の関係そのものというのは、結局、1.4.1.1で紹介した野村（1974）が提示した「NがVの対象である」ということに他ならない、という考え方も成り立つように思われる。

　以上のように考えてくると、今回扱った「V + N」型の複合名詞に見られる能動的解釈か受身的解釈かといった選択の問題は、次のように理解することができよう。

A.　語構成要素間の関係そのものの問題ではなく、その解釈の問題である。

B.　(i)　句的表現を対象としたいわば統語論的な観点から見た問題である。

　　(ii)　直接受身が介在したことによって生じた特殊な問題である。

　上記Aについて簡単に補足すると、このことは、能動的解釈か受身的解釈かが問題となる場合だけでなく、どちらか一方の解釈に固定されている場合にも基本的に当てはまる、ということになる*17。また、Bについて補足すると、このことは別の観点から言えば、次のようなことを意味するものと見られる、ということになる。それは、この結論は、先に1.2で述べたように、「語構成要素間の受身的関係」を「Vされる（た）N」と規定したことに端を発するが、そのことは、この結論が、本来、本項の立場からは許されないはずの、語構成要素間の関係を考えるに当たってsyntaxの観点から分析するという手法を導入したことに因るものであることを示している、という点である。しかし、そのことは、逆に言うならば、むしろ語構成要素間の関係とsyntaxとの異質性を裏側から例証したと見ることもできよう。なぜなら、前者を後者の観点から論ずることで、前者には直接関わらない問題が提起されることを示し

128　　I　語構成の文法的側面についての研究

たからである。つまり、より具体的に言えば、本項で取り上げた複合名詞における能動的解釈と受身的解釈との対立は、語構成要素間の関係そのものにおける対立にはならないということである。なお、もちろんのことながら、本項の主張する語構成要素間の関係とsyntaxとの異質性という論点が今回の問題で尽くされるわけではない。

　以上、Bに関して述べたことは、ややもすると、本項の論の立て方が一部破綻していることを示しているように見えるかもしれないがそうではない。1.2で提示した「語構成要素間の受身的関係」の規定そのものは依然有効であるし、そういった受身的解釈（あるいは能動的解釈）に則って立てられた問題も依然活きている。ただ、そういった問題がどういう点で語構成論の問題と言えるのかという点が問われているわけである。このことを本項の最後に特に強調しておきたい。

1.8　まとめと今後の課題

　以上、本項では、「V＋N」型の複合名詞の語構成要素間に見られる受身的関係について、受身的関係というのを、動詞的語構成要素Vと名詞的語構成要素Nの間に成立する「Vされる（た）N」という関係である、と規定した上で考察してきた。その結果、以下のことが明らかになった。

①語構成要素間に「NがVの対象である」という関係が存在する時、従来考えられているよりも広く受身的関係が成立しうる。

②ただし、個々の複合名詞において、語構成要素間に受身的関係による解釈（＝受身的解釈）と「Vする（した）N」といった能動的関係による解釈（＝能動的解釈）とのどちらが優先的に成立するかについての基準は必ずしも明確ではない。

③その基準については、当面、（i）語彙的な条件が適用される場合、（ii）能動表現と受身表現との選択に関する統語的分析において従来指摘されていた条件（視点の序列・複文やテキストにおける主格選択の原則）が適用される場合、の2種類が見られる。

④このことは、能動的関係にせよ受身的関係釈にせよ、語構成要素間の関係そのものではなく、その解釈の仕方の問題であることを示す。

⑤能動的解釈・受身的解釈のどちらにしても、本項のような統語的な句的表現に基づいて考察を進めている限り、統語論上の問題をも引き起こす。

⑥そういう点では、今回本項で取り上げた問題は、直接受身という統語的な現象を扱うことにより、syntax の観点が語構成要素間の関係に取り込まれたことによって生じた特殊な問題であると位置づけることができる。

今後の課題としては、次のようなことが考えられよう。

まず第一に、本項の当初の目的の一つであった、能動的解釈と受身的解釈とのどちらが優先的であるかを決める要因について、今回は上述のまとめ③以上のことは示せなかった。この点についてもう少し体系的に整理する必要がある。次に、能動的解釈・受身的解釈といった際の「解釈」ということに関して、語構成論の立場からどのように捉え位置づけたらよいかについて曖昧さが残った*18。この点について明確にする必要がある。さらに、より大きな枠組みとの関わりでいうならば、今回の問題が、語構成要素間の関係とsyntax との異質性に関する議論全体にどのように貢献するのかをより明確にする必要がある。残された問題はいずれも大きくかつ重い。

2. 複合語に見られる間接的な受身的関係

2.1 はじめに

複合語の語構成要素間に受身的関係の見られる場合があることについて*19、野村（1977）では「支配人」（＝支配する人）・「使用者」（＝使用する者）と「使用人」（＝使用される人）の対、影山（1996: 138）では「逮捕者」（＝逮捕された者）と「破壊者」（＝破壊する者）、「離婚歴」（＝離婚した経歴）と「逮捕歴}」（＝逮捕された経歴）といった対を例に掲げることによって指摘してい

る＊20 。これらは、語構成要素間に直接的に存在する受身的関係なので「直接的な受身的関係」と捉えることができるが、この種の受身的関係に関し、どのような場合に生じるのか、あるいは、語構成要素間の関係としてどのように位置づけたらよいのか、という点については本書第1部第2章第1節第1項で論じた＊21 。それに対し、本項では、複合語（複合名詞）の語構成要素間に（直接的な受身的関係に対して）「間接的な受身的関係」とでも呼べるような関係の見られる場合があることを指摘し、そういった関係の特質、および位置づけ等について考察することとする。

2.2　間接的な受身的関係とは何か

2.2.1　基本的な考え方

間接的な受身的関係という捉え方の背景にある基本的な発想は次のようなものである。

(20)「Vp ＋ N」型の複合名詞（V：動詞的語構成要素、N：名詞的語構成要素）において、Vp（厳密には Vp に相当する単独の動詞）が他の動詞 Va と「受身―能動」の関係にあるならば、「Vp ＋ N」型の複合名詞における Vp と N との間にもその関係が間接的に反映されるであろう＊22 。

この場合、すぐに思いつく可能性は次のようなものである。

いじめる（Va）
｜受身化（＋られる）
いじめられる ──→ いじめられっ 子（「Vp ＋ N」型の複合名詞）
　　　　＋N
　　　　　　　　　　受身的関係

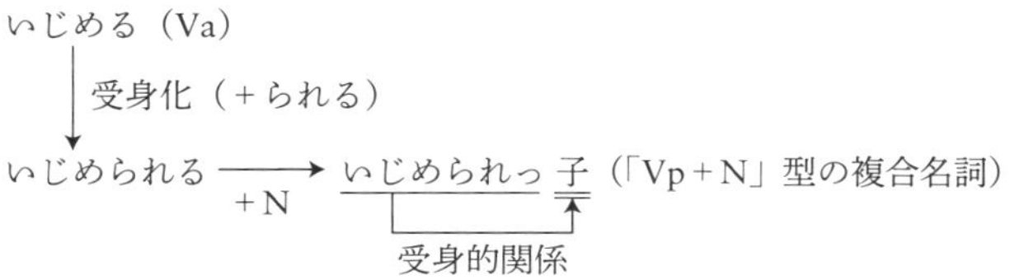

図1　統語的な受身接辞を伴う場合

ここでは、確かに Vp と N との間に受身的関係が生じている。しかし、この例は、本来、語中には生じ得ない（影山［1993：10］「統語的要素の排除」参照）受身の接辞「られる」が介在している例であり、あまりにも単純である（しかも間接的ではなく直接的な関係である）。本項で問題にしたいのは、Va から Vp への受身化が

統語的な接辞によって介在されない場合である。ということは、この関係は統語的なものではなく語彙的なものになるということである。従って、その際に問題となるのは、語彙的な受身、すなわち「語彙的受身」とは何かという点である。

2.2.2　具体例による説明

上で述べたことを具体例で以て説明しよう。今、「Va：預ける」「Vp：預かる」とすると、ある考え（野田［1991］など。後述 2.3 参照）によれば、次に示すように、両者はヴォイス的な対立（能動対受身）を有するという。

（21）太郎が次郎に本を<u>預ける</u>。

（22）次郎が太郎に（太郎から）本を<u>預かる</u>。

（23）次郎が太郎に（太郎から）本を<u>預けられる</u>：（21）の受身文

ここで、「預かる」が「預ける」の受身形「預けられる」と同じ統語的枠組みに生じる点に注意されたい。

次に、「V ＋ N」型の複合名詞「届け物」「預かり物」を考えてみる。まず、「届け物」であるが、この語に関しては、本書第 1 部第 2 章第 1 節第 1 項で見たように、次の二通りの解釈が可能である。

（24a）彼の届け物…（彼が誰かに）届けた物：能動的関係

（24b）彼からの届け物…（彼によって）届けられた物：直接的な受身的関係

問題の「預かり物」についても、「届け物」とは別の意味で二つの解釈が可能なのではないかと思われる。

（25a）彼からの預かり物…（彼から誰かが）預かった物

（25b）彼からの預かり物…（彼から誰かが）預けられた物

すなわち、（22）（23）からわかるように、「預かる ≒ 預けられる」であるならば、（25a）は（25b）のように捉えることが可能になるわけであるから、そこ（＝（25a））に間接的な受身的関係を認めることができるのではないかということである。「間接的」というのは、この関係が、（24b）のように語構成要素間に直接的に認められる関係ではなくて、あくまでも「預ける―預かる」といった「能動―受身」の関係を背後に有する潜在的な関係であるからである。

なお、この場合、(25a)（≒(25b)）に見られる受身的関係と
(24b) に見られる受身的関係とは同質であるかどうかという点が
さらに問題となるが、この点については、2.4 で考察する。

　上記「預かり物」以外に、間接的な受身的関係が見られる「V＋
N」型の複合名詞にどのようなものがあるかというと、実は非常に
例が少ない。著者が収集したものとしては次のような語例が挙げら
れるのみである（下線を引いた語はウェブ上から収集したもの）。

　(26) 預かり金、預かり人（「誰かが預かった人」の意）、預かり
　　　本、教わりレシピ、授かり物、授かり（っ）子

なぜ例が少ないのかについては、別に考える必要があるが、ここで
は直接取り上げない。むしろ本項で問題としたいのは、「預ける→
預かる」という派生関係を語彙的受身化と考えた場合＊23、その内
的な実質をどのように捉えたらよいかという点である。次項でその
点について考察する。

2.3　語彙的受身化をめぐって

　「預ける─預かる」の類については、従来、特殊なグループをな
す一群として論じられてきている。本項では、それらの先行研究を
辿ることにより、語彙的受身化の内実について考えることとする。
ただし、その前に、英語において語彙的受身と呼ばれる現象が存在
するので、その点について簡単に確認しておきたい＊24。

　英語における語彙的受身というのは、別名「形容詞的受身」とも
いい、通常の受身（「動詞的受身」）が動作の過程を表わすのに対し、
変化の結果状態を表わす。たとえば、以下のようなものである。

　(27) He was very delighted with my presents.（彼は私の贈り物に
　　　とても喜んでいた。）

　(28) a broken glasss / a well-known fact（壊れたガラス／よく知
　　　られた事実）

これらが、語彙的受身と呼ばれるのは、通常の動詞的受身が統語部
門で作られるのに対し、語彙部門で作られると考えられているから
である。ただし、英語の受身におけるこの区別は日本語には存在し
ないので、本項で直接扱うことはしない（ただし、注 27 参照）。

2.3.1 野田（1991）の「語彙的なヴォイス」と杉本（1991）の「受動詞」

野田（1991）では、ヴォイス対立を次の3種類に分けている。

(29)（a) 文法的なヴォイス…「作る─作られる」「満足する─満足される」etc.

（b) 中間的なヴォイス…「壊す─壊れる」「見つける─見つかる」etc.

（c) 語彙的なヴォイス…「殺す─死ぬ」「勝つ─負ける」etc.

本項でいう語彙的受身化は、名称からすると上記（c）に相当するような印象を受けるが、（c）は「形態的には共通する部分がないが、意味的・構文的にヴォイスの対立を表すと考えられるもの」であり、実際には両者は対応しない。むしろ、語彙的受身化は、上記（b）の「いわゆる自動詞と他動詞の対立」の中の「交替型」のヴォイス対立（＝「語根を共有し、項の数も同じであるが、主格にたつものが互いに異なる動詞のペアによる対立」）に位置づけられることになる。同類のペアとしては、他に「見つける─見つかる」「捕まえる─捕まる」「教える─教わる」などがあるとされている。

　次に杉本（1991）では、ニ格名詞句を取る自動詞の中に、次に示すように、対応する他動詞の受身文と同様の位置づけを有するもののある点が指摘され「受動詞」と名づけられている。

　(30)泥棒は警官に捕<u>まっ</u>た。

　(31)泥棒は警官に捕<u>まえられ</u>た。

他に、「見つかる（←見つける）」「負ける（←負かす）」等の語が挙げられているが、この受動詞の中には、上のような自動詞的な受動詞（＝「自受動詞」）の他に他動詞的な受動詞（＝「他受動詞」）も存在するとされている。たとえば、次のようにである。

　(32)太郎は次郎に宿題を教<u>わっ</u>た。

　(33)太郎は次郎に宿題を教<u>えられ</u>た。

同様の語として、「預かる（←預ける）」「言付かる（←言付ける）」「授かる（←授ける）」等の語が挙げられているが、これが本項でいう語彙的受身化に相当すると考えられる。

　以上、野田（1991）と杉本（1991）を見たが、本項でいう語彙

的受身化について、前者はヴォイス対立の中に位置づけ、後者は「受動詞」といった特別な名称を与えている。しかし、いずれも、その存在を位置づけるなり、特立するなりにとどまり、その内実（つまり、どういう仕組みによって受身的な意味合いが生じるのかという点）についてまで踏み込んで説明しようとしているわけではない。

2.3.2　影山（2002b）の「非対格他動詞」
2.3.2.1　影山の分析

　影山（2002b）では、「預かる」「教わる」「授かる」の類を「非対格他動詞」として扱っている＊25。非対格他動詞とは、外項を有さないけれども目的語（対格）を取る動詞である。従って、次に示すように、受身にならないという特徴を有する。なぜなら、受身というのは、外項を付加詞（「〜によって」、by句）によって格下げする作用だからである。

（34a）　受付係が客から貴重品を預かった。

（34b）＊貴重品が（受付係によって）客から預かられた。

このことから、影山は、非対格他動詞の主語は'actor'や'causer'ではなく（つまり動作主や使役主としての外項ではなく）、場所名詞であって「何らかの変化を被る対象として把握される」ものであるとしている。

　このような非対格他動詞としての「教わる」類は、影山によれば、次の二つのプロセスを経て元になる他動詞から派生されることになる。なお、影山の説明は、基本的には「語彙概念構造」（Lexical Conceptual Structure ＝ LCS）の組み替えという手法を利用したものであるが＊26、ここではLCSの組み替えの具体的な細部については省略する。

（ i ）　第一のプロセスは、元になる他動詞のLCSの「所有構造への変換」である。

（ ii ）　第二のプロセスは、「脱使役化」である。

影山は、「先輩が後輩に合格の秘訣を教える。」という例文を使って説明しているが、それによると、まず第一のプロセスによって、

「教える」の有する着点「後輩」（「合格の秘訣」が「先輩」から「後輩」に移動すると考える）が取り立てられて所有の主体となる。影山によれば、所有構造というのは、一般に存在構文の場所表現を前景化することによって導かれるものだからである（ただし、ここでは、場所表現ではなく移動表現である点に注意）が、そもそもなぜここで「所有構造への変換」が必要なのかというと、「預かる」「教わる」「授かる」といった動詞は全て所有の意味合いを含んでいるからであるという。次に第二のプロセスによって、「教える」の使役主「先輩」が抑圧され、統語構造に現われなくなり、その結果、第一のプロセスで取り立てられた所有主体の「後輩」が主語に立ち、「後輩が合格の秘訣を先輩から教わる。」という「教わる」による表現ができることになる。影山によれば、「教わる」のLCSの表示する意味は、「後輩が〈合格の秘訣が先輩から自分に伝わる〉ということを被る」ということであるという。

　なお、ここで「脱使役化」と言われているのは自動詞化の一種であり、影山（1996: 184）で次のように規定されているプロセスである。

　（35）自動詞化接辞 -ar- は、使役主を意味構造で抑制し統語構造
　　　　に投射しないことで自動詞化を行う。

このプロセスは、普通、「集める／集まる」「植える／植わる」「掛ける／掛かる」「助ける／助かる」「詰める／詰まる」といった対の他動詞に適用されるが、ここでは、それが「教わる」の派生の一部に適用され、「『教わる』類の形態と意味が自動詞的であることは、-ar- という接辞の脱使役化の働きに還元される。」と説明されている。

2.3.2.2　問題点

　影山（2002b）の分析は、野田（1991）や杉本（1991）に比べ、「教わる」類がどのような意味構造を持ち、元になる他動詞からどのようなプロセスを経て派生されるのかを明らかにしている点で優れているが、重要な問題点も残されている。それは、「教わる」類の有する受身的な意味合いがどこから生じるのか明確にされていな

いという点である。「教わる」類の意味に受身的なニュアンスが含まれていることについては、影山自身が「ヲ格目的語を持つという点では他動詞であるが、しかし、日本語の語感としては、『教わる』や『預かる』は受身的ないし自動詞的な意味合いを伴っている。」と述べていることからも明らかである。そういう点では、上述したように、確かに脱使役化というプロセスによって「教わる」類の自動詞性は説明されるとしても、受身的な意味合いについてまでは充分に説明されていないということである。確かに、脱使役化自動詞文と受身文との間には、影山（2000）で指摘されているように、動作主の背景化という点で共通性が存在するが、次に示すように、両者の間には動作主を統語的に表示できるかどうかの点で違いが見られる（例文は、影山［1996: 187］による）。

（36）＊ボランティアの学生によって募金が<u>集ま</u>った。

（37）　ボランティアの学生によって募金が<u>集め</u>られた。

それに対し、「教わる」類は、「英語を<u>太郎に教わ</u>った」のように動作主を統語的に表示できる点ではるかに受身に近いのであって、「教わる」類の受身的な意味合いを脱使役化のプロセスに帰すわけにはいかない。なお、上記の影山による「教わる」のLCSの説明（「後輩が〜被る」）中には「被る」という表現が見られ、一見すると、これが受身的な意味合いに対応しているようにも思われるが、実は必ずしもそうではない点に注意する必要がある＊27。

2.3.2.3　問題点の解決　岸本（2010）の説明

「教わる」類の有する受身的な意味合いの由来を考える上で参考になるのが岸本（2010）の分析である。岸本は、「受ける」には次のような受身的な意味を表わす場合があることを指摘し、その意味合いがどこから生じてくるのかを論じている。

（38）彼らは、敵から攻撃を<u>受け</u>た。

（39）彼女の運命は、山田先生の存在に影響を<u>受け</u>た。

詳しい紹介は省くが、岸本によれば、「受ける」には、大きく行為と移動の二つの意味があり、上記のような受身的な意味を表わす「受ける」は、基本的に移動の意味のパターンを有するとされてい

る。そして、重要なことは、受身的な意味が生じる場合の一つのポイントとして*28、「（行為者としてはみなされない）着点が主語に同定される（中略）『移動』の概念構造を持」つことであると指摘している点である。

この岸本の分析を「教わる」類に当てはめるなら、先の影山の分析にあったように、「教わる」の着点（「後輩」）が取り立てられて所有構造の主体となり、それが脱使役化によって主語となるという点に対応すると言えよう。すなわち、「教わる」も一種の移動を表わし、その着点が最終的に主語になるところに受身的な意味合いが生まれるということである。岸本の分析は、受身というものが行為の受け手（ここでは移動の着点であるが）を主語に取り立てる表現であることを考えれば、ある意味当然のことではあるが、「教わる」類の受身的な意味合いの出所をもうまく説明することができるという点で評価できると言えよう。

2.3.3　語彙的受身化の規定

以上の議論から、本項では、「教える」類から「教わる」類が派生されるプロセスを改めて「語彙的受身化」と見なし、その具体的な内実を、所有構造への変換と脱使役化といった二つのプロセスを含むものと規定することにする。ただ、この考え方にも若干問題が残る。それは、杉本（1991）が自受動詞とした「捕まる」「見つかる」「負ける」には、影山（2002b）が第一のプロセス（所有構造への変換）を適用させる理由とした「共通して『所有』の意味合いを含んでいる」という特徴が必ずしも見られず、このプロセスを適用することができるのか疑問だからである。すなわち、影山や岸本の分析は、杉本の言う他受動詞にしか適用できない恐れがあるわけである。

2.4　間接的な受身的関係の位置付け

2.4.1　間接的な受身的関係と関連を有する語構成要素間の関係

2.4.1.1　直接的な受身的関係

本書第1部第2章第1節第1項では、「使用人」（＝使用される人）

の場合のように、語構成要素間に直接的に見られる受身的関係を直接的な受身的関係と呼び、種々の観点から分析を加えた。

　この関係において特徴的なことは、前項V（あるいはVN［上記「使用」のような動名詞］）と後項Nとの間に「NはVの対象である」という意味的関係が成立すれば*29、受身的関係と能動的関係の双方が基本的に成立しうるという点である。たとえば、「贈り物」の場合（後項「物」は前項「贈る」の対象）、「誰かが贈った物」という能動的解釈も、「誰かによって贈られた物」という受身的解釈も可能である。そして、この二面性は、実は先に挙げた「使用人」の場合でも基本的には同じで、可能性としては、「誰かが使用する人」（能動的関係）、「誰かによって使用される人」（受身的関係）の二通りの関係が成立しうると考えられる。ただ、実際上は、受身的関係が優位であるということであり、野村（1977）が指摘したのはこの点になるわけである。

2.4.1.2　脱使役化による「類似的な間接的受身的関係」

　2.3.2.2で触れたように、脱使役化自動詞文と受身文との間には一定の類縁性が存在する。従って、脱使役化によって形成される自動詞Vと名詞Nを元にした「V＋N」型の複合名詞の語構成要素間には、本項で言う間接的な受身的関係と類似の関係が形成されることがある。たとえば、「掛かり湯」（＝「風呂から上がるときに、からだにかけて身を清めるための湯。また、その湯を浴びること。あがりゆ。」『日本国語大辞典』第2版）という複合語の場合、次のような関係を想定しうる。

図2　脱使役化に基づく間接的な受身的関係に類似の関係

この場合、「掛かる」と「掛ける」の間には、「壁にはピカソの絵が掛かっていた。≒壁にはピカソの絵が掛けられていた。」といった

ように、「掛かる≒掛けられる」という関係が存在することに注意されたい。

　同様の例としては、「上げる→上がる」といった脱使役化を背景とした、次のような一群の語があるが、こういった複合語に見られる語構成要素間の関係を、本項では間接的な受身的関係と類似の関係という意味で「類似的な間接的受身的関係」と呼ぶことにする。

（40）上がり株・上がり木・上がり城・上がり地（＝「近世、上級の領主によって召し上げられた土地「『日本国語大辞典』第2版）・上がり田地 etc.

2.4.1.3　直接的な使役的関係

　本書第1部第2章第2節で詳しく論じているように、「V + N」型の複合名詞において、前項と後項との間に使役的な関係が認められる場合がある。たとえば、「乾燥剤」「蘇生術」（いずれも前項は漢語動名詞）という語の場合、一語全体の意味はそれぞれ「物を乾燥<u>させる</u>薬」「人を蘇生<u>させる</u>術」といったものであると考えられるので、前項「乾燥」「蘇生」と後項「剤」「術」との間に「直接的な使役的関係」が存在すると見ることができる[30]。なお、そこで指摘したように、「間接的な使役的関係」というのも存在するが、間接的な受身的関係の位置づけには直接関わらないので、ここでは扱わない。

2.4.2　間接的な受身的関係の位置づけ

ここで取り上げるのは次の諸関係である。

（41）贈り物…（誰かが）贈った物……（直接的な）能動的関係（ⓐ）

　　　　　…（誰かによって）贈られた物……直接的な受身的関係（ⓑ）

　　　預かり物…預かった物≒預けられた物……間接的な受身的関係（ⓒ）

　　　掛かり湯…掛かった湯≒掛けられた湯……類似的な間接的受身的関係（ⓓ）

乾燥剤…（［濡れた］物を）乾燥させる薬……直接的な使役
的関係（ⓔ）

2.4.2.1　直接的な受身的関係（ⓑ）と間接的な受身的関係（ⓒ）の異同について

　ⓑとⓒはいずれも一種の受身的関係であるが、ⓒは直接的には「預かった物」であり、そこに「預けられた物」といった受身的関係を読み込むのは、どこまでも「預ける→預かる≒預けられる」といった関係を背景にしたものである。そういう点では、この関係は「預ける→預かる」といった派生関係（語彙的受身化）を引きずったものであると言える。本項でⓒを間接的な受身的関係と呼ぶのはそのためである。

　一方、ⓑの「贈られた物」は、前項「贈る」と後項「物」との間に直接的に認められる関係のように見える。第1項でこの関係を直接的な受身的関係と言ったのはそのためである。しかし、実はそう言い切ってしまうのには疑問が残る。というのは、「贈り物」には、ⓐの「（誰かが）贈った物」という能動的関係も併存するからである。そうすると、「贈り物」には、前項と後項との間に想定できる関係が複数存在するということになるが、もしそうだとすると、そのことをどう考えたらよいかが問題となる。たとえば、一つの考え方として、2.4.1.1で述べた意味的関係を踏まえるなら、「贈り物」における語構成要素間の関係そのものは、「後項が前項の対象物である」ということに過ぎないと考えることもできるかもしれない。しかし、この問題についてはここではこれ以上触れないこととする。

　「贈り物」に見られる問題点（ⓑを本当に直接的な関係と言っていいかということ）は、ⓔの直接的な使役的関係の場合と対照させるとよりはっきりする。というのは、ⓔにおいては、使役的関係しか存在せず、非使役的な関係が成立しないからである（＊「乾燥する薬」参照）＊31。そして、そういう場合こそが、厳密な意味で語構成要素間に直接的な関係が存在する場合と言えるのではないだろうか。その点では、ⓑにおける直接性はいわば擬似的なものと見ることができ、ⓑの直接性とⓒの間接性とは、単純に直接対間接とい

った対立をなしているわけではないということになる。なお、つい
でに言えば、ⓑの直接性とⓔの直接性についても同質とは言えない
ので、結局、ⓑ、ⓒ、ⓔの全てに関して語構成要素間の関係として
の在り方が異なるということになろう。

2.4.2.2 間接的な受身的関係（ⓒ）と類似的な間接的受身的関係（ⓓ）の異同について

どちらも間接的な関係であるという点では似ているように見える
が、その内実は同じではない。両者の相違は、ⓒは受身的関係と同
質の関係であるが、ⓓは受身的関係そのものではないという点にあ
る。ⓓは、「掛ける→掛かる」（脱使役化）といった派生関係を背景
にしているが、脱使役化自動詞文と受身文とは、2.3.2.2で述べた
ように、どちらも動作主を背景化するという点では似ているものの、
動作主を統語的に表現できるかどうかという点で同じではない。本
項で、ⓓを「類似的な」間接的受身的関係と呼ぶ所以である。

2.4.2.3 受身的関係に関わるⓑ、ⓒ、ⓓの相互関係

以上述べたところから、受身的関係に関わるⓑ、ⓒ、ⓓ三者間の
相互関係をまとめて示すなら、次の表1のようになるであろう。観
点は、「直接的関係か間接的関係か」、「本来の受身的関係に近いか
遠いか（受身的関係との距離）」の二点である。なお、参考までに、
直接的な使役的関係をも含めて記す。

表1において、間接的関係というのが実際の語構成要素間の間に
直接見られるものでなく、あくまでも別の関係を背景とした潜在的
な関係であるということ、また、受身的関係（使役的関係）とカテ

表1　ⓑ、ⓒ、ⓓ間の相互関係

	直接的関係か間接的関係か	受身的関係との距離
直接的な受身的関係（ⓑ）	擬似的な直接的関係	受身的関係そのもの
間接的な受身的関係（ⓒ）	間接的関係	受身的関係と同等
類似的な間接的受身的関係（ⓓ）	間接的関係	受身的関係と類似
［参考］直接的な使役的関係（ⓔ）	直接的関係	使役的関係そのもの

ゴライズされている以上、どれだけ本来の受身的関係（使役的関係）に近いかが重要になってくるということ、を考慮すると、結局、これらの諸関係は、いわば語構成要素間の関係の在り方の確実性というスケールの上に、次のような順序で並べられることになるであろう（左へ行くほど確実性が高い）。

(42)（直接的な使役的関係＞）直接的な受身的関係＞間接的な受身的関係＞類似的な間接的受身的関係

2.5　まとめと今後の課題

　以上、本項では、「預かり物」「授かりっ子」のような複合名詞を取り上げ、前項と後項との間に間接的な受身的関係が見られるという立場に立って考察を行なってきた。その結果、次の点を明らかにした。

Ⅰ．間接的な受身的関係とは何か

　①間接的な受身的関係とは、「Vp＋N」型の複合名詞において、前項 Vp が他の動詞 Va から語彙的受身化によって成立した形式である場合に、Vp と N との間に認められる受身的な関係のことを言う。

　②この関係は、Vp と N との間に直接成立するというよりも、Vp と Va との間に見られる「受身—能動」といった関係を背景にして成立するものであり、その点で潜在的な関係であると言える。

Ⅱ．語彙的受身化とは何か

　③語彙的受身化とは、動詞 Vp（「預かる・教わる」等）が動詞 Va（「預ける・教える」等）から「所有構造への変換＋脱使役化」という複合的な作用を受けて形成されたと捉えた場合に、その派生のプロセスを言う。

　④語彙的受身化によって受身的な意味合いが生じるのは、派生のプロセスによって、Vp の有する着点が主語に取り立てられることに基づく。

Ⅲ．間接的な受身的関係の位置づけ

　⑤間接的な受身的関係は、語構成要素間に見られる直接的な受身

的関係、類似的な間接的受身的関係、直接的な使役的関係とい
った、互いに関連を有する種々の関係との関わりで位置づけら
れる。

⑥間接的な受身的関係は、（i）直接的関係か間接的関係か、（ii）
本来の受身的関係に近いか遠いか、といった観点から形成され
る「語構成要素間の関係の在り方の確実性」というスケール上
に、上記の諸関係とともに次のように位置づけられる。

（直接的な使役的関係＞）直接的な受身的関係＞間接的な
受身的関係＞類似的な間接的受身的関係

　今後の課題については、本項の中でも幾つか触れた（2.2、3.3）
が、その他、本項で扱わなかった「N＋V」型の複合名詞の場合の
検討や、間接的な受身的関係は本項で取り上げたようなタイプのも
のだけなのかどうかという点についての検討が考えられよう。これ
らについては、いずれ稿をあらためて論じたい。

---

*1　この点について詳しくは、影山（1993: 3-4）を参照されたい。
*2　後者の例の場合、意味解釈に比喩が介在していることが多いように見える
が、そのこと自体は本質的な問題ではない。というのは、たとえその通りだと
しても、ここでの論点は syntax の観点から説明しにくい理由ではなく、そうい
う複合語が存在していること自体にあるからである。
*3　「語構成要素間の受身的関係」と言うとき、これ以外の可能性がないとい
うわけではない。特に、動詞的要素の意味そのものの中に受身的な側面があり、
そのためにもう一方の名詞的要素との間に一種の受身的関係が構成されるケー
スが存在する（ex.「（彼からの）預かり物≒（彼から）預けられた物」）。ただ
し、この点については本項の範囲を越えるのでこれ以上言及しない。この問題
については、本書第1部第2章第1節第2項を参照されたい。
*4　「笑い者」については、『新明解国語辞典』（第六版）に、「論理的には『笑
われる者』」という説明が見られる。
*5　この辺のことについては、伊藤・杉岡（2002: 3.3）が詳しいので参照さ
れたい。
*6　結果副詞の場合は、「A（形容詞語幹）＋V」となるので、本項の対象か
らは外れる。
*7　ただし、この点については別な解釈も可能である。注13を参照されたい。
*8　ここで言う「テーマ」とは文の主語のことである
*9　ここで言う「主格」とはいわゆる主語のことである。また、「子文」とい

うのは、文と文とが従属的な関係で繋がっている場合に、「他の文に従属している文」のことを言い、「親文」というのは、「他の文に従属していない文」のことをいう。

*10　用例は、インターネット上の電子図書館「青空文庫」から採った。本文もそれによる（ただし、振り仮名は省略した）。

*11　この規則には例外が幾つか指摘されている。詳しくは影山（1997）を参照されたい。

*12　寺村の形状動詞は、金田一春彦の動詞の4分類における「第四種動詞」を指す。

*13　この点からすれば、影山編（2001：第9章）では、「日本語の『手作り』といった複合語は意味構造における『動作の背景化』と『結果状態の焦点化』という組み替え」「を通してある種の『受身化』に近い意味を得ているのである。」と述べられているが、「手作りのドレス」を同書のように「手で作られたドレス」と受身的に解釈するのではなく、「手で作ったドレス」と能動的に解釈する可能性も残されていると言えよう。つまり、ここにも能動的解釈と受身的解釈との選択の問題を見ることができるわけである。

*14　金水によれば、形状動詞の場合、外項（主語）の写像は抑制されることになるので、「誰かが」を付さない形で示す。

*15　ここでも、使役的関係とは、NとVとの間に「Vさせる（た）N」という関係が成立する場合を言うこととする。

*16　早津（2000）を参照されたい。また、この点との関わりで、鈴木（1996：第2部第2章）に見られる受身と使役の相違に関する説明は興味深い。

*17　こういう点から見ると、先に、1.4.2で本項の考察対象から外した「逮捕者」のような語における受身的解釈の問題もいずれあらためて取り上げる必要があるということになろう。

*18　(8) に挙げた「釣り人」や（19）に挙げた「乾燥剤」といった例の場合には、語構成要素間に動作主の関係や使役的関係が直接成立するという点でそれらの関係を語構成の問題として見ることができる。しかし、本項で扱った受身的関係の場合には、本項中で述べたように、あくまでも語構成要素間の関係の一つの解釈であり語構成要素間の関係そのものではない。従って、もしそう考えるのであれば、それらの解釈が存在するレベルを語構成論としてどう位置づけたらよいか、という点が新たな問題として残るだろうということである（この問題については、本書第1部第2章第1節第2項［2.4.2］で論じている）。

*19　本書では、第1部第2章第1節第1項で述べたように、語構成要素間の関係と語の間に見られる統語的な関係とは同質ではないと考えるので、本項で扱う関係も統語的な意味での「受身関係」と区別するため「受身的関係」と呼ぶことにする。

*20　野村（1974）にも、受身的関係が認められる例として、「拡大写真」「消費電力」「保護動物」等幾つかの例が挙げられている。

*21　複合語の語構成要素間には、受身的関係の他に、「使役的関係」（これにも、直接的・間接的の両方がある）が見られる場合がある。これらの関係については、本書第1部第2章第2節で詳しく論じているので参照されたい。なお、後述 2.4.1.3 参照。

*22　本書の著者は、語構成要素と語とを厳密に区別する立場に立っているが、以下の論述では、一々表現し分けるのは煩雑なので、特に必要な場合以外は区別しないで書き進める。

*23　「預かる」の表わす受身的意味合いそのものは「語彙的受身」であるが、「預ける」から「預かる」へという派生関係を問題とする場合には、その派生を本項では以下「語彙的受身化」と呼ぶことにする。

*24　英語における語彙的受身の内容の説明は、影山（1996：第3章・2009）に拠った。

*25　影山によれば、非対格他動詞は、これらの他にも「（芽を）ふく」「（ミスを）生じる」「（汗を）かく」等幾つか指摘できるという。

*26　語彙概念構造というのは、「動詞の概念的意味を明確に表示し、統語構造と意味構造との関係を明確化しようとするもの」（影山［1999: 63］）である。詳しくは、影山（1996・1999）等を参照されたい。

*27　この「被る」は、所有構造化することによって生じるものであり、受身を表わすものではない。このことは、影山（1996: 118）における「完了形容詞」（形容詞的受身・形容詞的過去分詞）形成の定式化を見てもわかるのであるが、詳しい点は省略する。

*28　岸本は、もう一つのポイントとして、移動するものが出来事であることを挙げるが、この点は「教わる」類（特に「預かる」「授かる」）には直接関係しない。

*29　受身的関係が成立する場合の前項と後項との意味的関係が「NはVの対象である」ということについては、本書第1部第2章第1節第1項（1.4.1.1）で述べたように、野村（1974）において既に指摘されている。

*30　本書第1部第2章第2節（2.2）でも述べているが、これらの語に関しては、「物が（それによって）乾燥する薬」「人が（それによって）蘇生する術」というように、道具・手段の意味合いで能動的な関係を認めることもできる。

*31　ⓑとⓔとの間になぜこういった相違が生じるのかについては、本書第1部第2章第2節（2.2）を参照されたい。

第2節 複合語に見られる使役的関係

1. はじめに

野村（1977）において、外見上似ている複合語「使用者」と「使用人」との相違に関し、前者はその構造が「使用スル者」であるのに対して、後者は「使用サレル人」である旨の指摘がなされている。これは、つまり、前者は語構成要素間に能動的な関係が存在するのに対して、後者には受身的な関係が存在するということである。

複合語の語構成要素間に見られる、こういった能動的関係と受身的関係との対立をどのように理解するかについては、本書第1部第2章第1節で論じた。従って、ここでは、それを受け、受身的関係と関連の深い使役的関係が語構成要素間に見られる場合を問題としたい。

すなわち、本節で論じるのは、次の二点である。

(a)「動詞＋名詞」型の複合名詞において、語構成要素間に直接的な使役的関係が見られる場合がある。そういった現象についてどのように考えるか。

(b) それとは別に、「動詞＋名詞」型の複合名詞において、語構成要素間にいわば間接的な使役的関係を想定しうる場合がある。それはどういう場合であり、また、そういった現象についてどのように考えるか。

上の（a）については、冒頭に述べたような語構成要素間に受身的関係が見られる場合と対照しつつ論じることにする。なお、上記（a）（b）とも、語例が非常に少ないが、その理由・意味合いについては（a）（b）の間で違いが存する。その辺をどう理解するかが本節の一つのポイントとなる。

2. 語構成要素間に直接的な使役的関係が見られる場合*1

2.1 考察の前提

　ここで言う「使役的関係」とは、「動詞＋名詞」（以下、「V＋N」と表示する）型の複合名詞において、前項と後項との間に見られる「VさせるさせたN」という関係を指す。また、前項と後項との間に「VられるられたN」という関係が成立する場合には「受身的関係」が見られるとする。ただし、今回は、使役的関係において、「Vさせる（させた）名詞」という連体修飾関係がいわゆる内の関係にある場合だけを対象とする。これは、以下において事態の在り方を問題とするため、被修飾名詞が事態の構成要素になっている場合の方が考察しやすいからである。なお、前項Vについては、漢語動名詞の場合と和語動詞連用形の場合とがある。

　次に、対象として「V＋N」型の複合名詞を取り上げるという点について補足説明を加える。

　動詞的構成要素と名詞的構成要素との結合による複合名詞という点では、「N＋V」型の複合名詞（いわゆる「動詞由来複合語」）も考察対象になるのではないか、という疑問が生じるかもしれない。実際、「つや出し」（＝つやを出させる物）、「王政復古」（＝王政を復古させること。この例は石井［2007: 331］による）のように、「N＋V」型の複合名詞において語構成要素間に使役的関係が存すると思われる例もわずかながら存在する。しかし、ここではこの種の複合名詞は扱わないこととする。理由は次の通りである。

　「N＋V」型の複合名詞の場合、NとVとの関係については、(i) NがVの内項である場合（内項規則）、(ii) Nが付加詞である場合、の二通りの場合が存すると言われている（詳しくは、影山編［2001：第9章］などを参照）。上に挙げたような複合名詞は、このうちの (i) に属し名づけ表現となるが、(ii) に属し複雑述語となる複合名詞については、語構成要素間に使役的関係が見られる例は存在しないように思われる。一方、受身的関係の場合には、「舌切り雀」「瘤取り爺さん」のように、少ないながらも (i) に属する例が存在し、また、(ii) の場合にVが受身の解釈を受ける例（「手

作り」［＝手で作られた］、「ワープロ書き」［＝ワープロで書かれた］等）の存在することが、影山編（同上）で指摘されている。ただし、これらは語彙概念構造（LCS）の組み替えによる結果状態の焦点化というプロセスによって生じるものであり、使役に関連づけることはできない。従って、「N＋V」型の複合名詞に関して、語構成要素間に見られる使役的関係と受身的関係とを対照するということになると、（i）における語例を取り上げざるをえないが、使役的関係、受身的関係とも語例が極端に少なく両者を対照しつつ論じることができない。そういうわけで、「N＋V」型の複合名詞に関しては、対象から除かざるをえないわけである。

　さて、「はじめに」で述べたように、ここでの考察の一つのポイントは、受身的関係に比して、使役的関係の見られる語例が非常に少ないということであるが、その点についてもう少し具体的に説明したい。

　受身的関係の場合であれば、「V＋N」型の複合名詞において、VとNとの間に、〈NがVの対象である〉という関係が認められさえすれば、「Vされる（された）N」という関係が成立する可能性が常に生じる。たとえば、「捨て犬」であれば、「（誰かに）捨てられた犬」のように。そういう点では、受身的関係を想定できる語例には事欠かない。「置き手紙」「贈り物」「投げ文」「飲み物」「焼き魚」「ゆで卵」等。しかし、使役的関係の場合にはそうはいかない。極端に語例が少ないのである。考えられるのは、「蘇生術」（＝［人を］蘇生させる術）等後掲する数語しかない。従って、両者の間に見られるこの不均衡をどのように理解したらよいか、あるいは、どうしてこういうことが生じるのか、という点が問題になるわけである。

2.2　考察

　まず、少ないながら語構成要素間に使役的関係が見られる語例を挙げる。

　　凝固剤（＝［液体を］凝固させる薬）「覚醒剤」「乾燥剤」等「〜剤」の類、蘇生術（＝［人を］蘇生させる術）、「昇格（降

格）人事」（＝［人を］昇格（降格）させる人事。この例は石井［2007: 326］による）、「合格実績」（＝［人を］上級学校へ合格させた実績）、「眠り薬」（＝［人を］眠らせる薬）「痺れ薬」「惚れ薬」等「〜薬」の類

ただ、ここに挙げた例のうち、「〜剤」「〜薬」「蘇生術」については、道具の解釈もできる（あるいは、むしろそちらの方が普通かもしれない）。すなわち、「凝固剤」：「それで以て液体が凝固する薬」、「眠り薬」：「それで以て人が眠る薬」、「蘇生術」：「それで以て人が蘇生する術」のようにである。また、「合格実績」「昇格（降格）人事」は、内の関係の連体修飾関係を構成しないので、先に述べたようにここでの考察対象から除く。

　以下、「蘇生術」を例にして考察を進める。

①第一の問題…解釈の固定性について

　「蘇生術」（＝［人を］蘇生させる術）を考えた場合、たとえば「送付資料」（＝［誰かによって］送付された資料）のような受身的関係を想定しうる場合と決定的に異なるのは、後者の場合には、同時に「（誰かが）送付した資料」のような能動的関係の解釈も成立するのに対して（「彼の送付資料」＝「彼が送付した資料」、「彼からの送付資料」＝「彼から送付された資料」）、「蘇生術」の場合には、非使役態「（人が）蘇生する術」は「術」を項とする解釈では成立しない点である＊2。使役的関係と受身的関係とで、どうしてこのような相違が生じるのであろうか。

　能動対受身の対立というのは、（いわゆる直接受身の場合）同一事態を動作主、被動作主のどちら側に視点を置いて見るかといった相違に基づく対立である。従って、複合語の場合、実際問題としては、語ごとに、あるいは文脈によって能動・受身のどちらの解釈がより適切か、といった問題は出てくるが、語構造そのものとしては、両方の解釈を許容すると見ることができる。一方、使役においては、基本的に使役態と非使役態とで表わされる事態は別物である。たとえば、「太郎が本を読んだ。」「太郎が立った。」というのと、「先生が太郎に本を読ませた。」「先生が太郎を立たせた。」というのは同じ事態ではない。従って、「V＋N」といった一つの形式において、

使役態・非使役態という異なった事態を指す解釈を許すということが難しくなるのであろう。そういう点では、「蘇生術」における「（人を）蘇生させる術」という解釈のレベルと、「送付資料」における「（誰かが）送付した資料」「（誰かによって）送付された資料」という解釈のレベルとは同じではないと考えられる。もちろん、この場合、通常の解釈のレベルにあるのは使役的関係の方である。従って、能動・受身的解釈が成立するレベルとはどういうものなのか、ということが本来問題となるが、この点については既に本書第1部第2章第1節（2.4）で論じたので参照されたい。

②第二の問題…語例の少なさ

　①で考察したのは、使役態への解釈の固定性という点であるが、ここでは、それに基づき、使役的関係の見られる例が受身的関係の見られる場合に比べて非常に少ないという問題へと考察を進める。そして、これも結局は第一の問題との関わりで次のように説明することができる。

　前述のように、使役態と非使役態とは異なる事態を表わす。そして、使役態は、非使役態で表わされる事態に、その事態を引き起こす使役主というファクターが加わった新たな事態を表わす。その点で、非使役態が無標で、使役態が有標であると見ることができる（これは、動詞の形態論的な対立とも呼応する）。ところで、「V＋N」型の複合名詞において、前述したように、Vは和語であれば動詞連用形であり、漢語であれば動名詞である。これらは、いわば動詞の表わす動作・作用等をそのまま表示する形式である。*3 従って、これらの形式は無標の非使役態の表わす事態を表示するのが自然であり、有標の使役態の表わす事態を表示するのには大きな負担が掛かると言えよう。それに対して、能動態と受身態の場合は、確かに前者が無標で後者が有標という対立はあるが、基本的に両者は同一事態を表わしているわけであるから、そういった対立は、複合語の場合解釈の傾向の差でしかない。以上の点が、使役的関係と受身的関係とで、語例の多寡に関し大きな相違が生じる基本的理由であると考えられる。

3. 語構成要素間に間接的な使役的関係が見られる場合

3.1 基本的な考え方

本節では、「V + N」型の複合名詞において、前項と後項との間に「Vさせる（させた）N」という関係が見られる場合（＝「直接的な使役的関係」）を取り上げた。ここでは、それに対して、「V + N」型の複合名詞の前項と後項との間に「間接的な使役的関係」が見られる場合を取り上げる。

ここで言う間接的な使役的関係の考え方について以下説明する。

「V + N」型の複合名詞において、前項Vが、他の形式V'を使役化したものである場合に、「V + N」型の複合名詞の前項と後項との間に、「V'させる（させた）N」という関係を読み取ることができる場合がある。この時、VとNとの間には、V'を介在させることによって使役的関係が成立すると考えられるので、これを「間接的な使役的関係」と呼ぶわけである。今、この考え方を図示すると、以下の図1のようになるが、注意すべきは、ここで言う「間接的」というのは、本書第1部第2章第1節第2項で扱った「間接的な受身的関係」における「間接的」と同質のものであるという点である。

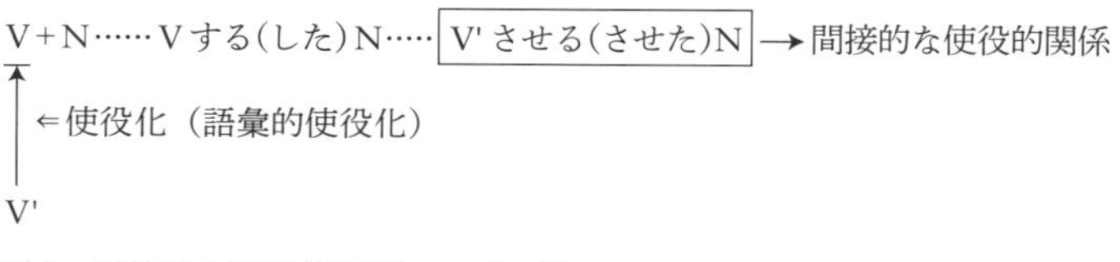

V + N……Vする（した）N……　V'させる（させた）N　→ 間接的な使役的関係
↑
｜←使役化（語彙的使役化）
｜
V'

図1　間接的な使役的関係のモデル図

上図において、使役化というのは、助動詞「せる・させる」を付加するものではあり得ないので、*4 語彙的なものとならざるをえないが、ここでは、語彙的な使役化とは、影山（1996: 195）などで言う他動詞化のことと考える。*5 具体的には、以下のような場合である。

進む→進める・建つ→建てる・並ぶ→並べる…接辞"-e-"によるもの

枯れる→枯らす・乾く→乾かす・飛ぶ→飛ばす・鳴る→鳴ら

す・減る→減らす・起きる→起こす…接辞"-as-"
"-os-"によるもの＊6）

　もちろん、語彙的使役化によってできた他動詞が全て「V＋N」
型の複合名詞を形成するわけではなく、間接的な使役的関係が見ら
れる例はごく限られている。具体的には、「落とし穴」「付け人」
「慣らし運転」などである。なお、理屈の上では漢語サ変動詞にも
語彙的使役化が適用されるわけであるが、影山（1996: 202–204）
は、自他両様の漢語サ変動詞は他動詞が基本でそこから反使役化に
よって自動詞が派生されるとしている。ただし、これには反論があ
り、小林（2004a: 181–193）は、「本格化」など自動詞を基本とし
そこから他動詞が派生する例（すなわち、語彙的使役化によって派
生する漢語サ変動詞）が存在すると主張している。従って、本項で
は、漢語サ変動詞については扱わないことにする。さらに、間接的
な使役的関係は「N＋V」型の複合名詞においても成立する。たと
えば、「箸休め」「指鳴らし」等。これらについては、直接的な使役
的関係の場合とは異なり、基本的に「V＋N」型と同様に考えるこ
とができるので、本項では「V＋N」型で代表させ、専らこの型を
中心として論じることとする。

　以上述べたことに基づき、図1に具体例を当てはめるならば、次
の図2のようになる。

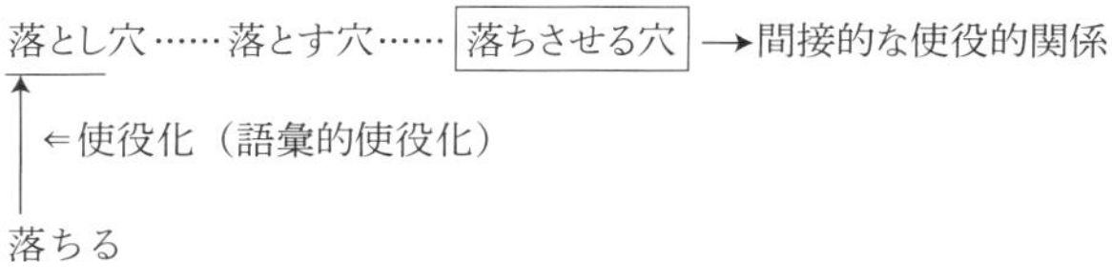

落とし穴……落とす穴…… 落ちさせる穴 →間接的な使役的関係

←使役化（語彙的使役化）

落ちる

図2　「落とし穴」に見られる間接的な使役的関係

　以上、間接的な使役的関係の基本的な考え方について述べたが、
複合語の語構成要素間に見られるこのような関係の性質を明らかに
するために重要になってくるのが、第1項で述べた、間接的な使役
的関係を構成しうる語の少なさである。ただし、その理由、および
その意味合いについては、2.1で述べた直接的な使役的関係の場合
とは異なる。従って、その点を明らかにすることを通して、間接的

な使役的関係の性質に迫るというのが本項の立場であり目的ということになる。

3.2　考察

最初に、間接的な使役的関係の見られる語例を掲げる。

　　落とし穴（＝［人等を］落ちさせる穴）、冷まし湯（＝冷めさせた湯）、付け人（＝［誰かに］付かせた人）、通し戸（＝［人を］通らせる戸）、慣らし運転（＝慣れさせる運転）

間接的な使役的関係の位置づけについては、次のように考えられよう。

先の図1・2を見ればわかるように、「V（使役変化他動詞）＋N」型の複合名詞における語構成要素間の関係は、直接的にはあくまでも「Vする（した）N」である。従って、そこに使役的関係を読み込むというのは、あくまでも「V'→V」（語彙的使役化）という関係を背景にしてであり、そういう点では、間接的な使役的関係というのは、いわば単独の形式同士の派生関係を引きずったものであると言える。この点は、既に述べたように、「間接的な受身的関係」の場合と同様である。なお、「冷まし湯」「付け人」のように、後項Nが前項Vの対象である場合には、「冷まされた湯」「付けられた人」のように更に受身的関係が絡まってくる可能性があるが、論が複雑になるのと、語構成要素間の関係にどこまでヴォイス性を読み取れるか現段階では明確でないので、今回は使役的関係のみを問題とし、両者の絡まりについては今後の課題としたい。

次に、間接的な使役的関係の語例の少なさ、すなわち、同関係の成立・不成立の問題へと考察を進める。

図1・2のような形で間接的な使役的関係を考えた場合、それが成立するかどうかは、「V'させる（させた）N」という句が成立するかどうかに左右される（厳密に言えば、「Vする（した）N」が言えるかどうかも問題となる）。たとえば、「付けまつげ」という複合名詞において間接的な使役的関係が成立しないのは、「付かせた（付かせる）まつげ」という言い方ができないからであり、それは結局、「まつげを付かせる」という言い方ができないからである。

154　Ⅰ　語構成の文法的側面についての研究

これは、すなわち、自動詞使役の問題に他ならない。そして、自動詞の使役形が成立するためにはいろいろな制限、あるいは条件の存することが青木（1976）以来既にいろいろと指摘されている。

このように考えると、図1・2のような形で考えた時の間接的な使役的関係の成立のしにくさは、自動詞使役の成立のしにくさによるものと考えられ、その点で、2.2で取り上げた直接的な使役的関係の成立のしにくさとは本質的に事情が異なることがわかる。しかし、すぐわかるように、間接的な使役的関係そのものは、間接的とはいえあくまでも語構成要素間の関係であり句ではない。句は、いわば語構成要素間の関係をわかりやすく表現したものに過ぎない。では、間接的な使役的関係については本来どう捉えるべきなのであろうか。

3.3　間接的な使役的関係の再解釈

間接的な使役的関係を再解釈するに当たっては、まず語と語構成要素とを峻別することが重要である*7。そして、そのことは、今、語を [V][N]、語構成要素を {V} {N} のように表記し分けるなら、[V] ≠ {V}、[N] ≠ {N} という関係式が一般に成り立つ、ということを意味する。なお、本項では、語構成要素の意味は対応する語の LCS にほぼ相当すると考えるが、これは、語構成要素の意味は概念的な存在であるという捉え方に基づく。従って、本項では、語構成要素間にも語彙的使役化に対応する派生関係が成立するという立場に立っている。

以上のように考えるなら、先の図1は次の図3のように書き換えられよう。

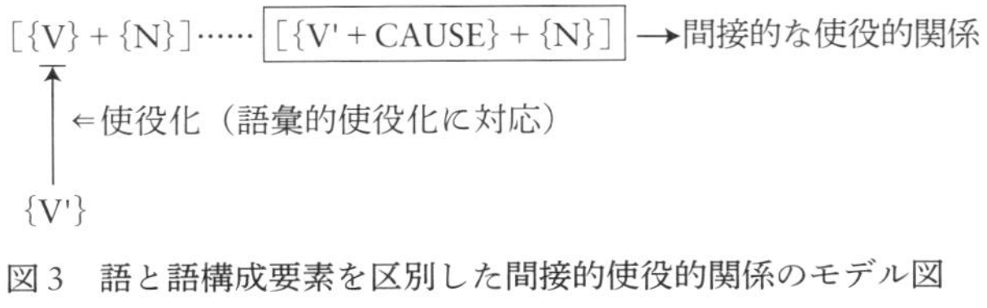

$$[\{V\} + \{N\}]\cdots\cdots\boxed{[\{V' + \text{CAUSE}\} + \{N\}]}\longrightarrow \text{間接的な使役的関係}$$

←使役化（語彙的使役化に対応）

{V'}

図3　語と語構成要素を区別した間接的使役的関係のモデル図

図3中の CAUSE は、語彙的使役化の際に導入されるものである

（注6参照）。前述したように、本項では、語構成要素の意味は対応する語のLCSにほぼ相当するものと捉えているので、CAUSEに語レベルと語構成要素レベルとで異同があるとは差し当り考えていない。ただし、厳密に考えれば、この点は問題になるかもしれない。

　以上の主張を「付け人」を例としてあらためて述べるなら次のようになるであろう。

　　（イ）「付け人」（＝①）を「（誰々に）付けた人」（＝②）のように言い換えるのは正確ではない。なぜなら、②はあくまでも語構成要素間の関係を句によってわかりやすく言い換えたものに過ぎないからである。

　　（ロ）②を「（誰々に）付かせた人」（＝③）のように言い換えるのは正確ではない。なぜなら、③の「付かせる」は統語的な使役であり語彙的使役ではないからである＊8。

　このことからわかるように、「付け人」の構造を②、さらには③のように考えることは、二重の誤りを犯すことになるのである。

　以上のように考えるなら、先に問題とした「付けまつげ」などの捉え方も変わってくる。先には、(i)「付けまつげ」には間接的な使役的関係が成立しない、(ii) それは「付かせたまつげ」（「まつげを付かせる」）という表現が成立しないからである、としたが、そういった捉え方は、統語的な使役に寄り掛かった解釈であり正しくない。語と語構成要素とを区別するのであれば、そういった統語的な表現の可否が問題になるわけでないことは明らかであろう。実際、たとえば、「付けまつげ」を「付着させたまつげ」と理解するならば、すなわち、{付ける} ≠ ［付ける］と考え、{付ける} の意味を「{付く}（〈～に付着する〉）＋ {CAUSE}（〈ようにする〉）」のように解釈するなら、間接的な使役的関係が成立すると見ることもできるわけである。むろん、語構成要素の意味を言葉（すなわち実際の語）で説明する以上、常にそれはそこで使われている語の意味とは全同ではないという問題が付きまとう（この場合なら「付着する」という表現の意味）。いずれにせよ、このように考えるなら、他に、「立て看板」、「下ろし大根」なども、「{立てる} ＝ {立つ}（〈目立つように存在する〉）＋ {CAUSE}」、「{下ろす} ＝ {下り

156　I　語構成の文法的側面についての研究

る｝（〈［食物が］擦られることによって細かい状態になる〉）＋
｛CAUSE｝」と理解することによって、間接的な使役的関係を認定
することが可能になるように思われる。また、こう考えるなら、間
接的な使役的関係を有する複合語の例も、実際には、3.2で挙げた
ものよりは多いと言えよう。

　なお、上に述べたような間接的な使役的関係の再解釈は、当然の
ことながら、第2項で論じた直接的な使役的関係にも適用されるも
のであるが、直接的な使役的関係の場合には、そこで述べたような
捉え方で差し当り大きな問題は生じないので、敢えて一々訂正する
ことはしない。必要が生じた際に本来的な捉え方に立ち戻ればそれ
で充分である。その辺が、直接的な関係と間接的な関係との差と言
えよう。

4．おわりに

　以上、「N＋V」型の複合名詞を中心に、その語構成要素間に見
られる使役的な関係について、直接的な場合と間接的な場合とに分
けて見てきた。考察の結果については以下のようにまとめられる。

（1）　直接的な使役的関係について

　　　a. 直接的な使役的関係とは、前項と後項との間に成立する
　　　　「Vさせる（させた）N」という関係である。

　　　b. この関係は、語構成要素間に（直接的な）受身的関係が
　　　　成立する場合に比べて、（i）語例が非常に少ない、（ii）
　　　　同一語に関しては使役的な解釈と非使役的な解釈との両
　　　　方が生じることはない、といった特徴を有するが、それ
　　　　は、使役という現象が有する使役態と非使役態とで表わ
　　　　される事態の非同一性という特質による。

（2）　間接的な使役的関係について

　　　a. 間接的な使役的関係とは、「V＋N」のVが別の形式V'
　　　　から語彙的使役化によって生じたものである場合に、V
　　　　とNとの間に生じうる「V'させる（させた）N」といっ
　　　　た関係のことを指す。

b. この場合も語例が少ないが、それは、語構成要素と語とを区別せず、さらに、本来は語構成要素間の関係であるものを統語的な使役の形で理解することによって生じた結果である。

c. そういう点では、間接的な使役的関係については、語と語構成要素のレベルを峻別し、あくまでも語構成要素間の関係として再解釈することが重要である。

今回は、間接的な使役的関係について、間接的な受身的関係との比較、および、前項Vが動名詞の場合の考察、ができなかった。今後の課題としたい。

＊1 「直接的」というのは、あくまでも第3項で取り上げる「間接的」に対して生じる限定であるので、本項では、特に必要のない場合を除き単に「使役的関係」と記す。

＊2 「非使役態」というのは早津（2000）による用語である。

＊3 動詞連用形と動名詞は、語構成要素として基本的には対応するが（小林［2004: 27]）、全く同じというわけではないと考えられる。特に動作・作用の概念そのものを直接的に表わす度合いについては両者の間に若干の差があると見られ、その点が語例の少なさの問題にも微妙に反映していると考えられるが、この点については今後の課題である。

＊4 影山（1993: 10–11）で指摘する「形態的緊密性（統語的要素の排除）」により、原則的に（複合）語中に「せる・させる」という形式は現れない。ただし、「やらせ」「親泣かせ」「読み聞かせ」といった例外的な語例は幾つか存在する。

＊5 影山は、「語彙的使役というのは、『赤ん坊が起きる』に対する『母親が赤ん坊を起こす』のように自動詞を他動詞化する場合を言う」（影山［2000]）と述べ、「語彙的使役化」という言い方はしていないが、本節ではわかりやすいように「化」を加えて用いる。

＊6 影山（1996: 195–198）は、接辞の相違により、LCS内の意味述語を"CONTROL"と"CAUSE"とに分けているが、本節ではその点は問題とせず、以下CAUSEのみで考える．

＊7 語と語構成要素の峻別については、この問題だけでなく、語構成一般を考える際にも重要になってくる。詳しくは斎藤（2004：第1部）参照されたい。

＊8 統語的な使役と語彙的な使役の異同については、Shibatani（1976）、影山（1996: 197–202）に詳しい。

第**3**章

語構成と品詞
「以上」をめぐって

第1節　現代語における考察

1.　はじめに

　本章の標題の意味するところを簡単に説明することから本節を始めたい。

　「語構成」というのは語の内部構造に関わる問題であり、「品詞」というのは、語の文法的な性質、すなわち、語の文中での機能に基づく分類であるから、一見、両者は直接的な関係がないように思われるかもしれない。しかし、形態論には、「右側主要部の規則」（right-hand head rule）、すなわち、「派生語および複合語の品詞を決定するのは、その語の右側の要素であり、これが主要部となる」（荒木編［1999］）、というような規則があり、両者の間に一定の関連性が存することが従来から指摘されている*1。ただ、ここでは、そういった一般的なルールに関わる問題を扱おうというのではなく、むしろ、ある程度個別的な語構成を有する具体的な形式における語構成と品詞との関係を問題としたい。すなわち、そういった形式で、幾つかの品詞にまたがるようなさまざまな意味・用法を有するものを対象とし、その形式の有する語構造、あるいは語構成要素の有する特徴と、そういった幅広い意味・用法との間にどのような関係が見られるのか（あるいは、場合によっては関係を見てはいけないのか）を分析することを本節の目的とする。そして、その際の具体的な形式として、本章の副題に掲げたように、「以＋x」という語構成を有する「以上」という語をここでは取り上げる（その理由については後述する）。なお、その際、形態論において、ある語がほぼそのままの形で別の品詞として使用されることを表わす「転換」

159

(conversion) という概念を、本節の枠組みに応じた形で利用しつつ分析を進めることとする。ただし、もちろん、意味・用法の異なりが全て転換で説明されるわけではない。従って、意味・用法の異なりと品詞の異なり、そして転換との関係をどう考えるかが重要なポイントとなる。

本章は 2 節から成り、第 1 節（本節）は現代語における理論的考察、第 2 節（次節）は通時的な考察である。

2. 本節の基本的な考え方

2.1 問題の設定

ある語 A があった時、それが単純語であるならば、その語 A は語構成要素 a によって形成されると考えられる。今、これを以下のように表わす*2。

図1 単純語 A のできるプロセス

ここで、'CL' 'WL' は、それぞれ、語構成要素レベル（word constituent level）、語レベル（word level）を意味し、この二つのレベルを峻別するのが本節における語構成の考え方の基本である。そして、この場合、もし語 A が品詞 P_A に属するならば、語構成要素 a もそれに対応する何らかの分類カテゴリー p_a に属していると言えよう*3。

次に、別の品詞 P_B に属する単純語 B を考えた場合、語 A の場合と同様に、語 B は何らかの分類カテゴリー p_b に属する語構成要素 b から以下のように形成されると考えられる。

図2　単純語B（品詞P_B）のできるプロセス

　このような場合、語構成と品詞との関係といっても、分類カテゴリーp_aに属する語構成要素aは品詞P_Aの語Aを形成し、分類カテゴリーp_bに属する語構成要素bは品詞P_Bの語Bを形成する、というだけで、両者の間に何ら特別な関係は見られない。

　では、もし語Aの属する品詞がP_Aであることと、語Bの属する品詞がP_Bであることとの間に何らかの関連があったとしたらどうであろうか。たとえば、語Aと語Bとの間に派生関係が存在し、そのことが語Bの品詞がP_Bである理由となっているというような場合である。この場合、語A・Bが（表面的には）単純語であるという前提をくずさないのであれば*4、この派生はいわゆる転換ということになり、全体の関係は以下のようになる。

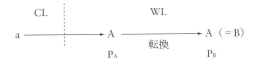

図3　単純語A（品詞P_A）と単純語B（品詞P_B）とが関連を有する場合

　しかし、この場合、語Aが転換を起こすに際して語構成要素aが何らかの要因になっていたとしても、その点を検討するのはかなり難しいし、またそのこと自体、語構成の問題として扱うことに充分な意義が存するようには思われない。

　以上のように考えると、語構成と品詞との関係を問題とするためには、単純語ではなく合成語を扱う必要のあることが見えてくる。すなわち、次に示すようにである*5。

第3章　語構成と品詞　　161

図4　合成語 AB（品詞 P_{AB}）と合成語 AB（品詞 P_C）の場合

　この場合であれば、合成語 AB が転換を起こすに際して、語構成要素 a ないし b の特徴、あるいは a と b との関係（合成語 AB の語構造）が何らかの点で関与しているのではないか、そしてもし関与しているとすればどのように関わっているのか、を問うことができるわけである。ここから、本節で扱うべき対象は、まず合成語であるべきことがわかる。

2.2　転換の捉え方
2.2.1　従来の捉え方と本節の捉え方

　一般に転換とは次のように説明される（田中他編［1988］）*6。

　　ある語が形態を変化させずに一つの品詞から他の品詞に変わること。転成、品詞転換などともいう。functional shift ということもある。接辞の付加などによる品詞の変化である派生に対する。ただし、ゼロ形態の付加による派生という立場に立てば、ゼロ派生（zero derivation）という説明も成り立つ。

　ここで述べられている「ゼロ派生」、すなわち、転換を「ゼロ接辞」（zero affix）による派生の一種と見なす考え方は、西尾（1967）に指摘されているように、既に Bloomfield（1933：Ch.15）において見られるもので、本節でも基本的にこの考え方に従いたいと思う*7。

　ただし、本節の場合、このゼロ派生の位置づけに関して若干注意が必要になる。というのは、ゼロ接辞というのはあくまでも接辞の一種であるから、本節のような、語構成要素レベルと語レベルとを峻別するという立場からすれば、当然、語構成要素レベルの存在と位置づけられることになり、基本的にゼロ接辞は同レベルにおいて作用すると捉えられることになるからである。従って、先の図4は次のように修正されることになる（図中、「＋ø」がゼロ接辞の付

加を表わす)*8。

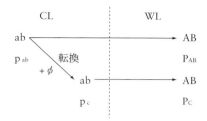

図5　転換（ゼロ接辞 ∅ 付加）の考え方

　図5は、ゼロ接辞 ∅ が語構成要素 ab に付加されることによって、ab の分類カテゴリー p_{ab} が p_c へと転化させられ、それが、語レベルにおいて、外形的には同形で品詞の異なる2語の出現となって表われることを示している。なお、このように転換を考えた場合、語構成要素レベルにおけるゼロ接辞の機能は、必ずしも語の品詞に対応する語構成要素の分類カテゴリーを転化するだけとは限らなくなるが、その点については、後に「以上」の分析を行なう際に詳しく見ることとする。

2.2.2　ゼロ接辞の問題点

　ゼロ接辞という考え方は、ある意味非常に便利な考え方であるが、同時に幾つか問題点をも有している。たとえば、影山（1993: 187-193）は、動詞連用形の名詞化（NV型の複合名詞）に関して、それが「動作ないし出来事」（凧あげ・コマまわし etc.）、「状態、性質」（肉付き・蔵出し etc.）、「結果、産物」（人だかり・野菜いため etc.）、「人間」（借金取り・魔法使い etc.）、「道具」（鉛筆削り・紙挟み etc.）等の様々な意味を表わすことを指摘したうえで、これらをゼロ接辞によって分析することの困難さを述べ、「実体のないゼロ接辞を仮定せずに名詞化の意味を説明する合理的な方法は、意味の拡張ないし語彙概念構造の組み替えを考えることである。」と結論づけている。確かにこういった多様性をゼロ接辞だけで全て説明することはできない。しかし、ゼロ接辞本来の機能は品詞の転換

（あるいはより広く所属カテゴリーの転換）であり、そのことと、その結果生じる意味の多様性、およびそれを支える「意味解釈の原理」（影山上掲書 193 頁）の問題とは一応切り離して論じることが可能なのではないだろうか。本節ではそのような考え方に立ち、主にカテゴリー転換という機能に焦点を当ててゼロ接辞を利用することとしたい。

　ゼロ接辞の問題は他にも幾つかあるが、重要なものとしては、ゼロ接辞には幾つか種類があるのか、もしあるとしたらそれらをどのようにして認定したらよいのか、という点が明確でないということが挙げられる。たとえば、形容詞連用形を名詞化する場合（遠く・近く etc.）と形容詞終止形を名詞化する場合（文語の形容詞「つよし・きよし」等が人名に用いられるような場合）とは、同じく形容詞を名詞化するものとして同じゼロ接辞と考えていいのか、また、前者と動詞連用形を名詞化する場合とはどうなのか、といった点がはっきりしないのである。Lieber（1981）は、転換をゼロ接辞による派生の一種とする考え方に対して、ゼロ接辞が通常の接辞と異なり項構造上の一貫性を有さないなどの点から異議を唱えているが、これも、品詞と項構造といったレベルの違いはあるものの、ゼロ接辞をどのようにして幾つ設定すべきなのかという問題との絡みで理解することができる。なお、本節では、この問題に関しては、ゼロ接辞の基本的な機能に鑑み、元になるカテゴリーと新たなカテゴリーとの双方が同じ場合に限り同一のゼロ接辞と認める、という立場に立つこととする。

　以上見たように、ゼロ接辞についてはいろいろと問題が存するが、本節は転換そのものを論ずるのが目的ではないので、転換の一つの有力な解釈としてのゼロ接辞を受け入れ、本節の枠組みに沿うように適宜修正を加えたうえで使用することとする。

3.　分析対象の選定

　既述のように、本節は、特定の合成語を取り上げ、その合成語の有する複数の品詞に亘るようなさまざまな意味・用法とその語の語

構成との関わり（あるいは、関わりのなさ）を分析するのが目的であるが、そのような問題意識に立った場合、分析対象の語を選定するに当たってどのような点に留意したらよいであろうか。

　まず考えられるのは、特定の語構成の語一語だけを独立に対象とするのではなく、共通の語構成要素を有する一群の語を取り上げ、その中から特に幅広い意味・用法を有する一語を選び出して分析するのがよいのではないか、という点である。なぜなら、そうすることによって、語構成と意味・用法との関わりがあまり偶然に左右されない形で取り出せるようになると思われるからである。次に考慮すべきは、もしそういう形で分析対象を考えるなら、できるだけ数多くの合成語を構成し、しかも結合相手の有する意味との関わりによってさまざまな意味・用法を有する語を構成するような形式をうまく見つけられるかどうかがポイントになるであろうという点である。そして、そのような形式は、通常、語基であるより接辞である方が一般的であるから、対象は、合成語の中でも複合語よりも派生語になる可能性の方が高いということになるであろう。

　以上のような観点に立ち、本節では、本章の副題に掲げたように「以上」を具体的な分析対象として取り上げることとしたが、その際重要なのは、「以上」のみを単に分析するだけでなく、語構成要素「以」を共有する語群の中での「以上」の位置をも明らかにするということである。

　ところで、「語構成要素『以』を共有する語群」には、具体的に次の9語が含まれる（五十音順）。

　　以遠・以下・以外・以後・以上・以西・以前・以東・以内

これらは、『岩波国語辞典』（第6版）、『新明解国語辞典』（第6版）、『大辞林』（第3版）の3辞典に共通して掲載されている「以〜」型の熟語11語から、「以往」「以降」「以来」の3語を除いたものである。これらを除いたのは次のような理由による。

　辞書（『岩波国語辞典』）によれば、この種の熟語における「以」の意味は、「範囲・方向などの基点を示す。それよりの意。」とされている。たとえば、「大阪以西」「1月1日以後」であれば「大阪より西」「1月1日より後」といった具合である。従って、これらの

第3章　語構成と品詞　　165

語の基本的な在り方は、次のように表わすことができる。

<u>以</u> ＋ <u>x</u> ：〜より x

接頭辞　語基

　しかし、上に挙げた3語は、上記の9語に比べると、'x'の部分の在り方がわかりにくいように思われる。そういうわけで当面の分析対象から除くこととした。

4.「以上」の意味・用法

　本項以降、「以上」の具体的な分析に入るが、分析は次のような段階を踏んで進めることとする。まず、本項（第4項）で「以上」の意味・用法を概観したうえで、意味・用法に関し注意すべき点を指摘し、それに基づいて、本節で「以上」にいくつの意味・用法を設定するかを述べる。次に、第5項でそれらの意味・用法間の関係をどう捉えたらよいかについて分析し、それに基づいて、それらが転換、すなわち品詞の違いとどのように関わるかを明確にする。その後、第6項で「以上」の意味・用法と語構成との関わりについて論ずる。この部分が本節の中心部分をなすと言えよう。そして、最後に第7項で「以」を共有する語群の中での「以上」の位置について考察する。

　「以上」の意味・用法については、諸辞書の記述が役立つのはもちろんであるが、特に森田（1989: 126–128）の記述が参考になる*9。同書では、「以上」の意味・用法を次のように大きく三つに分けているが、本節でもこの分析を出発点としたい。

1.「〜以上……する／〜以上は……だ／〜以上の……／〜以上……まで／〜以上……ない」などの形で、数量詞もしくは数量・程度・段階意識の上に成り立つ名詞に付いて、接尾語的に用いられる。そのレベルを超える意を表す。

（1）数詞に付く場合

ex.「手荷物は二十キロ以上になると割増料金を取られる」「このエレベーターは六人以上乗れません」「この建物から百メートル以内は危険です。必ず百メートル以上

離れてください」etc.

（2）名詞に付く場合

ex.「当大学の学長選は、助教授以上が選挙権を持つ」「あなた以上にすばらしい人はこの世にいない」「これ以上話し合っても時間のむだです」etc.

2. 前述の事柄や立場が成り立ったという前提に立った場合、当然次に述べるような事態がそれを超えて展開していくべきだという発想を表す。

ex.「人間である以上、互いに相手を尊重すべきだ」「約束した以上、破るわけにはいかない」「行くと言った以上は行きますよ」etc.

3. 前述の事柄が成立したものと認めて、単に叙述を締めくくるときにも「以上」を用いる。

ex.「以上の通り相違ありません」「以上をもちまして私の話を終わらせていただきます」「組合側の要求は右の通り。以上」

以下、上記の意味区分順に、補足説明、注意すべき点等を述べる。

意味1は、接尾辞的に使用され、基本的に名詞を構成する用法である。ただし、上掲の例文「このエレベータは六人以上乗れません」「これ以上話し合っても時間のむだです」のように、「〜以上」で統語論的には副詞として機能する場合もある。これは、数詞、たとえば「三人」が、「三人の学生が来ました。」と「学生が三人来ました。」のように、名詞、副詞両様に使用されるのと同じであるが、通常、これらは名詞（数詞）の副詞的用法として処理され別語として特立されることはないので、ここでも同様の扱いをすることとする。実際の用例を幾つか挙げる*10。

（1）一方、経済界からは会議の共同議長を務める米マイクロソフトのビル・ゲイツ会長やフィオリーナ米ヒューレット・パッカード会長ら500人以上が参加。社会における企業の責任などについて議論する。　　　　　　　　　　　　　　（1/27）

（2）6種類の原画データを自宅のパソコンで作製。うち完成度の高い4種類を印刷し、200枚以上作った。すべて1人で使っ

た。 (1/27)

(3) スンニ派勢力のボイコット宣言で正当性に疑問が残ったが、予想以上の高投票率になる見通しで、民主化への国民の期待の高さを浮き彫りにした。 (1/31)

(4) 効率主義でなく、人命を第一とした再発防止策とともに誠実な対応をし、これ以上遺族を苦しめることがないよう望みます。 (5/4)

森田の記述に従い、意味1のこの用法を本節では便宜的に「接尾辞的用法」と呼ぶことにする＊11。なお、この「以上」が実際に接尾辞であるということになると、第3項で述べた「以＋x」の基本的な在り方に抵触し問題が生じるが、この点については後述する。

『日本国語大辞典』では、この意味1（＝「（数量、段階などの基準を表わす語について）その基準を含んでそれより上であることを示す」）と「（物事を比較するとき、一方の事柄を表わす語について）その他がそれより程度の著しいことを示す」とを区別し、両者を併せて「ある数量や程度より上であること」としている。すなわち、「100人以上来た」と「前回以上に多くの人が来た」とを区別しているわけであるが、本節では、いずれも基準を表わす語に「以上」が付いているものとして特に区別しない＊12。

森田では挙げられていないが、「以上」には、「メンバーの誰もが予想した以上にたくさんのお客さんが来た。」のように、「以上」が語ではなく連体節を取り、全体として名詞節になる用法がある。この場合の「以上」はいわゆる形式名詞的に用いられているもので、奥津（1974: 306–307）では「叙述文またはStartを補足句としてとる相対名詞」とされている＊13。数量的な場合にも程度的な場合にも使われる。本節では、この意味・用法を上記「接尾辞的用法」から区別して「形式名詞的用法」と呼ぶことにする。以下に実際の用例を掲げる。

(5) その要とされたのが高速増殖炉だ。消費した以上のプルトニウムが生成されることから、資源の乏しい日本に必要な技術と位置づけてきた。 (5/31)

(6) 僕たちが思っている以上に、大変なこともあるかもしれな

168　I　語構成の文法的側面についての研究

いですが、落ち着いたら、一杯飲みながらいろいろ話して
みたいと思います。　　　　　　　　　　　　　　　　　　(3/19)

（7）　大統領は、（中略）「戦争に負けたと結論づける人たちがい
　　　る」と述べ、イラクでの戦いは「予想した以上に困難だ」
　　　と認めた。　　　　　　　　　　　　　　　　　　　　(12/19)

　意味2は、諸辞書で「接続助詞的に」と注記されているもので、
本節ではそれに倣い、この意味・用法を便宜的に「接続助詞的用
法」と呼ぶことにするが、これについては幾つか先行研究が見られ
る。まず、この意味・用法をどう捉えどう位置づけるかという点に
ついてであるが、寺村（1992: 298–308）では、連体修飾節を受け
る被修飾名詞（寺村の用語では「底の名詞」）が変質する場合の一
つの在り方として、「底の名詞の変質の第一は、名詞の中に本来副
詞的な要素を含んでいるものがあるとき、その副詞性を利用して、
前接する修飾節もろとも副詞節つまり連用修飾節として後の（主）
節にかからせる場合に見られる」と、被修飾名詞が接続助詞化する
場合があることを指摘しており、その中に位置づけることができる
（ただし、寺村は「以上」を直接扱ってはいない）。また、村木
（2012: 285）では、「連体節のような形をしているが、後続の形式
が名詞性をうしなって、本来の意味での連体節になっていない構
造」を「疑似連体節」と呼び、その中に、疑似連体節を受ける語
（村木の用語では「従属接続詞」）が全体として「後続の節に対して、
〈時間〉〈条件〉〈原因・理由〉〈目的〉などをあらわす広義の連用節
（多くは、状況節）として機能している」（同上: 290）タイプを設
定しているが、その中に、この「以上」の接続助詞的用法を位置づ
けることができよう。なお、ここで重要なのは、従属接続詞に関し
て、村木が「語形が固定化され、名詞の本命である格の機能をうし
なっているので、名詞ではない」（同上: 339）と述べている点であ
る。

　また、辞書の中には、この接続助詞的用法を説明する際に、「か
らには」という形で置き換えているものが幾つか見られる（『岩波
国語辞典』第6版、『新明解国語辞典』第6版他）ことからもわか
るように、この用法の「以上」には、「からには」「かぎり」といっ

第3章　語構成と品詞　　**169**

た類義の形が幾つか存在する。久保（1997）、藤井（2001・2002）は、そういった点を含め「以上」の接続助詞的用法の実態について詳しく分析したものであるが、本節は、「以上」の用法の細かい記述自体が目的ではないので、そういった点についてはそれら先行研究に譲り、ここでは特に触れないこととする＊14。以下、実際の用例を幾つか掲げる。

(8) 特殊法人改革を継続する<u>以上</u>、必要性が低い、あるいは、不要な事業や機関の廃止を基本にしなければならない。

(1/30)

(9) 政府・与党によるメディア規制は90年代末に活発化したが、日本は表現の自由が保障された民主国家である<u>以上</u>、戦前のような露骨なメディア介入ができるとは、政府も与党も思っていない。

(2/3)

(10) しかし、資金源が米国である<u>以上</u>、武装勢力の工事妨害を回避できるかどうかは未知数だ。

(2/3)

(11) 今回の事件で、名古屋高裁は殺人被害者を4人と認定し3被告の役割を同等とした<u>以上</u>、情状面を最大限に考慮しても、結論としては死刑以外の選択はなかったといえるだろう。

(10/15)

(12)「元本の返還義務はない」「平成電電は返還義務を負わない」とする会社側の主張は法的には許されるが、有名俳優をCMに起用し、不特定多数から資金を集めた<u>以上</u>、最低限の説明責任は果たすべきだ。

(10/15)

なお、この意味・用法の場合、「以上は」というように「は」を伴って使用されることもある＊15。たとえば、次のようにである。

(13) 標本は時効にかかるとしても扱いをあいまいにせず、犯罪の可能性がある<u>以上は</u>警察当局に届け出て非道の証拠を歴史にとどめてから、懇ろに弔ってほしい。

(2/2)

(14) 政府内には「一度手をつけた<u>以上は</u>早く結論を出すべきだ」との意見が強く、スーパー与党という政治状況も背景に一気に改正実現にこぎつけたい意向だ。

(10/23)

意味3は、機能的にさらにいくつかに分けることができるように

思われる。まず、「以上の通り〜」「以上を以て〜」という場合と、「以上述べた通り〜」「以上明らかなように〜」という場合とにであるが、前者は名詞用法、後者は副詞用法と名付けることができよう。意味的には、名詞用法は「ここまで述べてきたこと」とか「ここまでに挙げたもの」といった比較的単純な意味を表わすものと思われるが、副詞用法は、文脈によって「ここまで述べてきたこと＋から・に関して・の如く・を通して・を以て」といった多様な意味を表わすものと考えられる。以下に実際の用例を幾つか掲げる。

・名詞用法

(15)同盟に基づいた緊密かつ協力的な関係は、世界における課題に効果的に対処する上で重要な役割を果たしており、安全保障環境の変化に応じて発展しなければならない。<u>以上</u>を踏まえ、2002 年 12 月の安全保障協議委員会以降、日本及び米国は、（中略）精力的に協議した。　　　　　(10/30)

(16)大陸欧州諸国より多少親米的だが、欧州と米国のどちらを選ぶかと聞かれたら欧州──。いくつかの世論調査から英国人の対米観を探ると、<u>以上</u>のような像が浮かび上がる。

(1/24)

(17)丁度西暦十二世紀になると、初めて坊間に書物屋が出來て、どしどし書物を印刷して販賣することになりました。<u>以上</u>が支那に於ける印刷発展の順序であります。

(桑原隲蔵「東洋人の発明」)

・副詞用法

(18)賞品提供先から、商品・サービスのご案内を差し上げることもあります。また、毎日新聞社が当選者への発送を確認させていただきます。<u>以上</u>、ご了解のうえでご応募下さい。

(9/1)

(19)事件直後、ブレア首相は「テロには屈しない」との声明を出し、世論、メディアもこれに異議を唱えなかったが、これは単なるお題目ではない。<u>以上</u>挙げた 3 点と照らし合わせたとき、（中略）という市民社会の確認でもあるからだ。

(7/23)

（20）木炭では、最も軽く淡き色より最も濃く黒き色に到るまで
　　　の多くの度や、階段を造り得るものである。それを生かし
　　　て自由自在に調子のために活用すべきである。<u>以上</u>、先ず
　　　ざっと、その位いの事を最初に知って置く必要がある。

（小出楢重「油絵新技法」）

　次に、森田の挙げている用例「組合側の要求は右の通り。以上」
に見られる「以上」の意味・用法を別扱いにするのがよいと思われ
る。上で述べたように、「以上」の名詞用法は「ここまで述べてき
たこと」という意味を表わすが、それが「全て」であるということ
になれば、この語を用いることで叙述の全体を締めくくることがで
きるわけであり、それがこの意味・用法であると考えられる。今、
これを便宜的に「一語文用法」と呼ぶことにする。以下に実際の用
例を挙げる。

（21）一、組織された集団農場托児所の経営は、集団農場衛生委
　　　　員会が経済的責任を負う。<u>以上</u>　パチ、パチ、パチ。——
　　　　採決する。——　　　　　（宮本百合子「ピムキン、でかした！」）

（22）序を書きたいのは山々ですが序らしい序が書けないので此
　　　手紙を書きました。若し序の代りにでも御用ひが出来るな
　　　ら何うぞ御使ひ下さいまし。<u>以上</u>。

（夏目漱石「『傳説の時代』序」）

（23）特に注意すべきはかかる非難の過半数がユダヤ系から出た
　　　ものであることと、もうひとつはドイツ国内にも、われら
　　　のこの聖なる行動に対し公然非難をしてやまない一派があ
　　　るということです。<u>以上</u>」イレネは読み終わって、さっさ
　　　と踵をかえして部屋を出ていこうとする。

（海野十三「宇宙尖兵」）

　以上、森田の記述を出発点として、「以上」の意味・用法につい
て見てきた。その結果、本節では、「以上」の意味・用法を以下の
ように大きく六つに分けることになった。

　①接尾辞的用法…ex.100人以上

　②形式名詞的用法…ex.思った以上に

　③接続助詞的用法…ex.一旦引き受けた以上

④名詞用法…ex. 以上から

⑤副詞用法…ex. 以上述べたように

⑥一語文用法…ex. 以上。

　なお、これら六つは、全て同じ一語「以上」の有する意味・用法というわけではない。その点については、次項で明らかにする。

5. 意味・用法間の関係　品詞の転換に関わるか否か

　本項では、第4項で確認した「以上」の六つの意味・用法に関して、その共時的な相互関係を問題とする。

　まず、最も基本的な意味・用法として①接尾辞的用法を位置づける。その理由は、以下に示すように、そのように解釈することが各意味・用法間の共時的な相互関係を最もうまく説明しうるからである*16。次に、①から②形式名詞的用法と③接続助詞的用法の二つが出てくると考える。というのは、両者とも、①の「以上」の前接部分（＝語基、「X以上」の「X」）がいわば拡大し（連体）節になっていると見なすことができるからである*17。違いは、②の場合は全体として名詞節が形成されるのに対して、③の場合は全体として副詞節が形成されるという点である。なお、この相違が何に基づくものなのかについては、次項で語構造との関わりから明らかにする。

　この「以上」の前接部分の拡大はさらに続く。すなわち、③の前接部分である節がさらに拡大し、いわば（そこまでの）文脈相当になったものが⑤副詞用法であると捉えることができる。ただし、文脈ということになると、一定の形式を有するわけではないので、外形的にはφということにならざるをえない。⑤の「以上」が前接部分を一見有していないように見えるのはそのためである。なお、ここに見られる前接部分の節から文脈への拡大を、②ではなく③に当てはめるのは、⑤が副詞用法だからである。

　ここまでの意味・用法の共時的関係を図示するならば、以下の図6のようになるであろう。

第3章　語構成と品詞　　173

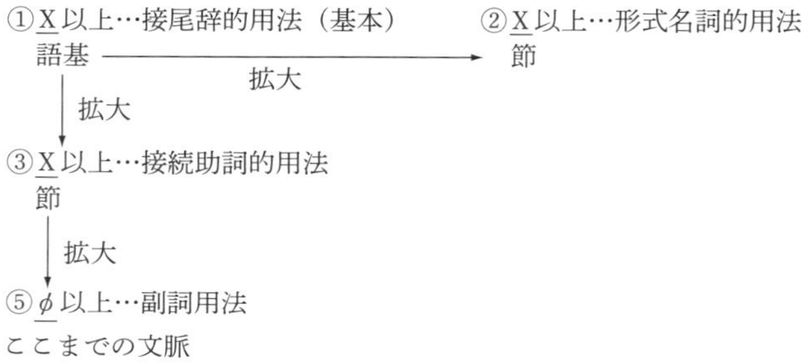

①<u>X</u>以上…接尾辞的用法（基本）　②<u>X</u>以上…形式名詞的用法
　語基　　　　　　　　　　　　　　　　　節
　　　　　　　　　　　拡大
　│拡大
↓
③<u>X</u>以上…接続助詞的用法
　節
　│拡大
↓
⑤<u>ø</u>以上…副詞用法
　ここまでの文脈

図6　「以上」における意味・用法①・②・③・⑤間の関係

　「以上」の意味・用法間の関係には、図6に示したのとは別の系列が見られる。その一つが④名詞用法と⑤副詞用法との関係である。一般に、名詞と副詞との間には親近性があると言われており、たとえば、時に関わる名詞（「明日」「きのう」etc.）や第4項で述べた「三人」のような数詞が名詞と副詞両様の使われ方をすることや、「いささか」「少し」「まさか」のような副詞が連体助詞「の」を伴って名詞として使われる場合があること、さらに、「事実」「概略」「実際」のような漢語がやはり名詞と副詞両様の用法を有していること、などがそういった点の表われとして指摘されているが、「以上」における④と⑤の関係もその一環として捉えることができよう。ちょうど、「<u>ここまで</u>述べた」というのと「<u>ここまで</u>が試験範囲です」のようにである。従って、ここでは、一応⑤→④という流れを考えることとする＊18。なお、このような現象がどうして生じるのかという点については、渡辺（1974: 57–60）が指摘する、連用成分の有する連用の機能（渡辺の用語では「連用展叙」）が連体成分の有する連体の機能（「連体展叙」）に比べて弱いものであるという点にその理由を求めることができると思われる。

　図6とは別の系列に属するもう一つの関係は、④名詞用法と⑥一語文用法との関係である。この両者の間には、④→⑥という関連性が考えられるが、その内実は、④の「ここまで述べてきたこと」というのが叙述の全てである場合には、「以上」という名詞一語を提示することが結果的に叙述全体を終わらせることに結び付くという繋がりであると思われる。そういう点では、この関連性はそういっ

た条件に支えられた語用論的なものであり、④と⑥との相違はいわゆる品詞上の相違ではないということになる。そして、両者のこういった関係を窺わせるのが、「以上です。」といった表現である。たとえば、次の例をご覧いただきたい。

　(24)記者会見の冒頭から萩本監督は涙声になっていた。「結果が
　　　すべて。ですけど、監督としていい選手にめぐりあえたなあ
　　　あと。以上です」。辞意とも受け取れる発言だ。(6/20)

この「以上」には、「ここまで述べてきたこと、それが全てである」という面と、これで終わりであるという面の二面が含まれていると言えよう。

　以上、「以上」の六つの意味・用法間の関係について共時論的に考察したが、ここであらためて次の点を確認しておくことが重要であると思われる。1) これら六つの意味・用法は、大きく、①・②／③／⑤／④・⑥に分けられるということ*19、従って、2) 上述の関係性のうち、少なくとも①→②、④→⑥については転換とは考えにくいということ。なぜなら、①と②の間には、語基と語（形式名詞）というレベルの違いが存在するし、④と⑥の間には品詞上の相違はないからである。

6.　意味・用法と語構成との関わり

6.1　「以上」の六つの意味・用法と語構成

　本項では、「以上」の有する意味・用法と「以上」の語構成との関わりについて考察するが、まず最初に確認しておくべきことは、先に挙げた「以上」の六つの意味・用法の全てがここでの考察対象となるわけではないという点である。なぜなら、それらのうち⑥一語文用法は、第5項で述べたように、④名詞用法から語用論的に出てきた意味・用法であり、「以上」の語構成とは直接関係しないので、本項の分析対象からは除かれるのが妥当であると考えられるからである。なお、本節で言う「語構成」というのは、語構成要素の特質、語構造、語が形成されるプロセスの3者を含む概念である。

　第3項で述べたように、「以上」を含む語群「以＋x」は、基本

的に「〜より x」という構造を有する。従って、「以上」は「〜より上」という構造を有するものと考えられる。実際、たとえば、①接尾辞的用法の場合、「30人以上」というのは「30人より上」ということであり、その際の「上」というのは、「数量的・価値的に上位である」といった意味であると考えられる。しかし、「以上」の五つの意味・用法が全てこのような形で解釈できるわけではない。たとえば、⑤副詞用法の場合、「以上」の前接部分が形式的にはゼロであるので、当然「〜より上」といった解釈はできない。ただ、その場合でも、そういった解釈に必ずしもこだわらなくともよいのであれば、「以上」の語構成との関わりで「以」や「上」を捉えることも可能であるように思われる。その辺のことに注意しながら、以下、各意味ごとに語構成との関わりを見ていくことにする。

　①接尾辞的用法については、意味的には、上述のように、「〜以上」で「〜より（＝比較の基準を示す）上（＝数量的・程度的上位）」と解釈することができるが、問題は、この場合の「以上」の位置づけである。というのは、これを接尾辞と捉えると、第3項末で述べた「以＋x」の基本的な在り方（Xが語基であるということ）との間に齟齬を生じるからである。従って、ここでは、この点について考えることを通して「以上」①の語構成を明らかにすることとしたい。

　「以上」のような漢字2字の熟語で接尾辞的な性格を有するものは、多いとは言えないがないわけではない。たとえば、野村（1978）では「実用本位」などの「本位」、水野（1987）では「帝国主義」などの「主義」をそのようなものとして挙げている。「以上」の①の意味・用法も、前接部分に強く依存しており、この意味・用法では独立し得ないと考えられるので、接尾辞的なものと言えないことはないが、ここでは、積極的に接尾辞と見なすことはしない。理由は、水野（1987）が述べるように、接辞であるためには全体として「一つの形態」である必要があるが、①は上述のように分析的に捉えることができるからである。そうすると、残る可能性は、体言性の派生語基[20]、しかも拘束形式の語基という捉え方である。その場合、「以上」①の語構成の在り方は次のようにな

る。

図7 「以上」①の語構成＊21

　このように解釈するなら、上述の齟齬は生じない。
　次に②形式名詞的用法である。この場合も、意味的には、基本的に①と同じ解釈ができる。すなわち、「〜より（＝比較の基準を示す）上（＝数量的・程度的上位）」のようにである。ただし、この②の場合は、曲がりなりにも名詞であるので、語構成要素レベルにおいては自立形式であると考えられる。従って、ここでは、①の場合の図7における「-{以上}」（拘束形式の体言性派生語基）が自立形式へと変質し、それがそのまま自立して形式名詞になっていると考えるのが妥当である。そして、その際の変質にゼロ接辞ϕが関与していると見なされる。そうすると、全体の語構成は次のようになる。

図8 「以上」②の語構成

　この場合のゼロ接辞ϕ_1は、語構成要素レベルで機能し、語構成要素「-{以上}」の在り方を拘束形式から自立形式へと変えるとともに、それが自立した場合には形式名詞になるという情報も新たに付与すると考えられる。後者の機能が保証されないと、図7の「{30人以上}」と図8の「{以上-ϕ_1}」がともに自立形式の体言性語基でありながら、前者が複合名詞、後者が形式名詞と異なる語になる理由が説明できなくなる。本節では、このような語構成要素レ

第3章　語構成と品詞　177

ベルにおけるゼロ接辞ϕ_1の機能を転成と見なすが、こういった考え方については、次の2点に注意されたい。一つは、一般に接辞にはどのような語構成要素と結合しどのような語構成要素（それがどのような語になるのかという点を含む）を派生させるかという情報が記載されていると考えられるが、その点はゼロ接辞でも同様であるということ、もう一つは、先（2.2.1）に述べたように、本節で言う転成は語構成要素レベルでの概念であるため、一般の（語レベルの）転換より概念がやや広く、品詞に対応する語構成要素の分類カテゴリーを転化させる場合ばかりでなく、拘束形式という所属カテゴリーを自立形式という所属カテゴリーへと転化させる場合をも含むということである[*22]。なお、「以上」が常に連体節を伴うということ自体は語レベルにおける統語論的な情報である。

　次に③接続助詞的用法に移るが、この場合は、一見してわかるように、「以」や「上」に①・②と同様の解釈を与えることはできない。しかし、それでも、「以」「上」がやはりそれなりの意味を有している、すなわち、「以上」を分析的に捉えることができるという点は変わらないと思われる。問題は、それをどのように規定したらよいかであるが、その場合に参考になるのが、森田（1989）のこの意味・用法に関する記述である。たとえば、先に引用した森田の記述中、「前述の事柄や〜発想を表す。」の部分や、引用はしなかったが、その後に見える「ある状況を踏まえて、それに対する話し手の意見を下す」といった説明がそうである。というのは、このことは、この意味・用法というのが、全体として、「以上」の前接部分である連体節で述べられている内容を踏まえて、後接部分（主節）で話し手の意見なり意向なりを述べるという構成になっていることを示すものであり[*23]、そこから考えて、「以上」の「以」は「判断の基準（前提・根拠）を示す」、「上」は以下の主節部分で述べられるような「一定の結論が導かれることを示す」という意味合いを有していると捉えるのが妥当であることを示していると考えられるからである。そして、このように捉えるなら、③の場合の全体の語構成は基本的に上記②の場合と類似のものとしてよいであろう。ただ、②の場合は、語として形式名詞が形成されるのに対して、③の

場合は、接続助詞的なものが形成され、後ろに何も伴わないでそのまま主節につながって行くという点に相違がある。従って、その点をどのように説明するかが問題となるが、そのことを念頭に置いた上で、以下に、③の場合の全体の語構成を示す。

図9 「以上」③の語構成

　ここにおいて、上で述べた問題との関わりで注意してほしいのは、語レベルで形成される「従属接続詞」という分類カテゴリー（品詞）である。これは村木（2012: 第3部）から借用したものであるが、要するに、もともと名詞的性格を有するため連体節（村木の用語では「疑似連体節」）を承けるが本来の名詞ではなく、そのままの形で（あるいは「に」を伴って）主節にかかっていくという接続の機能を果たす語を指す分類カテゴリーである[*24]。従って、図9のゼロ接辞ϕ_1は図8のゼロ接辞ϕ_1とは異なり、拘束形式を自立形式に変えるとともに、それが付いた形式が自立する際には従属接続詞という分類カテゴリーの語になるという情報を付与することになる。この場合のゼロ接辞ϕ_1の機能ももちろん本節の枠組みで言う転成である。なお、2.2.2で述べた立場に基づき、本節では、両者のゼロ接辞を同じものとして扱い「ϕ_1」と表示することとする[*25]。

　次に⑤副詞用法であるが、この場合には、今までの①〜③とは大きく有り様が異なる。というのは、この意味・用法の場合、表面的には前接部分が存在しないので、そのままでは、今までのように「以」を前接部分と関わらせて解釈することができないからである。しかし、第5項で述べたように、形式的には前接部分が存在しないものの、意味的にはその時点までの文脈が前接部分に相当するものと考えられる。そして、実はそういった意味内容がもう一方の構成

要素「上」の内容となって存在しているというのがこの⑤の「以上」の在り方と見ることができる。そうすると、この⑤の場合の「以」と「上」の有する意味合いと関係は、「上（＝これまで述べてきたこと）を以て（手段を表わす）〜」というような形で捉えることが妥当だということになるであろう。すなわち、今までとは関係がいわば逆転しているわけである。なお、こう理解するなら、これまでの、「以」が前接部分と直接関わるという在り方が実質的には維持されていると見ることもできる。このように考えるなら、⑤の語構成の全体的な在り方は次の図10のようになる。

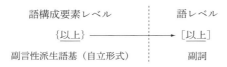

図10 「以上」⑤の語構成

　最後に④名詞用法であるが、この場合重要なのは、この④の表わす意味が、第4項で確認したように、「ここまで述べてきたこと」といった類のものであるという点である。なぜなら、この意味は、取りも直さず上記⑤の意味・用法において「上」が有するとした意味合いに他ならないからである。ということは、この④においては、「以」が実質的に機能しておらず、「上」のみがそこまでの文脈で述べられた内容をその内実として保持しているという構造になっていると考えられるわけである。そして、そういった在り方は、⑤の「以上」からゼロ接辞による転成によって成立したものと捉えられよう。すなわち、ゼロ接辞によって、語構成要素「以上」の分類カテゴリーが副言から体言に転化させられるとともに、「以」の意味内容が削除されたというわけである。前項で、⑤と④とをあえて別品詞として区別し、前者から後者が出てくると捉えた背景には、両者間に、語構成要素レベルにおけるこのような関係があったからなのである。なお、この場合のゼロ接辞は、図8・9のゼロ接辞 ϕ_2 とは、元になる語構成要素のカテゴリーが異なり別のものと判断され

るので、ここではゼロ接辞 ϕ_2 とする。このように考えるなら、④の語構成の全体的な在り方は次のようになる。

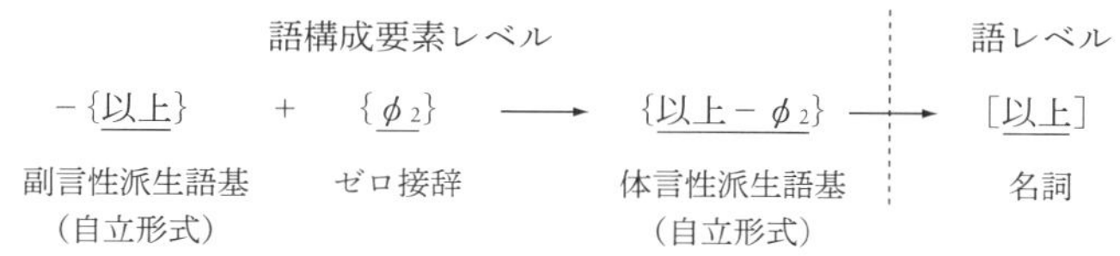

$$
\begin{array}{ccccccc}
& \text{語構成要素レベル} & & & & \text{語レベル} \\
-\{\underline{以上}\} & + & \{\underline{\phi_2}\} & \longrightarrow & \{\underline{以上}-\underline{\phi_2}\} & \cdots\!\rightarrow & [\underline{以上}] \\
\text{副言性派生語基} & & \text{ゼロ接辞} & & \text{体言性派生語基} & & \text{名詞} \\
\text{（自立形式）} & & & & \text{（自立形式）} &
\end{array}
$$

図11 「以上」④の語構成

6.2 まとめ 「以上」の意味・用法と語構成との関わり

以上、「以上」の意味・用法ごとにその語構成を見てきたが、ポイントは、語構成要素「以」と「上」の多義性、および両者の関係性である。そこで、ここでは、その点に焦点を絞り、6.1の記述をまとめ直してみたい。

まず、「以」「上」の多義性についてであるが、あらためて両者の意味と「以上」の各意味・用法との関わりを示せば、次のようになる。なお、「以上」の④の意味・用法に関しては、「以」の意味が実質的に機能していないことに注意されたい。

・語構成要素 {以}（接辞）の多義性

　〈$m_{以1}$〉：比較の基準を示す…「以上」の①・②の意味用法

　〈$m_{以2}$〉：判断の基準を示す…「以上」の③の意味用法

　〈$m_{以3}$〉：手段を表わす…「以上」の⑤の意味用法

・語構成要素 {上}（語基）の多義性

　〈$m_{上1}$〉：数量的・程度的上位…「以上」の①・②の意味用法

　〈$m_{上2}$〉：一定の結論が導かれることを示す…「以上」の③の意味・用法

　〈$m_{上3}$〉：ここまで述べてきたこと…「以上」の④・⑤の意味・用法

ここで、注意すべきことは、語構成要素「以」「上」はそれぞれ単一語構成要素だということである。つまり、これらはあくまでも多義であって同音異義ではないのである*26。

次に、語構成要素「以」と「上」との関係（「以上」の構造）に

第3章 語構成と品詞　181

ついてであるが、「以上」の場合、大きく二つのタイプに分かれる
と言えよう。すなわち次のようにである。

・語構成要素 ｛以｝ と ｛上｝ の関係

　　タイプＡ（R_A）：　以→上（語構成要素順に沿った解釈）：〜よ
　　　　　　　　　　　　り上、〜に基づいて上…「以上」の意味①・
　　　　　　　　　　　　②・③

　　タイプＢ（R_B）：　以←上（語構成要素順と逆向きの解釈）：上
　　　　　　　　　　　　を以て…「以上」の意味⑤

　最後に、上記「以」の各意味と「上」の各意味とがどのように結
び付き「以上」のそれぞれの意味・用法が形成されるのかを、次頁
に図示する。

　図12から、形式間の関係という点に関して読みとれることを以
下に掲げる。

　Ⅰ．｛以｝｛上｝について…それぞれ単一語構成要素（すなわち
　　　多義）である。

　Ⅱ．｛以上｝について

　　（a）〈$m_{以1}$〉と〈$m_{上1}$〉とが結合した｛以上｝と〈$m_{以2}$〉と
　　　　〈$m_{上2}$〉とが結合した｛以上｝は、どちらも拘束形式の体
　　　　言性派生語基であり同一の語構成要素であると考えられる。

　　（b）上記同一語基からゼロ接辞 ϕ_1 によって派生した｛以上｝
　　　　は、いずれも自立形式の体言性派生語基であり、同一の語
　　　　構成要素であると考えられる（両者が異なる品詞の語にな
　　　　るのは、単一語構成要素の中での異なりであると考えられ
　　　　る *27。

　　（c）上記（a）（b）の語基は、拘束形式と自立形式というよう
　　　　に在り方（所属カテゴリー）が異なるのでお互いに別の語
　　　　構成要素である。

　　（d）副言性派生語基とそこからゼロ接辞 ϕ_2 によって派生する
　　　　体言性派生語基は、お互いに、そして上記（a）（b）の語
　　　　基とは別の語構成要素である。

　　（e）以上から、｛以上｝には区別されるべき４つの語構成要素
　　　　（体言性派生語基［拘束形式・２種類の自立形式］・副言性

182　　Ⅰ　語構成の文法的側面についての研究

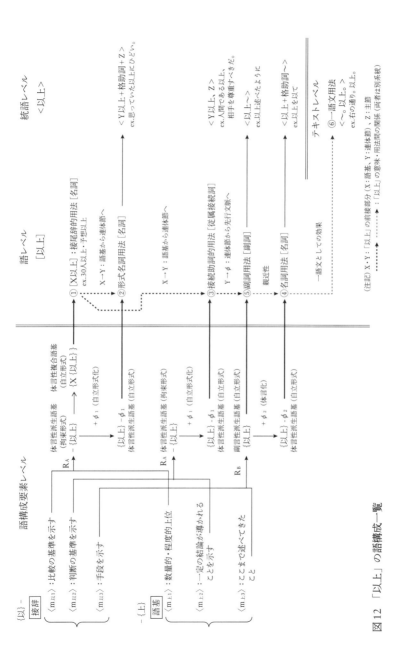

図12 「以上」の語構成一覧

第3章 語構成と品詞

派生語基［自立形式］）が存することがわかる。

Ⅲ．各レベルに存する形式間の関係について

(f) それぞれのレベルで異なった存在として区別されるべき形
式の数は、語構成要素 {以} {上} に関してはそれぞれ１
つ、それが結合してできた語構成要素 {以上} に関しては
４つ、それが自立して語となった [以上] では５つとなる
（「[X以上]」を含む）。このように、レベルが上がるにつ
れて区別されるべき異なった形式の数が多くなり複雑にな
ると言える。

(g) 語構成要素の {以上} は、分類カテゴリーとしては、体言
性派生語基である場合がほとんどである。その意味でも語
構成要素レベルは語レベルに比べてより単純である。

7．「以〜」における「以上」の位置

第３項で述べたように、本節では、「以上」だけを分析して事足
れりとするのではなく、そこで得られた結果を、「以〜」という語
群の中で捉え直すことを目的の一つとしている。本項ではこの点に
ついて考える。

まず最初に、「以〜」の中での「以上」の位置を明らかにするた
めに、「以〜」９語を一語全体が基本的に有する意味から大きく分
類してみると次のようになる。

㋐ 距離…以遠

㋑ 方向…以東・以西

㋒ 時間…以後・以前

㋓ 数量…以上・以下

㋔ 特定の意味的限定なし…以外・以内

このように分けてみると、㋐〜㋔の中で、㋓の「以上」「以下」
が最も多様な意味・用法を有しており、その中でも今回扱った「以
上」が一番多様であることがわかる。というのは、それ以外の語の
意味・用法は、次に示すように比較的単純であるからである。

(i) 上掲の基本的意味に関する接尾辞的用法しか有さない…以

遠・以東・以西・以内

（ii）上掲の基本的意味に関して幾つかの意味・用法を有する

（ii-1）接尾辞的用法・形式名詞的用法を有する…以外

（ii-2）接尾辞的用法・副詞的用法・名詞的用法を有する…以後・
以前

すなわち、これらの語においては、複数の意味・用法を有する場合でも、単一範疇の意味（＝基本的意味）を越え出ることはないのに対して、「以上」「以下」は基本的意味以外の範疇に属する意味・用法をも有する点で特別なのである。そこで、今、この点をさらに明確にするために、前項までの「以上」の分析で使用した「以上」の有する意味・用法の枠組みを使って、「以上」と「以下」の意味・用法を比較してみると、次の表1のようになる。

表1　「以上」と「以下」が有する意味の対照

	以上	以下
①接尾辞的用法（数量／程度／代表） 　cf. 代表用法…ex. 団長以下30名	○／○／×	○／○／○
②形式名詞的用法（数量／程度）	○／○	×／×
③接続助詞的用法	○	×
④名詞用法	○	○
⑤副詞用法	○	○
⑥一語文用法	○	×

「以上」がこのように「以〜」の語群の中で最も多様な意味・用法を有するのは、前項までの分析で明らかにしたような「以上」の語基「上」の多義性と、「以上」の有する語構造の複数パターンに起因すると考えられる。以下、この点について明らかにする。

　検討は、次の二つの観点から行なう。第一は「以上」と「以下」を構成する語基「上」「下」の有する意味の対照、第二は「以〜」の語構造である。

　語基「上」（ジョウ）と「下」（カ・ゲ）の有する多義性については、6.2で使用した枠組みを用い、以下の表2のようにまとめられ

第3章　語構成と品詞　185

る。なお、「上」（ジョウ）も「下」（カ・ゲ）も字音語基であり拘束形式なので、ある意味を有するかどうかに関しては、その意味で漢字熟語（「以上」「以下」は除く）を形成できるかどうかで判断することとする。

表2　語基「上」（ジョウ）、「下」（カ・ゲ）の有する意味の対照

	上（ジョウ）	下（カ・ゲ）
m1：数量的上位・下位	×	×
m2：程度的上位・下位	○（上位・上等・上菓子）	○（下位・下等・下男）
m3：結論提示を示す	×	×
m4：ここまで・これからの文脈	○（上記・上述）	○（下記）

　ここで注目されるのは、第一に、「上」も「下」も通常は純粋に数量的な意味を有さないという点であり、第二に、「上」に「m3」の意味が存在しないということである。しかし、このことから直ちに「以上」「以下」の「上」「下」の特殊性を云々することは危険である。なぜなら、「上」「下」に関しては、字音語基ばかりでなく和語語基「上」（うえ）「下」（した）をも考慮に入れる必要があるかと思われるからである。そこで、表2と同様の対照表を、和語語基に関しても作成してみると次の表3のようになる。なお、和語語基は自立形式であるので単独で語になる。

表3　和語語基「上」（うえ）、「下」（した）の有する意味の対照

	上（うえ）	下（した）
m1：数量的上位・下位	○（3歳年上）	○（3歳年下）
m2：程度的上位・下位	○（腕前が上）	○（下役）
m3：結論提示を示す	○（見られた上は仕方がない・見た上で決める）* 28	×
m4：ここまで・これからの文脈	○（上で述べたように）	○（下に述べるように）

　表3を見ると、「上」（うえ）に関しては、m1～m4の全ての意味を有していることがわかる* 29。このように、「以上」の語基

186　I　語構成の文法的側面についての研究

「上」（ジョウ）に関しては、字音語基と和語語基双方の意味・用法が関わっていることがわかる。また、このことが、逆に、6.2で述べた語基「上」（ジョウ）の多義性（〈m上1〉～〈m上3〉）の傍証となっていると言えよう。なお、語基「上」（ジョウ・うえ）の意味的拡がりが他の「以～」の語基に比べて豊かであるのはなぜなのかという点については、なかなか興味深い問題であるが、直接的には言語の問題を離れると思われるので、ここでは取り上げない。

　次に、6.2で示した「以上」の語構造の在り方、すなわち、タイプＡとタイプＢの二つのタイプを有するという点についてであるが、表1～3を参照すれば明らかなように、「以上」同様「以下」についても、このことは基本的に当てはまると言える。しかし、それ以外の「以～」については、そういった語構造の在り方は見られない。従って、このことは、直接的には、上述した、㋐～㋕の中に㋔に属する「以上」「以下」が最も多様な意味・用法を有するという点に関わると言えるだろう。

　以上、本項では、前項までにおいて明らかにした「以上」の有する意味・用法上の多様性に関し、「以上」を語群「以～」の中に位置づけることによって、その言語上の淵源を明らかにした。

8. おわりに

　以上、本節では、転成（ないし転換）という手法を用い、「以上」の意味・用法の多様性と語構成との関わりについて分析してきた。その結果、以下の点が明らかになったと言えよう。

　〈1〉「以上」には六つの意味・用法を区別することができる。

　〈2〉上記の意味・用法のうち、二つは「以上」の用法上の問題（語基としての用法・語用論的用法）であり、残りの四つは「以上」の同音異義の問題（＝品詞の異なり）である。

　〈3〉「以上」の意味・用法の多様性に関しては、用法上の問題（語用論的用法）以外の五つは語構成と関わりを有する。

　〈4〉上記語構成との関与部分については、語構成要素 {以}{上}の多義性と「以上」の語構造、語形成のプロセス、および語

第3章　語構成と品詞　　187

構成要素レベルにおける転成という概念で説明することができる。

〈5〉上記語構成との関与部分については、語構成要素レベルにおける転成という考え方を取ることによって簡潔な扱いをすることが可能になる。

〈5-1〉転成の内実は、「自立形式化」と「体言化」の二つであり、それに応じて2種類のゼロ接辞（ϕ_1・ϕ_2）が必要となる。

〈5-2〉転成に関与するのは、自立形式化に関しては体言性派生語基、体言化に関しては副言性派生語基である。

〈5-3〉転成で説明できるのは、四つの同音異義のうちの副詞用法を除いた三つである。

〈6〉「以上」が「以〜」の語群の中で特に多様な意味・用法を有するのは、「以上」の語構成要素の多義性と2種類の語構造パターンの結果である。

語構成要素レベルにおける転成という考え方については、自立形式化のように通常の（語レベルの）転換には含まれないものが入ってくる。また、ゼロ接辞については、2.2.2で言及したような問題点がある。両者について、理論的にもう少し詰める必要があろう。今後の課題としたい。

＊1　この規則には、幾つかの例外が見られる。詳しくは影山（1997）などを参照されたい。

＊2　本節で言う「語構成要素」というのはいわゆる「形態素」（morpheme）とほぼ同様の概念である。従って、「語構成要素レベル」というのは、おおよそ「形態素レベル」のことを指す。

＊3　本節では、語の分類カテゴリーである品詞と語構成要素の分類カテゴリーとを区別する立場に立つ。なお、両者の間の対応関係については、さまざまな考え方が見られるが、本節ではその点について深入りしない。この点について詳しくは斎藤（2004: 18-21）を参照されたい。

＊4　2.2で示すように、本節では、転換は特殊な派生と考えるので、厳密にはBは「単純語」ではない。

＊5　図4で、合成語ABに関して、語構成要素aとbとから直接合成されるのではなく、一旦、語構成要素レベルに語構成要素の合成形式abが設定されるとするのも、語構成要素レベルと語レベルとを峻別することによる結果である。すなわち、本節の考え方によれば、単純語Aも合成語ABも、直接的には、ともに語構成要素（前者はa、後者はab）から形成されるということになる。

＊6　『国語学大辞典』（「語構成」の項、宮島達夫執筆）によれば、日本語において転換の範囲をどう考えるかについては広狭3種類の説があるとされるが、本節では、基本的に、その中で一番狭い範囲、すなわち「ほかの要素がつけ加わることなくただ語形変化の体系や文中の機能が変わる場合」だけを対象として考えている。

＊7　転換をゼロ接辞によって解釈するという立場は、比較的最近では、Allen（1978）によって提示されているが、Allenの考え方については、大石（1988: 172–174）で紹介されている。

＊8　本節では、以下、語構成要素レベルにおける転換であることを明確に示す場合には「転成」という用語を用いることとする。

＊9　「以上」を全般的に扱ったものとしては、他に須山（1972）がある。

＊10　本節において掲げる実例は、日外アソシエーツ制作『CD-毎日新聞2005データ集　本社版』、野口英司編著『インターネット図書館　青空文庫』（はる書房、2005年）付属のDVD-ROMから収集したものである。毎日新聞の用例については末尾に掲載日を、青空文庫の用例については、末尾に作者名と作品名とを記した。

＊11　この意味・用法は、厳密には、「以上」の語としてのものではない（語レベルで考えるのなら、全体で複合名詞ということになろう）が、以下、便宜的に他の意味・用法と同等のものとして扱う。

＊12　現代中国語では、この両者を区別し、比較の基準に付く場合には「以上」を使用しないということなので、この区別自体にはそれなりに意味があると思われる。

＊13　'Start'というのは、「名詞＋から（より）」という形を指す。

＊14　その他、日本語記述文法研究会編（2008: 130–133）に、「のだから」「からには」「以上」「うえは」に関する記述が見られる。

＊15　「以上は」という形式については、塩入（1992）に分析がある。

＊16　本節の対象外であるが、通時的に見ても、①の意味・用法が最も古く「以上」の基本的意味・用法であることがわかる。この点について詳しくは本書第1部第3章第2節を参照されたい。

＊17　①における「以上」の前接部分を語ではなく語基と考える点については、2.1に示した本節の語構成に対する立場の説明を参照されたい。なお、藤井（2001）では、「二年生以上は、物理の単位が必要だ。」「理学部を受験する以上は、物理の単位が必要だ。」という文を挙げ、どちらの「以上」も「物理の単位が必要だ」の部分が「成立する範囲を示し、その成立を限定する。」と述べる。本節とは異なった観点からの説明であるが、「以上」の①と③との間に強い関連性を見る点で共通しており興味深い。なお、注23参照。

＊18　①接尾辞的用法においては、名詞用法と副詞的に使われる場合とを区別しなかったのに対し、ここではなぜ④と⑤とを区別するのかという点、および、

なぜ一般的に考えられる方向性④→⑤ではなくて⑤→④なのかという点、に関しては、語構成との関連性が関わっている。詳しくは 6.1 を参照されたい。

*19　①・②を一括することについては、この段階ではわかりにくいかもしれないが、語構成との関連性を考える段階（6.1 参照）で明確になる。

*20　「体言性の語基」というのは、語になった時に基本的に名詞になる語基のグループを指す（本節では、語基の分類カテゴリーについては「〜言」という用語を使用する。本書第 1 部第 1 章の用語で言えば、「体言類の語基」である）。ただし、両者が厳密に 1 対 1 の対応をするとは限らない（注 3 参照）。なお、「派生語基」というのは、語基に接辞が付加されることによってできた語構成要素を指す。

*21　図中、{ } で括った形式は語構成要素レベルの存在、[ ] で括った形式は語レベルの存在を表わす（以下、同様）。

*22　もともと転換には品詞以下のレベルにおける変換をも対象とする考え方が存在する。転換を 'functional shift''functional change' とも呼ぶのはその表われである。

*23　藤井（2002）は、「以上節」「以上文」の用法についてより厳密に次のように述べるが、基本的な捉え方はここでの説明と同じであると考えられる。「〈以上節〉は、主節の判断及び意向は〈以上節〉自身の叙述内容が成立する範囲において成立するものであるという限定を加える役割をもつ。こうした限定をうけることで、〈以上文〉に示される判断は必然の判断という性格をもつことになる。」

*24　従属接続詞の多くは、「途端（に）」「拍子に」「やさき（に）」のように、任意にまたは義務的に「に」を取るが、「以上」③は「に」を取らない。同様の従属接続詞としては「かたわら」「かぎり」などが挙げられる。

*25　体言性語基が図 8 では名詞になり、図 9 では従属接続詞になるというのは、語構成要素の分類カテゴリーと語の分類カテゴリー（品詞）との対応関係の問題である（注 3 参照）。また、形式名詞が連体節を取るということ、従属接続詞が連体節を取り（「に」を伴うか）そのままの形で主節にかかっていくということ自体は統語論的な情報であるが、語構成要素として（つまり語構成要素レベルにおいて）、そういった情報に対応する情報を何らかの形で有しているはずであり、本節では、それは意味的なものとして語構成要素に記載されていると考えている。ただし、こういった問題にはここでは立ち入らない。

*26　多義である以上、これらの意味の間の関連性が問題となるが、ここでは、その点について一々論じることはしない。ただし、「上」に関しては、次項で多義と考えられる理由（傍証）について触れる。

*27　本書第 1 部第 1 章第 4 節で論じた「兼用類」と捉えることができよう。

*28　『新明解国語辞典』（第 6 版）の用例である。

*29　「以上」の③接続助詞的用法と「〜した上で」とは、もちろん全同ではない。「以上」の③は、主節の判断や意向の必然性・必要性を表わすという点で論理的な性格が強いのに対し、「〜した上で（上は）」は、従属節と主節で述べられる事態間の現実的な関係性を表わすことが多い。後者がタ形を取るのはそのためである（ル形の「〜する上で」は別の用法であると考えられる）。その他「〜した上で（上は）」の意味・用法については、田中（2004: 491–514）、

馬場（2005）、日本語記述文法研究会編（2008: 130–133）などを参照された
い。なお、「熟考の上」「書類選考の上」（『研究社 新和英大辞典』（第 5 版））と
いった「動名詞＋の＋上」もこの「〜した上で」の一種と見ることができよう。

第2節　通時的考察　語構成史の考え方

1.　語構成をどう考えるか

1.1　語構成とは何か

　最初に、語構成についてごく一般的な説明をし、その後で、本節における語構成の捉え方とその特徴について述べる*1。それらの特徴は、後に見るように、語構成史を考える際にも役立つものと思われる。

　日本語の単語を広く見渡した時、意味と形の面から、もうそれ以上分けることのできないものと、さらに幾つかの部分に分けることのできるものとがあることに気づく。たとえば、「足」「魚」「肌」「鍋」「山」「動く」「食べる」「必ず」「また」「はい」などは前者に属し、「足-下」「幸せ-者」「素-肌」「鍋-底」「小-山」「古-代」「職-業」「動き-回る」「食べ-尽くす」「深-まる」「突-然」などは後者に属する（ハイフンの箇所で分けられる）*2。このように、単語を対象として、それがさらに小さい部分に分けられるか否か、分けられるとすればどのように分けられるのか、また、分けた場合、部分同士の関係や部分と一語全体との関係はどうなっているのか、ということを問題にすることができるが、単語のそのような側面を一般に「語構成」と呼ぶ。また、語構成を研究する分野を「語構成論」という。なお、ここで分けられるかどうかと言っているのは、どこまでも現代語として見た場合の話である。「魚」「鍋」「必ず」などは、語源に遡れば、「さか（酒）-な」「な（肴）-へ（瓮）」「[かり（仮）-なら]-ず」と分けられることは周知の事実である。この点は、語構成史の考え方との関わりで後に問題にする。

　日本語学や言語学では、語の構成要素を一般に形態素と呼ぶことが多いが、形態素という概念には様々な捉え方が存するので、本節では、以下、語の構成要素を単に「語構成要素」と呼ぶことにする。語構成要素には、語の意味の基幹部分をなし、単独で語を構成することもできる語基と、語に付属的・形式的な意味を付与し、単独では語を構成することができず、常に語基と結合して語を構成する接

192　Ⅰ　語構成の文法的側面についての研究

辞とに分けられる。ただし、この両者は連続的である。この点も場合によっては語構成史を考える際に問題になってくる。なお、接辞は、語基の前に付く接頭辞と後ろに付く接尾辞とに分けられる。

　以上のように、語構成要素を語基と接辞とに分けると、それに基づいて、語構成の観点から単語を図1のように分類することができるようになる。

単語 ─┬─ 単純語（語基一個からなる）ex. 足、魚、幸せ、肌、山、動く、
　　　│　　　　　　　　　　　　　　食べる、必ず、また、はい etc。
　　　│
　　　└─ 合成語 ─┬─ 派生語（語基＋接辞）ex. お-話、小-山、素-肌、不-幸せ、
　　　　　　　　　│　真-昼、悲し-がる、突-然、偉-ぶる、深-まる、時-めく etc。
　　　　　　　　　└─ 複合語（語基＋語基）ex. 足-下、川-魚、古-代、幸せ-者、
　　　　　　　　　　　職-業、深-酒、待ち-人、動き-回る、食べ-尽くす、望み-薄 etc。

図1　語構成による単語の分類

　ここで、重要なのは、単純語は語基一個からなると考える点である。形は同じでも、語構成要素として見るか、語として見るかによって捉え方が異なるわけである。

1.2　語構成のモデル

　合成語、たとえば複合語ができる過程を考えた場合、次のように語Aと語Bとが結合して語ABができると考えるのがもっとも素朴でわかりやすい。

　　　語A ＋ 語B → 語AB

図2　語構成の素朴な捉え方

　しかし、この考え方では、合成語ABが有する意味の中に、語Aや語Bには含まれていない意味的要素が存在する場合があることを説明しにくい。たとえば、「衣替え」「豆まき」というのは、単に「衣服を替えること」「豆をまくこと」ではなくて、「季節に応じて衣服や調度をかえること。（中略）現在は制服については、六月一日と一〇月一日を目安として行われている。」「節分の夜に、『福は

内、鬼は外』と唱えながら煎った豆をまくこと。」(いずれも『大辞林』[第三版]による)、といった特定の習慣や行事を意味するが、そういった点は、「衣」「替える」「豆」「まく」といった構成要素の意味からだけでは説明しがたい。

　従って、本節では、語構成の在り方を、基本的に次のように考える。なお、ここでは、語構成要素Aを「自立形式」(＝そのままで語になりうる形式)、語構成要素Bを「結合形式」(＝そのままでは語にならず、必ず自立形式と一緒になって語を構成する形式)としてモデル化している。

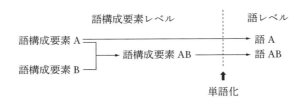

図3　語構成の基本図式

　この考え方の特徴は、第一に、語構成要素A、Bが結合し直ちに語ABができると考えるのではなく、一旦、合成語構成要素ABが形成され、それが自立して語ABができると考える点である。従って、語Aが語構成要素Aからなるのと同様に、語ABは直接的には語構成要素ABからなると考える。第二に、語構成要素レベルと語レベルとを峻別し、全ての語は語構成要素に「単語化」という作用が働くことによって成立すると考える点である。単語化は、ちょうど陳述が語の連続を文へと質的転換させるのと同じように、語構成要素を語へと質的転換させる作用であり、上で問題となった、合成語にしか存在しない意味的要素はこの作用によって付加されるということになる*3。

　このような語構成の捉え方には、語Aと語AB中の語構成要素としてのAが必ずしも同質でなくともよいことを保証し、語の多様な在り方を説明する基盤を提供してくれるという利点がある。そういう点では、語の史的考察に適した考え方であると言えるであろう。

2. 語構成史をどう考えるか

2.1 語構造・語形成と共時態・通時態

前項で語構成に関する本節の基本的な捉え方を述べたが、そこで示した考え方は、基本的に現代語を対象とした場合のものである。というより、そもそも語構成というのは、現代共時態を対象としてこそ十全な形で取り扱うことのできる問題であると言えよう。このことは、夙に阪倉篤義が指摘したとおりである。「語構成論は、現代語を対象とする考察において、まさに、そのもっともゆたかな、また確実な、成果をあげ得べきものである。」（阪倉［1966: 30]）。語構成という問題が言語主体の意識に関わる面が強いことを考えると、これはいわば当然のことであろう。我々は過去の一時期における言語主体の意識そのものを窺い知ることはできないのである。しかし、意識そのものを知ることは無理でも、過去の言語資料、すなわち、過去の人々の言語運用の記録を調べることによって、限定されたものであるとはいえ、その時代の人々の言語意識を推測することは可能である。このことは語構成に限らず、文法や意味といった言語の他の側面においても同様である。

今述べたのは、現代共時態とそれ以外という対比であったが、上で指摘したような限界を認識したうえでなら、阪倉も述べるように、語構成に関しては、現代語に限らず特定共時態の問題としてまずは位置づけ、それから通時態の分析・記述へと進むというのが穏当な行き方であろう。「語構成といふのは、つねに一つの特定共時態における問題として考へらるべきものであつて」、その上で、「さらに、これを通時的に見ることによつて、そこに日本語における語構成様式の変遷を歴史的にたどることも可能になる道理」（以上、上掲書30頁）だからである。

このように、語構成史を考えるに当たっては、共時態と通時態との関係をどう理解するか、という問題を避けて通ることはできないが、そのことを論ずる前に、共時態・通時態と関連する語構成特有の区別として、語構造・語形成という対立について触れておきたい。

語構成に語形成（造語）と語構造という二つの側面が存在するこ

と、そしてまた、それを扱う分野として、語形成論（造語論）と語構造論という二つの分野を区別すべきであることを提案したのも阪倉篤義であったが、この区別は、簡単に言えば、「新しい語がどのようにして作られるのか」という問題と、「既に存在する語の内部構造はどうなっているのか」という問題の別に対応する。もちろん、この二つが密接に関連することは、阪倉自身も強調しているところであり言を俟たない。また、野村（1989）のように、この区別を厳密に適用することに疑問を呈する研究者のいることも確かであるが、今ここで問題にしたいのはそういった点ではなく、この区別を通時態、共時態に関連づけようとする考え方である＊4。

　結論的に言えば、語形成、語構造という区別と、通時態、共時態という区別とは別物である。確かに、語がどのようにしてできたかということを「発生的な見地から」（上掲書5頁）扱うということになると、通時的な事実にも触れざるを得なくなる場合が出てこようが、語形成論の目的はそこにあるのではない。あくまでも、その語がどのような方式によって作られたのか、あるいは、広くその時代において、語を新たに作り出す方式にどのようなものが存在するのか、という点を明らかにするところにある。語形成と語構造との対立は、阪倉の言うように、「語を形成するにあたつての方式」と「すでに形成されたものとしての語の構造」（上掲書6頁）との対立なのであり、基本的に共時態の中での対立と理解すべきである。そう考えた方が、上で述べた、語構成は第一義的には共時態の問題であるということの意味合いもよくわかる。

2.2　語構成史を考えるにあたっての問題点　共時態と通時態のずれ

　語構成における共時態と通時態との関わりを考えるために、実際の共時論的分析と通時論的分析との間に齟齬が生じた場合をどう理解するか、という点について考えてみよう。例として取り上げるのは、「断ち切る」「焼き切る」といった「〜きる」という形の複合動詞における後項「きる」の接辞化（「全てを使いきる」「最後まで走りきる」）である。この問題に関しては、既に青木（2010：第Ⅲ部

196　Ⅰ　語構成の文法的側面についての研究

第2章）によって通時論的分析がなされているので、それをもとにして考察することにする。なお、ここでは、共時態とは共時論的分析によって描かれる言語の様であり、通時態とは通時論的分析によって描かれる言語の様であると捉えておく。

青木によれば、「〜きる」の意味用法の歴史的展開は次のように示すことができるという（A→B→C→Dの順序で展開する）。

 A 物の切断 前項：一部の動作動詞

  （射きる、断ちきる、掻ききる、…）

 A′ 空間の遮断 前項：一部の動作動詞

  （仕きる、立てきる、せききる、…）

 B 終結〜強調 前項：発話・思考動詞

  （言ひきる、思ひきる、振りきる、…）

 C 極度の状態 前項：変化動詞、限界動詞

  （澄みきる、静まりきる、乾ききる、…）

 D 動作の完遂 前項：動作動詞、非限界動詞

  （押しきる、使ひきる、走りきる、…）

このうち、A、A′、Bは中古から存在する用法であり、後項の本動詞としての用法が未だ生きていて、「切る」動作の対象が「物体→空間→時間」と抽象化する形で連続しているという。それに対して、Cは中世後期、Dは近世（江戸期）になってはじめて現われてくる用法であり、このC段階に至って後項が文法化したと捉えることができるという。

以上の通時論的分析を踏まえ青木はさらに次のように述べる。通時的には、Dの完遂の意味は、Cの「十分な状態へ至る」という意味が非限界動詞へも適用されることによって生じた「二次的な意味」である。従って、現代語の「〜きる」に対して、森田（1989）が提示した、「動作の完了」が「強調」や「極度状態」という意味を生み出したという共時論的分析は「若干の訂正を要」する、というようにである。

しかし、ここで確認しなければならないのは、共時態というのは、あくまでその時代時代における言語主体の意識の反映であり、それらの意識を体系化したものに他ならないという点である。確かに言

語は歴史の産物であるから、その体系には同時に歴史も反映されていることを忘れるわけにはいかないが、それと意識とが何らかの点でぶつかった時、優先権を有するのは言語主体の意識の方である。共時態は、いわば同時代人の合理的な解釈に支えられており、その点では、本質的に単純さを好むのであって、共時論的分析はその点を具体的に明らかにすることを目指す。このことは、特に語構成に関して言えよう。語構成の場合、上述したように、その時代における言語主体の意識が強く関わっているからである。通時態はいわば歴史的な一つの「事実」であるという前提に立ち、その内実を明らかにするのが通時論的分析であるという考え方を取るなら、青木のように、通時論的分析によって共時論的分析を訂正するという立場も出てこようが、通時論的分析も資料に大きく制約されることを考えれば、通時態も一つの解釈であるという面も捨てきれないのではないだろうか。以上の点を考慮するなら、上記の「〜きる」の場合、通時論的分析によって共時論的分析が訂正される必要は必ずしもないと本節では考える。

このように考えるなら、共時論的分析と通時論的分析とはそれぞれ独自の目的を持った別個の存在であり、単に共時態を積み重ねることによって通時態が描けるというような単純な形にはなっていないことがわかる。先に、阪倉の言を引き、語構成論は、まず共時態を研究しその後に通時態の考察へと移るべき由を述べたが、それはあくまでもこの点を前提にした上での話である。

2.3　語構成史を考えるにあたってのその他の問題点

語構成史を考えるに当たって、その他問題になる幾つかの点について簡単に触れたい。いずれも、ある語の語構成上の変化を考えるに当たって問題となる点である。

第一に、表記との関わりがある。ある語がどのように表記されるかということは、その時代のその語に対する語構成意識を反映するとともに、それを支える働きを有する。たとえば、「幸せ」という語はもとは複合動詞「しあはす」の名詞形であり、「めぐりあわせ」とか「なりゆき」とかいう意味であって「仕合」と表記されていた

が、江戸時代中期頃から「よいめぐりあわせ」すなわち「幸運」の意味になり、さらに明治期になって「幸福」の意味へと変化し表記が「幸せ」に変わった*5。これなどは、意味の変化に伴って語構成意識が複合語から単純語とへ変化したのを受けて表記が変わったものと言えよう。また、「一生懸命」という語は、もと「一所懸命」であり、中世の武士階級において「一箇所の領地に生活の基盤を求め、それを頼みとすること」を表わしていたが、近世になると場所（領地）の観念が薄れ「所領にかける必死な気持だけが生き残って新しい語義に変化し」、それに伴って語形と表記が変わったものである*6。この場合には、意味の変化が語形と表記の変化を促し、その結果、語の内部構造が変化した（「一所」に「命を懸ける」から「一生」に関わるような「懸命」さへと変化）と見るべきであろうか。

　第二に、意味との関わりがある。上記の例からもわかるように、表記の変化の背後には意味の変化が隠れており、意味の変化は語構成の変化と密接に絡み合う。ただ、もしそうであるならば、語構成史を考えるに当たっては、従来の意味変化に関する研究に見られる観点なり手法なりを無視できないということになるが、そのうち特に重要だと思われるのは、類義語の意味変化との関わりである。ある語が語構成的に変化したということは、取りも直さずその語の意味が変化したということであるが、そのことは、その語と類義関係を取り結ぶ語にも異同が生じた可能性を示唆する。その場合、なぜ意味変化が生じたのか、元の意味に関する類義語（群）の影響か否か、といった点がまず問われるであろう。さらに、それらの類義語（群）に合成語が存在していた場合、その語にも連動して何らかの（同様の）語構成的な変化が生じたのかどうか、といった点が問題となるであろう。なお、以上のことは、逆に言うならば、類義語の通時的な研究にも、語構成史の側面が入り込んでくる場合があり得るということを意味する*7。

　以上述べた2点は、語構成史というのは語の他の側面の歴史と無関係に存在しているわけではない、という点をあらためて確認したに他ならない。最近話題になることの多い文法化の問題などもそう

第3章　語構成と品詞　　199

いった方向から捉えることができると思われるが、一般的には文法化はあまり語構成史とは見られていないようである*8。ただ、その一方で、語構成史が単純に語史の中に解消されてしまうとも思えない。語構成という語の一側面に焦点を当ててその歴史をたどるということがどういうことなのか。その有する意味合いを明らかにすることが重要であろう。

　語構成史を考えるに当たっては、以上述べてきた以外にも、具体的な問題として、語源との関わりや、それとの関連で「語根」という概念をどう理解するか、といった問題等があるが、それらについては紙幅の関係で全て省略する。

3．複合動詞の歴史

3.1　先行研究による複合動詞史の概観

　複合動詞というのは、複合語であってかつ動詞のものを指す。たとえば、「背負う」「旅立つ」「高鳴る」「損する」「食べ残す」の類である。ただ、このうち「食べ残す」「泣き暮らす」「飲み明かす」のような「動詞＋動詞」型のものと、「損する」「転ずる」「研究する」「読書する」のようなもの（いわゆる「漢語サ変動詞」）は特別に扱われることが多い*9。これらは語数が豊富であり、いろいろと論ずべき点も多いからである。ここでも、基本的には「動詞＋動詞」型の複合動詞に対象を限定し、その歴史的変遷とそれを巡る問題点について考えてみたい*10。そういう点では、いわば一定の類における語構成史である（次項で、特定の一語における語構成史を考えることとする）。なお、沖森（1990）で、この類とそれ以外とを区別し、「『複合動詞』という用語には二種類の使い方がある。」としているが、それは正確ではない。

　小島（2001）では、（現代語ではなく）古典語においてこの種の複合動詞を考えるためには、次の二つの条件が必要であると述べられている。

　①動詞の連用形に別の動詞が接続する形で、動詞が二つ以上連結
　　して用いられること

②その一つ一つの動詞の意味が連関していて一語になっていること

　このように二つに分けるのは、古典語の場合、特に②の条件に関して問題があるからである。つまり、①の条件を満たしていても、それは単なる動詞連接であり、未だ一語（＝複合動詞）になっていないと考えられる場合がある、ということである。

　こういった考え方は、具体的には、アクセントや助詞の介入といった外形的な方面からのアプローチを取る立場によって提示されている。たとえば、金田一（1953）は次のように指摘している。

　現在の東京語の複合動詞のアクセントは、ヒ$\overline{キイル}$、セ$\overline{メトル}$などとなっていてア$\overline{ツマル}$、シ$\overline{タガウ}$などの単純動詞と区別がない（傍線部は高く発音する部分を示す）。単純動詞の「攻める」は単独では$\overline{セメ}$というアクセントを有しており、複合動詞の前項になっている場合と異なるが、それは、後者の場合には完全に全体の一部になりきっているからであり、このことを見ても現在では複合動詞が一語化していることがわかる。ところが、平安時代末期の辞書『類聚名義抄』を見ると、「率いる」は上平上平型、「攻め取る」は平上平上型とアクセントの山が二箇所あり、「集まる」の平平上平型、「従う」の上上上平型と明らかに異なっている。しかも、「率いる」「攻め取る」のアクセントは、単純動詞「引き」「率る」「攻め」「取る」の当時のアクセントの単なる合成に過ぎない。また、「咲き初む」「降りまさる」などの語は、古代には「咲きか初むらん」「降りぞまされる」というように、中間に助詞を入れて用いられることがある。従って、これらの点から考えると、「いわゆる複合動詞というものは、古代には明らかに二語の連続であったと考えられ」る。

　金田一のこの指摘に関しては、吉澤典男（1952）も同様のことをより包括的に述べているが、その中では連濁の問題が重要であろう。また、特に上代語に関してであるが、中村（1971）では、「助詞の介入・禁止の『な —— そ』の介入、漢文式表記に見る返読文字の介入」という観点から、当時の動詞の結合が緊密でなかったことが例証されているし、関（1977・第1章第3節）にも、「結合順の自由・接続助詞『て』『つつ』の介入」といった観点から同様の指摘が見られる。

第3章　語構成と品詞　201

一方、形式的な側面よりも、内容的な側面、つまり語の意味に重点を置いたアプローチを取る立場からは、上記のような考え方に疑問が提出されている。たとえば、こまつ（1975）は、語が複合しているかどうかという点について次のように述べ、「語調標示のありかた（だけ）を根拠として、それが『二語として意識されていた』と見なす」立場を批判している。

　　いったい、語の複合とは、どういうことなのであろうか。抽象的にいえば、それは、〈二つあるいはそれ以上の語が、一語として機能するようになること〉であろう。しかし、〈一語として機能する〉というのが、もし、〈その形で不可分の意味をあらわす〉ということなら、語調がどうであるかを問うまえに、まず、その意味がどうであるかということの方を優先して考えてみなければならないはずである。

また、関（1977・第1章第2節）では、複合動詞形式に関して*11、上代では「二つ（以上）の動詞の連続」であるものが大部分であったのに対して、中古・中世になるとそれが「真の複合動詞」へと変化していくことが、「源氏・栄花・宇治拾遺・平家」の4作品共通に見られる複合動詞形式を対象として、「結合順の自由と固定・接続助詞『て』『つつ』の介入を許すものと許さぬもの」という観点から論ぜられている。

すなわち、関によれば、前者の観点から見た場合*12、

（1）風さへ涼しく吹きたるに、時〳〵この御辺り近う、赤雲の
　　　立ち出づるは、我君の御有様と見ゆるに、

（栄花、楚王のゆめ、（下）226頁）

（2）小松殿の三男左の中将清経は、もとより何事もおもひいれ
　　　たる人なれば……月の夜心をすまし、舟の屋形に立出でて、
　　　やうでうねとり朗詠してあそばれけるが、

（平家、巻8、太宰府落、134–135頁）

（3）その後、この兵衛督……有馬へと出で立ち給へど、

（栄花、ころものたま、（下）267頁）

（4）宰相……（少将ニ）福原へ下り給ふべき由の給へば、少将
　　　なく〳〵出立給ひけり。　　　（平家、巻2、阿古屋松、183頁）

のように、結合順が逆になることによって意味が変わる場合（「『立ち出づ』は『外に出る』『あらわれる』などの意であり、『出で立つ』は『（遠方のある目的地に向けて）旅立つ』『（宮仕えに）出る』『服装をととのえる』などの意である」［85頁］）や、

（5）中将の君……ひんがしの渡殿の小障子の上より、妻戸のあきたる隙を、なに心もなく、<u>見入れ</u>給へるに、

（源氏、野分、46頁）

における「見入る」のように、ほとんど逆順の複合動詞形式が見られないものは、「一語として扱ってよいのではないかと思われる」（85頁）という。また、後者の観点から見た場合にも、「『て』『つつ』の介入によって意味を異にするもの—すなわち『て』『つつ』の介入を許さぬものを真の複合動詞と」（89頁）捉えている。

このような関の考え方は、「結合順の固定したもの、助詞『て』『つつ』の介入を許さぬものの大部分は、その複合語内において、上下の二成分の意味が融合し新たな意味が生じており、その叙述性も一に統合していると考えられる」という点で「一語として扱う資格をもつものである。」（90頁）という立場であり、意味に基準を置いた考え方であると言える。

これら意味に重点を置いた立場とは異なるが、大野（1956）は、統計的な処理を行なう過程で、複合動詞を二語に解消している索引を資料として用いたことによって結果に異常な値が生じた事を紹介し、このことは「平安朝においては複合動詞といふものを認めず二語に分離して考へるべきだといふ意見に対して、若干の反省をすすめる事実のやうに思はれた。」と述べている。

古代語複合動詞の一語性をめぐるこの論争をどう捉えたらよいか、という点については後で論じるが、この問題を巡る議論は1950年代で収束してしまい、以後深められることがなかったのは残念であった。なお、この問題に決着がつけられなかったことが尾を引いているのか、小島（2001）によれば、「最近の平安時代の複合動詞に関する研究」は、「並列説を積極的に受け入れるわけでも、否定するわけでもなく、まずは別の次元、つまり、意味の次元で、連結する二語の関係を見ようとするものになっている。」という*13。

上記の論争がうやむやな形で終わってしまったことの結果の一つ
に、複合動詞の通史が未だ描かれていないという点が挙げられよう。
小島（2001）が言うように、「『動詞の並列』とする論は、『複合動
詞』を研究しようとする場合の足かせのようなものとなっ」たので
ある。もちろん、それなりの試みは見られる。たとえば、関
（1977・第1章第4節）では、14の古典作品（万葉集・古今集・
源氏物語・栄花物語・新古今集・宇治拾遺物語・平家物語・徒然
草・天草本平家物語・ロザリオの経・近松浄瑠璃（4篇）・浮世風
呂・春色梅児誉美・春色辰巳園）を対象として複合動詞形式を抜き
出し、自動詞と他動詞の結びつきの有り様を調べた結果、以下のよ
うな点が明らかになったとされている。

　1)　上代から近世までの作品を通して、他動詞と他動詞、自動
　　　詞と自動詞といった結びつきが圧倒的に多く、このことは、
　　　一致関係が時代を通じて複合動詞要素間の意味関係の基調
　　　であることを示している＊14。

　2)　それ以外の結びつきのうち、他動詞と自動詞の結びつきに
　　　ついては、大きな流れとして、時代とともに補助関係（前
　　　項の意味を後項が補足するという関係）の勢力が弱まるこ
　　　と、また、修飾関係の勢力に加担する接頭語化の比率が急
　　　増していくことが見て取れる。

　また、百留（2000）では、基本的に金田一の考え方を受け入れ
たうえで、近世初期の資料『きのふはけふの物語』に見られる複合
動詞（140語）を対象とし、それらが近世の他の資料でどれくらい
使用されているか、またどれくらい現代語にまで残っているか、が
調査されているが、その結果、i）複合動詞は近世に突然現われた
わけではなく、その成立以前に、語にはなりきっていないもののそ
の元となる表現が存在していたこと、ii）各時代に新たな複合動詞
が作り出されていること、iii）中古よりも近世の複合動詞の方がよ
り現代語に引き継がれていること、がわかったとされている。

　その他、林（1996）では、数量的な観点から、古典語の複合動
詞のうちのどれくらいが現代語に引き継がれたのかについて調査・
報告されている。

3.2　複合動詞の歴史をどう捉えるか

　上で取り上げた古代における複合動詞形式の捉え方に関する対立について、どのように理解したらよいであろうか。ここでは、その点をめぐって考えてみたい。

　まず、最初に押さえておく必要があるのは、複合動詞の歴史に関して、基本的にどのようなモデルを想定するのか、という点である。ただ、あらためてこの観点から見直してみると、先の外形的なアプローチにせよ意味的なアプローチにせよ、それぞれモデルとして今ひとつ明確でないような気がする。そこで、今先の二つの立場に基本的に拠りながらも、あまり細部にこだわらず、あり得る解釈の一つとして考えるなら、それぞれの立場はおおよそ次のように表わせるのではないかと思われる（（A）が前者、（B）が後者の立場）。なお、ここで言う「古代」とは、基本的に上代と中古を指す。

（A）日本語において、かつては複合動詞は存在していなかった。従って、古代における複合動詞形式は全て2動詞の連接に過ぎない。それが、時代が下るに従って結合が強固になり、ある時期において複合動詞として成立した。

（B）日本語には、古くから複合動詞が存在していた。ただし、量的には一部の形式に限られ勢力は弱かった。従って、古代における複合動詞形式には2動詞の連接と複合動詞とが混在していた。それが時代が下るに従って、後者の勢力が増していった。

　ただ、このように把握し直してみても、両者の捉え方には、なお曖昧な部分がいくつかあることに気づく。そして、その中で特に気になるのは、（A）にしても（B）にしても、複合動詞の成立、あるいは存在を言う時、それは複合動詞というカテゴリーとしてのことなのか、それとも、どこまでも個別的な語のレベルでの話なのか明確でない、という点である。つまり、いわゆる複合動詞的な存在が一例でも確認できたなら、それは複合動詞というカテゴリーが成立したと見るのか、あるいは、そういった存在がある程度勢力を有するようになって初めて複合動詞というカテゴリーが成立したと考えるのか、ということである。そういう点では、複合動詞の歴史を考

第3章　語構成と品詞　　205

える場合、私見では、次の二つを分けて考えることがポイントになると思われる。（i）個別的な語における複合動詞の存在をいつの時点で認めるのか。（ii）カテゴリーとしての複合動詞の成立をいつの時点で認めるのか＊15。複合動詞の歴史を論ずるためには、そういった点をできるだけ明確にし、通時的なモデルとして提示できるようにすることが望まれる。

　3.1 で述べた対立に関して注意すべき第二の点は、古代において複合動詞を認めるか認めないかということがどういう意味を持ってくるのか、という点が明確でないということである。先に述べたように、この対立をめぐっての論争が発展させられなかったのも、また、その後の研究において「ごく少数のものを除いて、このようなことは検討されなくなり、単に語構成や意味の面から分析されるようになった。」（百留［2004: 10］）といった状況に陥ったのも、この点が明確でなかったことによるものと考えられる。

　では、一語化した複合動詞か単なる二語の連接か、といった点が日本語の歴史を考えるに当たってどういう意味を有することになるのであろうか。この点を明らかにするためには、（i）日本語の他の側面における史的展開との関わり、（ii）日本語全体の歴史との関わり、といった二つの側面から見ていくのがよいと思われる。

　（i）について特に問題になるのは、文法史との関連であると考えられるが、この点に関して百留（2003）が興味深い指摘をしている。百留によれば、「〜出づ」という形式に上接する語の自他を調査してみると、中古から近世への各時代を通して「自動詞＋出づ」の方が「他動詞＋出づ」よりも優勢であることがわかるが、中古でしか見られない「〜出づ」形式に関しては、逆に後者の方が優勢であるという。このことは、前者の形式に比べ後者の形式が後代では許容されず排除される傾向にあったことを物語るが、それは、現代語における複合動詞の在り方なども考慮すると、中古においては主語の一致しない動詞の連接が数多く存在し得たが、後代ではそれらが許容されず排除されたということを意味すると考えられるという。そして、さらに、中古において主語の一致しない動詞連接が存在し得た理由については、近藤（2000）の言う「異主語省略構文」が

古代において広く存在し、それが背後から支えていたからだとする。つまり、中古において主語不一致の動詞連接表現はそれだけ構文性の強いものだったということである。近藤ではこの異主語省略構文が古典語から現代語に至るまできわめて一般的なものであると説かれているが、百留は、この構文の口語性の強さを考えると、中世以降の話し言葉と書き言葉との乖離の中で、書き言葉の世界では、異主語省略構文と同様、文脈に依存する度合いの強い異主語の動詞連接が排除されて行ったのだと説明している。

　また、百留（2004・第6章第2節）では、城田（1983）を取り上げ、そこで述べられている内容を、「城田氏は二重不定格文の構文上の欠陥を予防する上で、国語史上、どのような手段が講じられてきたかというと、格助詞の発達及び、複合語の形成という手段が取られてきた。そして、逆に言えば、格助詞の発達や、複合語の形成はこの二重不定格文を源として進行してきたと考えているようである。」（97–98頁）とまとめた上で、「そこに古代に見られる緊密に結合していない複合動詞との共通性が見出せるのではないかと考える」（98頁）と述べている。

　百留のこれらの論述は、複合動詞形式における結合の緊密性の問題が、構文史とどのように関わってくるのかという点を問題にしたものであり見るべき点が多いと思われる。

　（ii）についても、百留（2004）の指摘が参考になる。百留によれば、上記のような構文史との絡みで複合動詞形式の結合性の変化を見てみると、複合動詞形式の結合が緩やかなものから緊密なものへと変化し複合動詞が成立したということは、日本語の表現が「文脈や発話の仕方に依存した動詞間の曖昧な意味構造を解消し、論理的なものへと変化」（98頁）したということであり、中世以降の日本語に見られる「論理的な文章への志向、日本語の近代化」（84頁）という大きな流れと軌を一にするものであるという。こういった指摘は、複合動詞の成立という問題を広く日本語の歴史の中で捉えたものと理解することができるが、複合動詞の歴史を考えるに当たっては、今後こういった観点がますます必要になってくるであろう。

4.「以上」の語史　語構成史の一環として

4.1　はじめに　分析対象の設定と本項の目的

　前項が「動詞＋動詞」型の複合動詞という一類を対象とした語構成史であったのに対して、本項では、特定の一語の歴史を、その語の語構成上の変化と絡めてたどることを試みる。対象とする語は漢語「以上」である。

　「以上」を取り上げる理由は、必ずしも理論的なものではない。というのは、本書第1部第3章第1節で現代語「以上」の語構成論的分析（つまり共時論的分析）を行なったので＊16、ここでは、それとの関連で「以上」の歴史をたどってみようということだからである。ただし、先に現代語の「以上」を取り上げ語構成論的に分析したのにはそれなりの理由がある。すなわち、「以上」は、ある程度語構造の明確な合成語であり（基本的に「～より上」ということ）、その上、後述（4.5 参照）するように様々な用法を有するので、語の意味・用法と語構成との関係を明らかにするという、著者の関心にうまく合致する語だったのである。そして、分析の結果、さまざまな興味深い点が明らかになったので、では歴史的にはどうだったのか、という点に興味が湧いたというわけである。

　以上の経緯から明らかなように、本項では、特に次の点に留意しながら「以上」の歴史をたどりたいと考える。

（A）現代語の語構造分析がどのように通時態の分析・記述に適用できるか。

（B）語構成論的に見た場合、通時態と現代共時態との関係はどのように理解されるか。

4.2　『日本国語大辞典』による「以上」の意味・用法の概観

最初に、『日本国語大辞典』（以下、『日国大』と略す）に基づき、「以上」の意味・用法を簡単に確認しておく＊17。

　㊀〔名〕

①ある数量や程度より上であること。

　㋑（数量、段階などの基準を表わす語について）その基準を含

んでそれより上であることを示す。＊続日本紀‐文武天皇元年
（697）八月壬辰「賜王親及五位已上食封各有差」＊神皇正統
記（1339–43）下・二条院「参議已上にあがるもありき」㋺
（物事を比較するとき、一方の事柄を表わす語について）その
他がそれより程度の著しいことを示す。＊古い玩具（1924）
（岸田国士）一「黙ってゐるのが、云ひ出すのと同じくらゐ、
いや、それ以上恐ろしいやうな気がするんです」

②室町時代以降の書状の追伸部分（追而書）の書留文言。＊上杉
家文書‐（永禄五年）（1562）二月一三日・上杉輝虎書状
「返々、細々いんしんよろこび入候。手彌あかり候へば、手本
まいらせ候。以上」

③箇条書、目録などの文書の終結部分に使う文言。＊三島神社文
書‐大永二年（1522）九月一一日・北条氏印判状「定法度。一
西郡大井之宮社領〈略〉。一神領之事〈略〉。一社人等事〈略〉。
以上。右定置条、若背此旨輩有之者」

④男のことをしゃれていう語。＊雑俳・柳多留‐四（1769）「師
匠さまかしこと以上別に置」

⑤上にあげた事柄。今まで述べた事柄。＊武蔵野（1898）〈国木
田独歩〉八「自分は以上の所説に少しの異存もない」

⑥「御目見以上」の略。＊雑俳‐柳多留‐六（1771）「けんきゃ
うの娘以上へやる気也」

⑦（接続詞のように用いる）㋑その後．また、その結果。つまり。
＊平治（1220頃か）上・信頼信西を亡ぼさるる議の事「親類
皆梟（けう）せられ、已上義朝一人にまかりなり候へば」㋺全
部で。合わせて。合計。＊平家（13C前）七・北国下向「大
将軍には小松三位中将維盛〈略〉悪七兵衛景清を先として、以
上大将軍六人」

⑧（接続助詞のように用いる。助詞「は」を伴う場合もある）あ
る事態が起こることはやむを得ないと考える理由を示す。…の
うえは。…からには。＊雪中梅（1886）〈末広鉄腸〉上・三
「我々が社会を組織する以上は、多数の幸福の為めに必要なる
時は、一身の利益を放棄せねばなるまい」

第3章　語構成と品詞　209

㋥〔副〕どうしても。まるっきり。＊人情本・縁結月下菊
　　　（1839）上・一「さっきから考へますが、いじゃうわけがわか
　　　りませぬ」
　今、これらの意味・用法が現代語にどれくらい残っているかを見
れば次のようになるであろう。

表1　「以上」の意味・用法（現代語との対比）

『日本国語大辞典』	現代語	備考
㊀〔名〕		
①基準より上	○	
㋑ex. 参議以上		㋑・㊀を分ける必要があるかどうか
㊀ex. それ以上		
②追而書の書留文言	△	②と③とは一括して考えることもできるか
③目録等の締め括りの文言	○	
④男の意	×	特殊な用法（特立する必要があるか）
⑤上にあげた事柄	○	この意味の副詞的用法が載っていない
⑥「御目見以上」の略	×	特殊な用法
⑦接続詞のように用いる		
㋑その後・その結果	×	
㊀全部で・合計	△	
⑧接続助詞のように用いる（～のうえは）	○	
㊁〔副〕（打ち消しと呼応）どうしても・まるっきり	×	

　表について簡単に補足説明を加える。
　（あ）『日国大』では、①を更に二つに分けている。㋑は基準が数
　　　字や段階を表わす語である場合、㊀は比較の対象を表わし
　　　助詞「より」に近い意味で用いられる場合である。どちら
　　　も基準となる語に付くという点では、特に区別しなくても
　　　いいように思われるので、本節では、以下、基本的には一
　　　括して扱うこととする＊18。

（い）②についてであるが、『日国大』に「近世では追而書のほか書状そのものやその他の文書の書留文言としても使われた。」とあるので、文書の締め括りの文言という点で③と一括して考えることも可能であろう。なお、「私の話はここまでです。以上。」という現代語での使い方は、直接的にはこの②から来たものと考えられる。表中の△はそのことを表わす。

（う）④と⑥はいずれも特殊な意味であるが、特に④については臨時的な用法のように思われ、わざわざ特立する必要があるか疑問に思われる。なお、本節では、以後これらの意味について特に問題にすることはしない。

（え）⑤には名詞の用法しか例が挙げられていないが、「以上述べたように」というように、この意味では副詞的に使われることもある（以下、通時的に見た場合のこの用法を⑤′とする）。

（お）⑦㋺についてであるが、現代語では、「ノート100円、鉛筆50円、消しゴム100円、以上250円」のように計算をする場合に若干見られる程度なので△にしてある。なお、「田中××、山本△△、石川○○、以上3名は至急研究室へ来られたし。」という場合の「以上」は、現代語では⑤の用法であると思われるが、古くはこの⑦㋺の用法であったと見ることができる。

　ここで、「以上」の歴史全体に関わることとして、漢籍との関係について簡単に触れておきたい。「以上」は、『大漢和辞典』によれば『論語』や『漢書』に用例があり、歴とした漢語であるが、同辞典には①の用法についてしか漢籍例が挙げられていない。また、『漢語大詞典』には、その他に「以前」の意の漢籍例が挙げられており、そういう点では、日本とは異なった史的展開をしたようにも見られる。しかし、漢籍の用例をいろいろと見てみると、*19 実際には、多くはないものの⑤の用法も存在するようである。たとえば、次のような例である。

（6）関帝受禪、追尊皇祖為徳皇帝、文王為文皇帝、廟号太祖、

第3章　語構成と品詞　**211**

擬已上三廟遞遷、至太祖不毀　　　　　　　　（『隋書』巻7）

(7) 官有十六品：左平五人、一品；達率三十人、二品；恩率、
　　三品；德率、四品；杆率、五品；奈率、六品。已上冠飾銀
　　華。　　　　　　　　　　　　　　　　　　　（『北史』巻94）

　ただ、いずれにしても、漢籍での用法と日本での用法とが異なっ
ていることは確かであり、その点で、「以上」の歴史は、いわゆる
漢語の国語化の歴史と考えることができよう＊20。なお、表記に
関しては、漢籍においても日本においても「以上」と「已上」の二
種類が存在するが、これは「以」と「已」とが相通じることによる
ものである。日本でも早い時期から両表記が見られ、近代に至るま
でどちらも使用されているが、それ以降「以上」に統一されて現代
に至っている。「已上」が使われなくなった理由は明らかでない。
また、両表記間の関係についても、筆者が調べた範囲では、明確な
使い分け等は認められなかった＊21。本節では基本的に「以上」
の表記を使用する。

4.3　「以上」の各意味の出現状況とその特色

　『日国大』の記述によって、「以上」の意味用法の歴史的展開がお
およそ掴めるようになるはずなのであるが、実は、『日国大』の挙
げる初出例は必ずしも正確でない。そこで、ここでは、基本的に
『日国大』の意味区分に従いつつ、それぞれの意味用法に関し、時
代を遡ることができるものについては遡らせ、その出現時期につい
てあらためて確認することとしたい。

　まず、㊀①についてであるが、『日国大』が示すように、上代か
ら現代に至るまで途切れることなく用例が存在する。ここでは、
『日国大』に用例が挙げられていない中古の例を一つ補足として挙
げておく。

(8) 今准彼式、更定其期、五貫以上五日之内、十貫以上七日之
　　内、廿貫以上十日之内、卅貫以上十五日之内、必可究出、

　　　（『平安遺文』文書番号303「天台座主良源起請」970年）＊22

　次に、②（追而書の書留文言）についてであるが、この用法に関
しては、前述のように、『日国大』に「近世では～その他の文書の

書留文言として使われた」とある。しかし、そういった用法は、次に示すように、『日国大』の挙げる初出例「上杉家文書」（1562 年）よりずっと以前から見ることができる。

　(9)「春日田宣旨案」

　　　懐忠謹言、国忌田宣旨、奉入民部省大和国等、任所進勘状所被定下也、（中略）至于正文、社方有申、仍令下遣候畢、□（諸カ）事不具、以上、

　　　　　　三月九日　左大弁懐忠

　　　謹上　東大寺別当僧都御房

　　　　　　　　（『平安遺文』文書番号 346「左大弁藤原懐忠書状」991 年）

　(10)せんさいの太郎分間事、いたくなけき申候ひしかハ、そまうの所一所もあてたひて、めしつかはせ給へきよし申候了、（中略）ほしきまゝに申候らん、ふんひんに候事也、

　　　　　　以上

　　　　八月十日　　　　　　　　　　　　　　　　　　（花押）

　　　　　　　　（『鎌倉遺文』文書番号 1033「源頼朝書状」1199 年）＊23

　③（目録等の締め括りの文言）については、既に『時代別国語大辞典 室町時代編』に『風姿花伝』（15 世紀初頭）の例が挙げられているが、この用法は夙に 12 世紀から見られる。ただし、4.2 で述べたように、②と③を厳密に区別する必要は必ずしもないと思われる。

　(11)「木津殿注文」

　　　木津住人神内部国貞所進田畠事

　　　　　　合

　　　和気里十坪田二段歩東依　法楽寺領

　　　　　　卅五坪小

　　　菩提北俣頸田一段六十ト

　　　古川口里四坪一段半白

　　　　　已上

　　　　　　　　　　　　　　　　（『平安遺文』文書番号 2345

　　　「山城国木津住人神内部国貞所進田畠注文」1136 年）＊24

4.2 で「特殊な用法」とした④（男の意）、⑥（「御目見得以上」

の略）については、『日国大』が挙げる例よりも遡ることはできなかったが、⑤（上に挙げた事柄）については、『日国大』が挙げる初出例『武蔵野』（1898年）を大幅に遡る例（『史記抄』）が『時代別国語大辞典 室町時代編』に挙げられている。しかし、この用法は、次に示すようにさらに遡ることができる。これは、既述のように、この用法が既に古い漢籍に存在することを考えれば、ある意味当然であろう。

（12）虎頭壹口　　　　　雑色衣参拾領

　　　雑色半臂参拾参領　　帛汗衫壹拾貳領

　　　帛袴壹拾貳腰　　　　金作帯参條

　　　　　（中略）

　　　以上資財等、天平十八年本記所定、注顕如件

　　　　　　　（『寧楽遺文』「大安寺伽藍縁起幷流記資財帳」746年）＊25

なお、この意味の副詞的用法⑤′については、文献で確認されるのは次に示すように幕末ないし近代になってからである。

（13）以上論スル所利分利息ノ理ヲ略解スルニ足レリ。

　　　　　　　　　　　（『経済小学』下・利分、神田孝平訳1867年）＊26

（14）蓋し、以上説く所の事件は悉く試験を以て証せずんば、明かに暁ること難し　（『舎密局開講之説』三崎嘯輔訳、1867年）＊27

（15）人或ハ以上論ズルトコロヲ以テ未ダ足レリトセズ

　　　　　　　　　　　　　　　　　　（『自由之理』巻3・1872年）＊28

　⑦（接続詞のように用いる）については、イ（その後・その結果）に関しては『日国大』の挙げる初出例『平治物語』を遡ることはできなかったが、ロ（全部で・合計）に関しては、次に示すように『日国大』の挙げる初出例『平家物語』を大幅に遡ることができる。

（16）右九人画工司人

　　　　　（中略）

　　　右一人式部位子

　　　　　（中略）

　　　右十人司人

　　　　　（中略）

右十六人里人『已上卅六人功給既了、三月廿日領下　判官
川内恵師』

（『寧楽遺文』「東大寺大仏殿廂絵画師功銭帳」759年）

（17）副進　能通朝臣使巨勢貞清責取圧状□二通
　　　一通　無実稲三百束積文
　　　　百束母尼妙医名　百束妹平中子名　百束弟僧日慶名
　　　一通　合進稲積文後、以件無実稲二百束充料交易八丈絹四
　　　　　疋文書
　　　　百束料二疋母名　百束料二疋中止名
　　　（中略）
　　　以上五百束

（『平安遺文』文書番号496「多武峰妙楽寺解」1024年）

　⑧（接続助詞のように用いる）については、若干であるが『日国
大』の挙げる初出例（『雪中梅』1886年）を遡ることができる。

（18）拟其の上では、町内は町内丈で、色々仕起し引立ての主法
　　　を咄合ひ、町内が繁昌した以上は、小区内大区内と一円に
　　　合体し、そふすると、次第〳〵に手広く相成り

（石川富太郎編『明治の光』巻2、1875年）＊29

（19）然ラバ即チ此ノ宝典ノ文体ハ流暢ナル日本普通ノ文章ヲ用
　　　ヒ苟モ文字ヲ識ル以上ハ口豈ヽタル細民ト雖ドモ宝典条例
　　　ノ明趣ヲ会得スルニ易カラシムルヲ以テ立案起草ノ大趣旨
　　　トセザル可カラザルナリ

（『東京日日新聞』1876年2月28日社説［海内果「明治宝典ノ文体ヲ論ズ」]）＊30

（20）心得ました。シーザーが「斯う為い」とお命じある以上、
　　　実行は必然でございます。

（シェークスピア「ジュリアス・シーザー」第一幕第二場、

坪内逍遙訳1884年）＊31

　㈢については、『日国大』の初出例（『縁結月下菊』1839年）を
遡ることはできなかった。

　以上、『日国大』の意味区分に基本的に従いながら、同辞典の挙
げる初出例を適宜修正した。その結果、次の点が明らかになったの
ではないかと思われる。

第3章　語構成と品詞　215

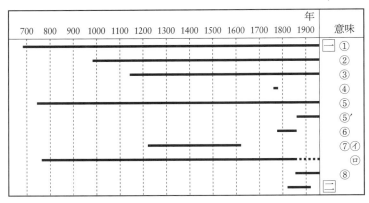

図4 「以上」の各意味ごとの出現状況

(i) 「以上」の意味の多くは、かなり古い時代から日本において使用されている。
(ii) 掲げた用例を見るとわかるように、「以上」は、近世期頃までは漢字文献や軍記などにおいて使われることが多く、和文系の文献ではあまり使用されない。

なお、参考までに、筆者の調査に基づいた「以上」の各意味ごとの出現状況を簡単に図示すれば図4のようになるであろう。

4.4 「以上」の各意味間の派生関係

4.3で「以上」の各意味ごとの出現状況を確認したので、次に、各意味間の関係を明らかにし、「以上」の意味が通時的にどのように展開してきたのかについて考えてみたい。

4.3で確認したように、歴史的に一番古いのは「以上」の㊀①の用法であり、次に出てくるのが⑤である。両者共に漢籍から引き継いだ用法であると思われるが、漢籍における出現状況から見て、①が最も基本的な用法であると考えられる。（漢籍において）①から⑤が出てくる経緯は、①の「〜以上」の基準を表わす「〜」の部分が数量から時点（＝今）あるいは場所（＝此処）を指すように変化し、そのことによって結果的に「以上」がそれまでの文脈全体を指し示すようになったというように理解することができよう。そして、このことは、少なくとも日本語の「以上」に関して言えば、「以上」

の「上」もそれに伴い「前に述べられていること・書かれていること」を指すように変質したことを示すと考えられる*32。なお、⑤の副詞的用法⑤′については、時に関わる名詞が副詞的に使われるのと同様に考えることができるが、歴史的に出現が大幅に遅れた理由は定かではない。

　⑤の次は⑦㋺である。実は、4.2の表1の説明でも述べたが、⑤と⑦㋺との区別は微妙なところがある。たとえば、『日国大』の挙げる『平家物語』の例もそうであるが、次の『保元物語』の例なども、実際には両者のどちらでも解釈できそうなものである。

(21)同十五日、左京大夫教長卿・四位少納言成澄・能登守家長・式部大夫盛憲・蔵人大夫経憲以上五人、三条にして推問せられけり。　　　　　　　　（『保元物語』中、133頁）*33

先に挙げた（16）（17）の例もそういう点では同様のものと見ることができる。ここでは、一応、数字を対象としているかそうでないかを一つの判断基準としたが、疑問は残る。そういう点では、この⑦㋺の用法はもう少し時代が下ると考えた方がいいかもしれない（上代ではこの用法かと思われる例は少ない）が、いずれにしても、「以上」に「合計する」の意味があること自体は、『日葡辞書』の記述からも明らかである。なお、⑤から⑦㋺への展開という点では、次の例に見られるように、「已上都合」という表現が注目されよう。というのは、「都合」は「合計すること。また、その合計。総計。副詞的にも用いる。」（『日国大』）という意味の語であり、この表現は、両者の用法の橋渡し的な存在であると見なしうるからである*34。

(22)前分科准米廿五石二斗九升五合

　　絹前分八疋一丈二尺　代米十六石四斗

　　庸米前分七石六斗六升五合

　　油　前分六斗

　　紙　前分六斗

　　已上都合准米九百九石四升一合

　　　　（『平安遺文』文書番号355「東大寺封物進未勘注案」949年）

意味的に見て、この⑦㋺から⑦㋑が出てきたものと思われる。両

者は、『日国大』でいずれも「接続詞のように用いる」とされていることからもわかるように、基本的に似た性格を持っている。それは、どちらも前に叙述されたことをまとめ上げ（この機能は「上」が担うと考えられる）、その結果、あるいはそれに基づいて（この機能は「以」が担う）どうなるという意味合いで後ろへ続いていくという点である。それが一方（⑦ロ）では「合計する」という意味になり、もう一方（⑦イ）では「その結果・つまり」という意味になるのだと考えられる。

　一方、⑤から⑦への流れとは別に、早い時期において⑤は②③へも展開する。この流れは、⑤の「上に挙げた事柄」が、それで全てであるという意味合いで単独で提出されることによって結果的に文書の締め括りの文言としての機能を有するようになったものと考えられる。なお、この用法に関して、『和訓栞』に次のような説明がある。

　（23）以上ハ中世下文の終に以下と書しハ官長より令する文書なれハ也贈り物ハ先を尊んて上ると書すそれより書札にも以上の字筆せし也といへり＊35

　この種の記述は『日国大』に挙げられているように『塩尻』にも見られ、当時ある程度流布していた考え方であると思われるが、『日国大』では、「以下」の項目でそれを否定している。しかし、『寧楽遺文』などを見ていると、文書末に「謹以牒上」「謹以言上」「以牒上」といった文言がよく見られ、こういった捉え方もあながち全面的に否定できないのではないかという気がする。

　④⑥は特殊な用法なので省略する。そうすると□の中で残るのは⑧だけであるが、この用法については、歴史的に見てよくわからない点が幾つかある。まず一つは、この用法が出現するのはかなり新しいという点である。文献に現われるのは近代以降であり、「以上」の諸用法の中で最も新しい。現代語ではごく普通の用法なのに、なぜこんなに登場するのが遅いのであろうか。もう一つは、この用法の源泉がはっきりしないという点である。このうち、前者についてはよくわからないが、後者については次のような可能性が考えられる。先に、⑦イの派生について説明した際に、基本的に⑦イとロと

を同様の性格を有するものとして扱ったが、この⑦㋑の成立については別な解釈もできるように思われるのである。それは、①と同じような在り方をしているものと捉え、①の「〜以上」の「〜」の部分がいわば「以上」の前の部分に移行し、それに基づいて「以上」の後の部分が結果として出てくるという考えである。先の解釈との相違は、先の解釈では、「以上」の「上」の部分が前の部分を指すとするのに対し、この解釈では、前の部分がそのまま前段階として取り込まれ、「以上」で「その結果」という意味合いを表わすと考えるという点にある。そして、こう考えるなら、この在り方から、「以上」の前の部分が連体修飾節となって「以上」に直接かかるようになったのがこの⑧の用法であり、「上」は「〜」の部分を前提とした結果を導く機能を有するものと位置づけることができると思われるのである。それがいわゆる「〜した上は」といった⑧の解釈に結び付くのであろう。なお、⑦と⑧との親近性については、『角川古語大辞典』の接続詞としての用法の説明「それ以前の叙述内容に示されたことの結果として、以下の事態がひき起されることを表す。<u>そうなったうえは</u>。」にもよく現われている（下線は引用者）＊36。

　最後に、㊁の副詞としての用法について考えたい。この用法は、

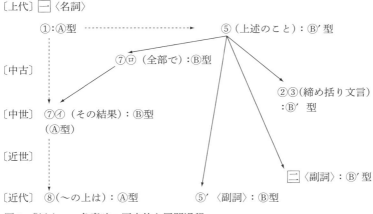

図5　「以上」の各意味の歴史的な展開過程
　　（Ⓐ・Ⓑ型等については4.5で説明する）

⑤から出てきたものと考えられるが、その経緯については、『日国大』に挙げられている『語彙』の用例を見るとよくわかる。

（24）いじゃう　以上の転にてイジャウイカヌ　イジャウデキヌ
　　　など始終の意にも用ゐるなり

つまり、⑤から②③への展開のところでも述べたように、「以上」にはこれですべて（「始終の意」）というニュアンスがあり、そのことによって、ちょうど「すべて」という副詞が打ち消しと呼応しやすいように、「以上」も打ち消しと呼応する傾向が強くなるのである。

以上述べた「以上」の各意味の歴史的な展開過程を簡略に図示するならば図5のようになろう（④⑥は除く）。

4.5　現代語における「以上」との対照

4.4で「以上」の各意味の歴史的な展開過程について見たが、ここでは、それと切り離した形で、現代語における「以上」の各意味間の関係を共時的に考察し、その上で、両者の関わりについて考えてみたい。なお、先に2.1で述べた理由により、本項での分析、および対照は語構造の視点から行なうものとする。

最初に現代語における「以上」の意味について確認しておきたい。この点については、各種国語辞典や森田（1989）の記述、また、『日国大』の記述との関わりで作成した2.1の表1などを参考とし、大きく次の四つを設定することにする*37。

〈1〉数量・程度などが基準よりも上であることを示す。…接尾辞
　　　的用法
　　　ex.「このエレベーターは6人以上乗れません。」「当大学の
　　　学長選は、助教授以上が選挙権を持つ。」
〈2〉前述の事柄を承け、当然そうなるということを示す。「～の
　　　上は」「～からには」…接続助詞的用法
　　　ex.「人間である以上、互いに相手を尊重すべきだ。」「約束
　　　した以上、破るわけにはいかない。」
〈3〉それまでに述べたこと全てを指す。…名詞的用法
　　　ex.「以上の通り相違ありません。」「以上をもちまして私の

220　　Ⅰ　語構成の文法的側面についての研究

話を終わらせていただきます。」
〈4〉文章の最後の締め括りの言葉。…一語文用法
　　ex.「組合側の要求は右の通り。以上。」

もちろん、細かく見れば、〈1〉については、数量の場合と程度の場合とを区別すべきであろうし、どちらの場合においても、さらに、「彼は、私が走った<u>以上</u>に長い距離を走った。」のような形式名詞的用法をも派生しているのであるが、その点についてはここでは問題にしない*38。また、〈3〉については、既述のように「以上述べたように」「以上明らかなように」といった副詞的用法も存在するのであるが、その点については後に論ずる。

　最初に、上記四つの意味間の関係をどう理解するかという問題であるが、この点については以下の図6のように考えることができるであろう。すなわち、(i) 意味〈1〉～〈3〉の関係に関しては、「X以上」の「X」の部分が、「語基→連体修飾節→そこまでの文脈」と順次拡大していくプロセスとして位置づけることができるということ、(ii) 意味〈4〉に関しては、意味〈3〉から別のプロセス（語用論的な使用法による展開）によって派生したものと考えられる、というようにである。

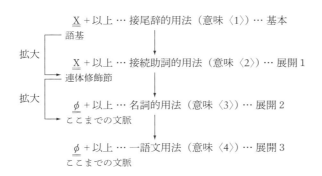

図6　現代語「以上」の各意味間の関係

　次に、これらの意味を語構造の観点から眺めてみよう。その際、まず押さえておきたいのは、基本的には、「以上」の「以」は「基点を表わす接頭辞」（「～より」に相当する）であり、「上」は実質

的内容を表わす語基であるがその具体的内容は用法によって異なる
ということ、すなわち「以上」全体で派生語になっているという点
である。このように考えるなら、意味〈1〉〈2〉の場合の語構造は
次のように把握でき、いずれの場合も「上」は拘束形式の体言性語
基と見なすことができる。

　・意味〈1〉（接尾辞的用法）：「X以上」…〈Xより「上」〉

　　　　　　　　　　　　　　　数量的・価値的に上位であること

　・意味〈2〉（接続助詞的用法）：「X以上」…〈Xより「上」〉

　　　　　　　　　　　　　　Xを前提とした判断結果を表わす

今、このような「以上」の語構造を④型とする（4.4の図5も参照）。
　一方、意味〈3〉については別の解釈が必要である。そして、
〈3〉については、副詞的用法（「以上述べたように」の類）から考
えていった方がよい。そこで、今それを意味〈3〉′とすると、それ
ぞれの意味の場合の語構造は次のようになるであろう。

　・意味〈3〉′（副詞的用法）：「以上」…〈「上」を以て〉

　　　　　　　　　　　　　　ここまでの文脈

　・意味〈3〉：（名詞的用法「以上」…〈「上」〉

　　　　　　　　　　　　　　ここまでの文脈

すなわち、意味〈3〉は〈3〉′の「以」が実質的に機能しなくなる
（意味が∅になる）ことによって成立した用法であると考えるわけ
である。従って、厳密には、図6の展開2は「副詞的用法→名詞的
用法」という展開を内部に有するということになろう。なお、意味
〈4〉は語構造的には意味〈3〉と同じであるが、語用論的な用法で
あるので、直接語構造を問題とする必要はない。今、上記意味
〈3〉′のような語構造を⑧型、意味〈3〉のような語構造を⑧′型と
する（4.4の図5も参照）。

　以上、現代語の「以上」について述べたが、ここで、これを4.4
で見た「以上」の通時的な解釈と対照してみたい。

222　　I　語構成の文法的側面についての研究

まず意味間の関係としては、次の点が指摘できる（通時態・現代語ともに存する用法を対象とする）。

Ⅰ．共通点

　1）接尾辞的用法が基本であるという点。

　2）接尾辞的用法から接続助詞的用法が出てくるという点。

　3）名詞的用法から一語文用法が出てくるという点。

Ⅱ．相違点

　4）名詞的用法の位置づけが異なる点。

　4)-1：通時的には接尾辞的用法と関連づけられるが、現代語としては接続助詞的用法と関連づけられるということ。

　4)-2：通時的には、副詞的用法は名詞的用法より遅く登場するが、現代語としては、副詞的用法から名詞的用法が出てくると解釈されるということ*39。

なお、通時的な解釈と共時（現代）的な解釈との異同をどう理解するかという点については、既に第2項で述べた。

　次に、語構造の観点から両者を対照してみると、次のようなことがわかる。

（ア）通時的にも共時的にも、Ⓐ型・Ⓑ型（Ⓑ′型）という語構造の2類型が適用できる。

（イ）実際にⒶ型・Ⓑ型（Ⓑ′型）の語構造を有する用法の内実は、通時態と現代語とで異なることがある（Ⓑ型：⑦ロ、Ⓑ′型：二の二つの意味は現代語には存しない）。

（ウ）共時的には、Ⓑ型はⒶ型から派生するが、通時的には逆の可能性があり得る（⑦イをⒶ型と解釈した場合の⑦ロ：Ⓑ型→⑦イ：Ⓐ型の派生）。

（エ）共時的には、Ⓑ′型はⒷ型から派生するが、通時的には逆の場合が見られる（⑤：Ⓑ′型→⑦ロ：Ⓑ型、⑤：Ⓑ′型→⑤′：Ⓑ型）。

　上記（ア）（イ）の2点から、共時的に解釈された語構造のパターンⒶ型・Ⓑ型（Ⓑ′型）は、通時的にも有効であることが明らかになったと言うことができよう。

第3章　語構成と品詞　　223

4.6　まとめと**課題**

　以上、特定の一語「以上」の歴史を、語構成の観点を交えてたどってみた。その結果、本節の4.1に掲げた目的（A）（B）に即して述べるならば、以下の2点が明らかになったと言えよう。

- ・（A）に関しては、現代語の「以上」において認められた語構造Ⓐ型・Ⓑ型（Ⓑ′型）の区別が、4.4の図5に示したように、「以上」の通時態を記述するのにも適用しうるということ。
- ・（B）に関しては、上記図5と4.5の図6とを対照してみればわかるように、「以上」の通時態と現代語との間には、「ずれ」が存在するということ。

　第4項では、基本的に「以上」一語の歴史を見たわけであるが、一般的に言われるように、ある語の歴史をたどる際には類義語との関連性が問題となる。そこで、この点に関して、最後に簡単に触れておきたい。

　「以上」の類義語は、その意味それぞれについて存在するはずであるが、差し当たって著者が注目しているのは、意味⑦ロ（全部で・合計）に関する類義語「都合」である。この語については、4.4で触れたが、「以上都合」と一緒になって用いられたり、「以上」と対になるような形で用いられたりする。両者の相違は、著者の見る所では、合計する過程に重点がある（「以上」）か、合計した結果に重点がある（「都合」）か、という点にあり、それがまた、合計する際の対象を全てなり一部なり挙げるか結果の数値のみを記すか、という傾向の違いとなって現われているように見受けられる。そして、「都合」のそういった側面が、「都合」に関して「都合が合う」という表現を生み出し、現代語の「都合がよい」とか「相手の都合を確認する」といった用法へと繋がって行ったのだと考えられる*40。なお、「都合」の他に、「以上」の⑤（上述のこと）の意味に関しても、古い時代（『寧楽遺文』『平安遺文』）には「以前」という語にそのような用法があったことが見て取れ、類義語の一種と見なしうるが、両者の関係については今後の課題としたい。

5. おわりに

　ここ15年くらいの間に、現代語の語構成に関する研究は大きな
進展を遂げた。それは、第2項で述べた語形成論とは若干異なった
意味合いでの「語形成論」、すなわち、言語話者の頭の中に存在す
る文法において語がどのように作り出されるのかといった観点から
の語構造の研究、が中心となり、語彙概念構造や特質構造といった
概念装置を駆使し統語論との関わりを中心に語構造の研究を推し進
めたからである。しかし、それらの概念装置は、現代共時態の中で
こそ充分に活用できるものであり、それをそのまま歴史的な語構成
研究に応用するのは難しい＊41。その点は、第2項で指摘した語構
成の研究一般の場合と同様である。そういう意味では、現代語にお
ける語構成研究の枠組みや概念装置が歴史的な語構成研究にどのよ
うに応用できるのか、という点は現在の語構成研究における大きな
課題と言えよう。本節でも、第1項で、著者の語構成に関する基本
的な立場を提示したが、残念ながら、それが語構成の歴史的な研究
にどのように関わってくるのかについては充分に示せなかった。そ
の点は著者の力量不足である、

　しかし、本節では、もう一方で、そういった理論的な側面とは別
に、現代語に対する具体的な語構造分析が、歴史的な記述にどのよ
うに利用できるのか、という問題も考えてみた。第4項の「以上」
に関する記述がそれであり、その面では一定の成果が得られたよう
に思う。しかし、翻って考えてみると、そもそも現代語の語構成研
究と歴史的な語構成研究とは、前者から後者に影響を与えるといっ
たような一方向的な関係にあるのではなく、双方向的な影響関係に
あるべきものであろう。そういう点では、今後、歴史的な語構成研
究が現代語の語構成研究にどのような貢献ができるか問われるこ
とになるであろう。

　現代語の研究と歴史的な研究との関わりといった点とは別に、歴
史的な語構成研究そのものの内部に立ち入ってみるならば、語構成
史は、第2項で述べたように、何よりも語のさまざまな側面におけ
る歴史、たとえば、表記史、文法史、（類義語や多義構造との関わ

りを含めた）意味史、との関わりで、総合的に探求されるべきであろう。どのような研究でもそうであろうが、この点は、語構成史の研究において特に強く感ぜられる。そもそも、語構成という事象自体が背景に一群の語を背負ったものであるという意味ですぐれて語彙的な事象であるという点も見逃すことはできない。第4項で試みたのはそういった意味合いでの語構成史であり、その点では、実際に扱ったのはほぼ「以上」一語であるが、あくまでも語彙史の一環として構想したものである。残された問題は多いが全て今後の課題としたい。

＊1　本節における語構成の考え方について詳しくは、斎藤（2004：第1部）を参照されたい。

＊2　動詞の場合、いわゆる語幹と活用語尾とに分けることが可能であるが、そういった分割は語構成とは別の観点によるものであると考える。語構成という場合、造語と密接に関わるが、「読み-書き」「読み-物」などに見られるように、動詞の語幹と活用語尾とは、常に一緒になって造語の単位となり、それぞれが直接造語に関与することがないからである。なお、形容詞の場合には語幹と活用語尾とを語構成論的に分割することが可能である。詳しくは、森岡（1969b）参照のこと。

＊3　単純語の場合を含め、一般に語が語構成要素から造られる場合に、単語化がどのように機能しているのかとか、単語化は意味的要素を付加する以外にどのような働きをしているのか、といった問題に関しては、斎藤（2004：第1部）を参照されたい。

＊4　たとえば、松村明編『日本文法大辞典』（明治書院）の「語構成」の項目など。

＊5　「しあわせ」の語史については、小野（1983）に拠った。

＊6　「一生懸命」の語史については、鈴木（1983）に拠った。

＊7　類義語と語構成との通時的な関わりを見た研究の例としては、吉田（1983）などが挙げられよう。

＊8　大堀（2004）に見られるように、文法化は本質的には通時的な問題である。なお、文法化については、『日本語の研究』1–3、2005（「特集：日本語における文法化・機能語化」）などを参照されたい。

＊9　現代語研究では、一般に「する」を伴って動詞化する語を動名詞と呼ぶことが多い。漢語ばかりでなく、「旅する」「受け答えする」「テストする」「コピーする」などの下線部も含めて考える。詳しくは影山（1993：第1章［1.4］・第5章）などを参照されたい。

＊10　最近の現代語研究では、「動詞＋動詞」型の複合動詞に、「語彙的複合動詞」と「統語的複合動詞」とを区別して考えるのが一般的であるが，複合動詞の歴史的研究においては、従来、この区別に関して問題にされることはほとんどなかった。従って、本項でもこの区別について特に触れることはしない。なお、両複合動詞の相違については、影山（1993：第3章）などを参照されたい。

＊11　本項では、特に必要がある場合、小島（2001）の挙げる条件のうち、①を満たすが②をも同時に満たすかどうか明確でない形式を、「複合動詞形式」と呼ぶことにする。

＊12　用例は、関が挙げているものに従う。ただし、本文は『日本古典文学大系』に拠る。

＊13　平安時代を中心とした古代語における複合動詞の一語性に関し考察した最近の論考に百留（2015）がある。

＊14　ここで言う「一致関係」は山田孝雄の用語、次に見られる「補助関係」は斎賀秀夫の用語を受け継いだものである。なお、藤井（1991）は、説話文学における複合動詞の特色を探る中で、関のこの捉え方に疑問を呈し、和文本来の複合動詞の構成は「うち〜」「〜たまふ」などの従属関係が中心をなしていたと考えられると述べている。

＊15　もちろん、この二つを厳密に区別することは不可能である。ここで問題にしているのは、複合動詞の成立を言う場合どういう立場に立って論ずるのか、という点である。

＊16　本節4.5はそれと内容的に一部重なる。

＊17　意味の説明は適宜省略し、用例は基本的に初出例のみを挙げる。また漢語サ変動詞としての用法は別扱いとし今回は取り上げない。

＊18　現代中国語では、④は日本語と同じく「以上」を使うが、回については「以上」を使わないということなので、この区別もそれなりにわからないことはない。

＊19　漢籍の用例検索には、台湾中央研究院漢籍電子文献を利用した（本文もそれに拠る）。

＊20　現代中国語では、「以上」には『日国大』の①と⑤（副詞的用法も含む）の用法しか見られない。

＊21　『蒙求抄』（巻一）に「（以と已とは）以上ト云時モ已上トモヲカホドニ同物ソ」とある。「以前・以下（いか・いげ）」等にも「已前・已下」の表記が併存する。

＊22　本文は竹内理三編『平安遺文』（訂正版、東京堂、1963年）による。なお、旧字体は新字体に改めた（表記については以下同様の処置をした）。

＊23　本文は竹内理三編『鎌倉遺文』（東京堂出版、1971年）による。

＊24　この例は「注文」（「ある事柄についての要件を列記した文書」『日国大』）の例であり、『日国大』の③の説明には「注文」という語は見えないが、『時代別国語大辞典 室町時代編』には、「箇条書・目録・注文などの末尾に添えて」とある。

＊25　本文は竹内理三編『寧楽遺文』（訂正版、東京堂出版、1962年）による。

＊26　本文は吉野作造編『明治文化全集 第九巻経済篇』（日本評論社、1929年、42頁）による。

＊27　本文は吉野作造編『明治文化全集 第二十四巻科学篇』（日本評論社、1929年、52頁）による。

＊28　本文は『改正　自由之理』（1877年、木平譲蔵版、200頁）による。

＊29　本文は吉野作造編『明治文化全集 第二十巻文明開化篇』（日本評論社、1929年、206頁）による。

＊30　本文は吉田澄夫・井之口有一編『明治以降国語問題論集』（風間書房、1964年、155頁）による。

＊31　本文は『坪内逍遙訳　新修シェークスピヤ全集　第二十六巻　デュリヤス・シーザー』（中央公論社、1934年、7–8頁）による。

＊32　このことは、日本語においては、結果的に「以上」の「以」の意味が形骸化したということであるが、この点については4.5で述べる。

＊33　本文は日本古典文学大系による。

＊34　「以上」と「都合」との関係については本項の最後4.6で簡単に触れる。

＊35　本文は、『和訓栞』（名著刊行会、1990年、上巻171頁）による。

＊36　この用法と直接関わるわけではないが、鬼山（1981）において、明治初期の翻訳書などで多く使われている「〜上」（「経験上・理論上」など）の成立について、「〜のうえ」という表現と対比させながら論じられており興味深い。

＊37　各意味における例文は森庄（1989）による。

＊38　この用法については、本書第1部第3章第1節（4）を参照されたい。

＊39　ここでの現代語の解釈は、あくまでも語構造を優先した解釈であり、副詞的用法は、一般的な、時などに関する名詞の副詞的用法と同じものと解釈することも可能である。

＊40　「都合」については、先行研究に原（1999）があるが、「以上」との関わりについては論じられていない。なお、現代語としても「都合」には「合計」の用法が残っているが、中心的な用法とは言えない。

＊41　高山善行（2007）は、語構成を直接扱ったものではないが、特質構造を国語史に適用した意欲的な試みである。

第 4 章

語構成と選択制限
文法と語彙の間

1. はじめに

　言語には一般に「選択制限」（selectional restriction）と呼ばれ
るルールが見られるが、安井編（1996）によればその内容は次の
ように規定される。
　（1）　文が意味的に適格であるために満たすべき、文中の語と語
　　　　（動詞とその主語または動詞とその目的語など）の連結に関
　　　　する意味的制限または条件をいう。
　日本語における例を挙げるならば*1、
　（2）　息子は一日中友達と積木で遊んだ。
　（3）　赤ん坊がミルクを飲む。
は適格であるが、
　（4）　*石が一日中遊んだ。
　（5）　*赤ん坊が夢を飲んだ。
　（6）　*山がミルクを飲んだ。
が不適格になるのは、
　（7）　「遊ぶ」：主語に〈人〉という意味特徴を有する名詞句を取
　　　　　　　　　る
　　　　「飲む」：主語に〈人〉という意味特徴を有する名詞句、目
　　　　　　　　　的語に〈液体〉または〈物〉という意味特徴を有
　　　　　　　　　する名詞句を取る
という言語運用上のルールが存在しており、それに違反しているか
らであると説明されるが、そのルールが選択制限である。
　選択制限は、上記（1）の規定に見られるように、基本的には統
語レベル（語レベル以上）で機能するルールである。しかし、選択
制限を、語（動詞）が句や文を構成する際に作用する他の語との共

229

起制限と捉えるなら、それが、統語レベル以下（以下、「語構成要素レベル」と呼ぶ）において、動詞的な語構成要素が他の語構成要素と結合する際にも何らかの影響を与えるであろうことが予想される。すなわち、選択制限が語形成にも何らかの関わりを有することが考えられるわけである。

以上のような基本的発想に基づき、本章では、次の2点を問題としたい。

①選択制限は語形成においてどのように機能するのか。

②選択制限を語形成のモデルにどのように取り込んだらよいか。

本章は、これらの点を、「N + V」型の動詞由来複合語（「舵取り」「肩たたき」「染み抜き」「水まき」「村おこし」etc.）に見られる内項規則を材料として考えることにしたい。

2. 先行研究　語形成と選択制限

語形成と選択制限との関わりについて、前節で述べたような本章の問題意識と同様の観点から考察したものはほとんど見られない。ただ、本章とは異なる立場から語形成と選択制限について言及したものとして、影山・由本（1997: 第2章）を挙げることができる。

同書では、まず、英語の接頭辞（un-、mis-、re- 等）が動詞につく場合、動詞がもともと有している選択制限がどのような影響を被るか、という点が問題にされる。そして、その点を接頭辞による基体動詞の有する語彙概念構造（Lexical Conceptual Structure、以下LCSと略称する）の変更という観点から統一的に説明しようとする。

また、日本語の「V1 + V2」型複合動詞のうちのいわゆる統語的複合動詞に関して、それらが取る統語構造をどのように捉えたらよいかを考察するに当たり、一語全体の有する選択制限が前項（V1）、後項（V2）のどちらによるものであるかという点に基づいて、以下の三つのタイプに統語的複合動詞を分けている*2。

（8）a.　鐘が鳴りかけた／彼が鐘をつきかけた、雨が降り出す／パソコンを使い出す、台風が上陸し得る／太郎が発

言し得る

b. 彼はごちそうを食べそびれた／*月が出そびれた、彼が鐘をつき遅れる／*鐘が鳴り遅れる、私が発言しかねる／*雨が降りかねる

c. 彼が鐘をつき忘れる／*鐘が鳴り忘れる、太郎が発言し直す／?台風が上陸し直す、人が花を取り尽くす／*花が枯れ尽くす

すなわち、aの「〜かける／出す／得る」のように複合動詞全体の主語がV1の要求する主語と一致する「非対格タイプ」、bの「〜そびれる／遅れる／かねる」のように主語の選択制限がV2に基づく「VPタイプ」、cの「〜忘れる／直す／尽くす」のようにさらに目的語の選択に関してV1、V2双方の選択制限が作用する「V′タイプ」の三つである。

以上、影山・由本（1997: 第2章）における考察を簡単に見た。これらの考察は、確かに語形成と選択制限との関わりに関するものであり興味深いが、いずれも、語の有する選択制限が、その語が合成語を形成した際に合成語全体が新たに有する選択制限とどう関わるのか、という問題意識に基づいたものであり、前節で述べた本章の問題意識とは基本的に異なるものである。

3. 動詞由来複合語における内項規則

本章で取り上げる、動詞由来複合語における内項規則（以下、「内項規則」と略称する）というのは、次のような規則である（影山［1997: 42］）。

(9) 名詞＋動詞型の複合語では、名詞は動詞の内項（つまり目的語）と解釈できる。

具体的には、動詞が他動詞の場合には、

(10) 石蹴り　落ち穂広い　金儲け　金魚すくい　金庫破り　ケーキ作り　子育て　ゴミ出し　独楽回し　土地転がし　積木崩し　ハンカチ落とし　人減らし　ボール投げ　豆まき　麦踏みetc.

などの例における前項名詞と後項動詞との関係、動詞が自動詞の場合には、内項を取る非対格自動詞のみが対象となり、

（11）雨降り　海鳴り　心変わり　地割れ　値下がり　水漏れ
　　　　雪解け　夜明け etc.

などの例における前項名詞と後項動詞との関係（この場合には前項が後項の主語になる）がそれ（＝内項）に当てはまるというものである＊3。

日本語の動詞由来複合語には、伊藤・杉岡（2002: 3.3）等の指摘するように、「石造り」「早食い」「びしょ濡れ」「ワープロ書き」「若死に」のような、内項ではなく付加詞を第1要素とする複合語も数多く存在するが、これらは内項規則の対象となる複合語が動作の名前である（ことが多い）のと異なり、基本的に述語として使用される。

（12）手紙をワープロ書きする。／部下が若死にする。（動作）

（13）あの橋は石造りだ。／雨で洗濯物がびしょ濡れだ。（状態）

同書では、これらの複合語の意味はLCSのどの部分が取り立てられるかによって決まるとされているが、いずれにせよ、内項規則が適用される複合語とは別のグループに属していると考えられ、本章での考察対象からは除くことにする＊4。

4.　本章の語形成に関する基本的枠組み

本章の語形成に関するアプローチの仕方やそこから出てくる語形成モデルの詳細については、ここでは省略する。それらについて詳しくは斎藤（2004：第1部）を参照していただきたい。ここでは、基本的であり、かつ本章で取り上げる問題と関わりの深い点について、以下簡潔にポイントだけを記すにとどめる。

①語構成要素の存在する語構成要素レベルと語の存在する語レベルとを峻別する。

②全ての語は、単語化というプロセスにより語構成要素が語に質的転換することによって成立すると考える。

③語には語彙的側面と文法的側面の二側面が存在し、それに対応

する形で、語構成要素には意味的側面と機能的側面の二側面が存在する。

④単語化には、語構成要素の意味的側面を語の語彙的側面へと質的転換させる意味的プロセスと、語構成要素の機能的側面を語の文法的側面へと質的転換させる文法的プロセスとの二つのプロセスが含まれる。

⑤語構成要素レベルと語レベルとでは、後者の方をできるだけ豊かにし、前者には必要最小限の情報だけを与えることとする。これは、言語単位として、本質的に語構成要素よりも語の方が基本的であるという認識に基づく。

以上を、簡単に図示すれば、次の図1のようになる。なお、図1の語構成要素は、本章における議論の性格上、複合形式（語構成要素 {a} と語構成要素 {b} との複合した {ab} という語構成要素）の場合を示すと理解されたい。

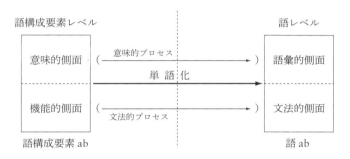

図1　本章の語形成の意本的モデル

5. 考察

5.1　考察の前提

本章では、選択制限はLCSにて規定されるものと考える。これは、Jackendoffの概念意味論の立場である*5。他に、選択制限は意味選択（s-selection）の一種として語彙目録（lexicon）において語彙項目（lexical item）ごとに所与の形で与えられていると考える立場もあるが、本章ではそういった立場は取らない。

第4章　語構成と選択制限　233

次に、LCS は基本的に語構成要素の意味として位置づける。すなわち、前節で示した本章の基本的枠組みで言えば、語構成要素の意味的側面の内実を LCS と考える、ということである。これは、厳密に言えば本章の本来の立場と微妙に異なるが、その点については本質的な問題ではないのでここではこだわらないこととする。

5.2　内項規則の問題点

　選択制限というのは、先に述べたように本来統語レベルの概念であり、項構造に関する情報と一緒になって動詞が適格な句（文）を作り出すのに貢献するものである。すなわち、先に挙げた「遊ぶ」「飲む」の例であれば、その項構造は

$$外項　　　内項$$

（14）　あそぶ：（　x　　　　　　　　）

　　　　のむ　：（　x　　　　〈y〉）

となっており、それらの外項・内項の意味に先に示したような選択制限がかかって来るわけである。

　一方、内項規則というのは項に関する制限であるが、語構成要素レベルにおいて作用するものであるから、構図としては、統語レベルと同様に、語構成要素レベルにおいても内項規則の上にさらに選択制限が作用し語構成要素の結合相手が決まる、という形になっているはずである。

　しかし、実際には、語構成要素レベルにおいては、統語レベルほど自由に要素が共起できる（＝語構成要素が結合できる）わけではない。たとえば、「人殺し」「親殺し」「子殺し」「嬰児殺し」は構わないが、*「孫殺し」*「犬殺し」等の複合語は普通ではないし、「雨降り」「霜降り」はいいが「雪降り」になるとちょっと怪しくなり、*「霰降り」*「雹降り」になるとほとんど容認しがたい、というようにである。こういうことは統語レベルでは基本的に起こらないことである。既に述べたように、統語レベルでは、項構造と選択制限に合致していれば基本的には自由に句を形成することができる。なお、内項規則のこういった問題は、いわゆる語形成における語種の制限とは無関係である点に注意されたい。

このことは、語構成要素レベルにおける選択制限が、統語レベルにおける選択制限よりもいわば制限が厳しいことを示していると理解することができよう。しかも、重要な点は、その制限の厳しさには程度性が見られるということである。上に挙げた「降る」の場合などは比較的制限が厳しく、「殺す」の場合はもう少し制限が弱いと言えようが、以下に見られるように、「作る」のような場合にはさらに自由に複合語を作ることができ、ほとんど統語レベルと同程度の共起可能性を示すとさえ言えよう。

(15) アジト作り・網作り・家作り・池作り・椅子作り・運動場作り・駅舎作り・縁側作り・温室作り・垣根作り・学校作り・蚊帳作り・教室作り・倉作り・稽古場作り・校舎作り・独楽作り・小屋作り…etc.

伊藤・杉岡（2002: 130–131）では、内項を複合する動詞由来複合語と付加詞を複合する動詞由来複合語とを比較し、前者の方が後者よりも「非常に生産性が高」いと指摘する。しかし、上で見たことからも分かるように、前者の生産性の高さを必ずしも強調することはできない。確かに「作る」で例示したような語構成要素レベル特有の制限が弱いグループも存在するが、全てがそうだとは言えないのである*6。

いずれにしても、語構成要素レベルにおける選択制限に制限の強弱に関する程度性が見られるということは、通常の統語レベルにおける選択制限と、語構成要素レベルにおける選択制限とが全く同質のものではないことを示唆するとともに、そのことをどのように理解し語形成モデルにどのように反映させるかが問題になって来ると言えよう。

5.3　処理の仕方

5.3.1　「レベルの峻別」の導入

前節で述べた、本章の基本的立場の一つである「レベルの峻別」という考え方をここで全面的に導入したい。そうすると、項と選択制限に関し、以下のような処理の仕方が考えられる*7。

a）項について

　外項・内項そのものは、本来、統語レベルの概念であると考えられるので、語構成要素レベル用に規定し直す必要がある。これは、言い換えれば、「内項規則」と言う際の「内項」をどのように捉えるか、ということである。これにはいろいろな考え方があるようだが、ここでは、伊藤・杉岡（2002）の考え方に従いたい。すなわち、同書によれば、「ゴミ拾い」のような語は、次の（16）に示されるような外心構造になるという（114頁）。従って、内項規則の内項は、「Nに直接支配されたV′に直接支配されるN」ということになろう。

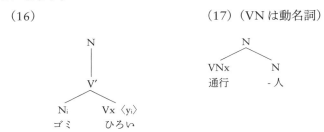

　同書では、この種の構造に対して、「語レベルの要素（NまたはA）がV′を支配するという点で、Xバー理論などの句構造の制約に従わない有標なものだ」（47頁）とされているが*8、そのことは、取りも直さず統語レベルとは異なる語構成要素レベル特有の内項規定が必要であることを示していると言えよう。

　ただ、問題は外項である。英語では、いわゆる動作主名詞を作る接尾辞-erが外項を指示すると言われている。日本語においても、「-人（通行人）、-者（経営者）、-家（評論家）、-士（弁護士）、-手（運転手）」等、動作主名詞を作る接尾辞は多いが、それらが同じく外項を指示すると考えれば*9、上記（17）のような構造を想定することができる。そうすると、その限りでは、語構成要素レベルの外項は、「Nに直接支配され、VNと姉妹関係にあるN」といった形の規定になるということになろう。

　以上見たように、統語レベルとは異なった形で外項・内項が規定されるのであれば、それら語構成要素レベル特有の外項・内項を

x′・y′とし、語構成要素の機能的側面に設定することになる。ただし、ここでは、それらは所与の要素ではなく、語構成要素の意味的側面にある LCS から linking rule によって導かれると考える＊10。

　いずれにしても、本章では、これらの項構造をまず語構成要素レベルの存在として機能的側面に設定し、その後、これらは文法的プロセスによって通常の項構造に変換されたうえで語の文法的側面に位置づけられると考える。

b) 選択制限について

　既述のように、選択制限も本質的に統語レベルの規則なので、新たに語構成要素レベル特有の選択制限を設定し、それを sr と表示する（それに対し、従来の統語レベルの選択制限は SR と表示する）。これを、語構成要素の意味的側面にある LCS から導き、語構成要素の結合規則として機能的側面に置く（本章では、5.1 で述べたように、そもそも SR は LCS において規定されると考えている点を想起されたい）。ただし、項の場合とは異なり、文法的プロセスの適用対象とはしない。SR と sr の場合には、あくまでも前者が基本であり、後者はそれに特殊な制限が加わった限定的なケースとして位置づけられると理解されるため、後者から前者を文法的プロセスによって導くのは妥当でないと考えられるからである。

　選択制限について以上のように考えるなら、5.2 で見た内項規則の問題点というのは、sr の内実をどのように考えるか、ということであることが分かる。

　以上新たに提示した項と選択制限との位置づけを、第4節で示した本章における語形成の基本的な枠組み（図1）の中に取り込むなら、以下の図2のようになるであろう。

第4章　語構成と選択制限　　237

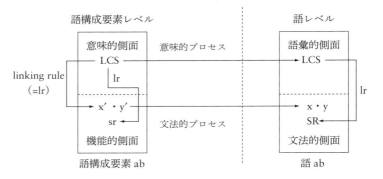

図2 項（x′・y′）と選択制限（sr）を取り込んだ語形成の基本的モデル

上図のポイントは、SRとsrとが共にLCS（LCSは意味的プロセスによって語の文法的側面にそのまま移行される）を共通の基盤とし、いわばそれを親とする兄弟の関係にあるという点である。なお、理屈の上では、語構成要素の機能的側面に意味的側面のLCSから導いたSRを設定し、それを一方では文法的プロセスで語の文法的側面に移行し、もう一方で、語構成要素の機能的側面の内部でそれから制限の強化という形でsrを導く、というアプローチも考え得るが、前節で示した本章の基本的な立場⑤との関係で、本章ではそういった立場には立たないことにする。なお、この問題については次の5.3.2でもう一度簡単に触れる。

5.3.2 「sr」（語構成要素レベル特有の選択制限）の内実

5.2で見た内項規則に基づく実際の語形成における二つの問題点
ⓐ統語レベルに比べての制限の厳しさ
ⓑ個々の語構成要素ごとに存在する制限の強弱の程度性
を扱うにはSRでは不充分であり、そのために新たにsrを設定したわけであるが、それでは、srの内実はどのように考えたらよいであろうか。

結論的には、上記の問題点のうち特にⓑをうまく扱うためには、
(18) sr→基本的に当該語構成要素の結合相手を列挙する
という方式にせざるをえないように思われる。ただし、その際、以

下の3点に留意すべきであろう。

　㋑基本的に制限が緩いか厳しいかを示す必要がある。

　㋺制限が緩い語構成要素の場合は、結合相手を列挙し尽くすこと
　　はできない。

　㋩制限が厳しく、差し当たり結合相手を列挙できる場合でも、新
　　たな結合を生じる可能性が常に存在する。

このように考えると、列挙の仕方としては、本質的に「開かれた集
合」（open system）とした上でその元を列挙する、という方式が最
も妥当であるということになろう。具体的には、次のような形であ
る（同じグループに属する語構成要素例も併せて示す）。

(19)…rは制限の強弱の程度を示し＊11、a、bはLCS内の変項
　　を表わす（aは外項に、bは内項に対応づけられる）。参考
　　のためSRも併せて記す。

　・制限が弱い場合…ex.集める、選ぶ、配る、探す、調べる、
　　作る、届ける（「転居届け」の類）、貼る、掘る、磨く etc.

　　　　ex.作る［SR→a:〈人・組織〉b:〈物〉］

　　　　　　　［sr→r: 弱 ∧ b:〈物〉 ∧ { b｜アジト、網、家、
　　　　　　　池、椅子、運動場、駅舎、縁側、…}］

　・制限が強い場合…ex.開く、当たる（「風当たり」の類）、洗
　　う、置く、押す、買う、冷ます、死ぬ、知る、捨てる、助け
　　る、叩く、騙す、使う、投げる、飲む、踏む、降る、曲げる、
　　忘れる etc.

　　　　ex.降る［SR→b:〈自然現象・物〉］

　　　　　　　［sr→r: 強 ∧ b:〈自然現象・物〉 ∧ { b｜雨、霜
　　　　　　　（雪…)}］

　・制限が中くらいの場合…ex.余る、飼う、書く（「手紙書き」
　　の類）、隠す（「証拠隠し」の類）、崩れる、切れる（「燃料切
　　れ」の類）、殺す、消す（「つや消し」の類）、断つ（「酒断
　　ち」の類）、縫う、抜く、運ぶ、拾う etc.

　　　　ex.殺す［SR→a:〈人・生き物〉 ∧ b:〈人・生き物〉］

　　　　　　　［sr→r: 中 ∧ b:〈人・生き物〉 ∧ { b｜親、子、
　　　　　　　人、嬰児、男、女（…)}］＊12

「殺す」の場合なら、制限の程度（＝ r）は「中」程度であり、結合相手の語構成要素（LCS における b は語構成要素レベルでは y′ と解釈される）の有する意味特徴は〈人・生き物〉であり、具体的には「親・子・人・嬰児・男・女」が挙げられるが、その他に同様の意味特徴を有する語構成要素と結合する可能性が残されている、ということになろう。ただ、ここで問題となるのは、上記中の「b：〈人・生き物〉」の部分である。というのは、これは、結果的には、SR の一部が sr においても最大範囲を指示するという形で機能していることを示すものであり、5.3.1 の図 2 の説明で触れた SR の設定位置に関するもう一つの可能性を支持するものとも受け取れるからである。しかし、本章では、SR（の一部）がそのまま語構成要素レベルで機能するとは考えず、あくまでも sr と SR との共通の基盤（すなわち LCS の b に対する意味的制限）から直接出てくる sr の制限であると考えることにしたい。

　（19）のように具体的な動詞的語構成要素を制限の程度別に振り分け列挙してみると、次のようなことに気づく。ただ、それをどう理解し全体の中にどう位置づけるかは今後の課題である。

1)　動詞的な語構成要素の中には、ほとんど内項と結合しないものもある。たとえば、「避ける」「食べる」「冷やす」「太る」「燃やす」「沸く」etc. これらはある意味最も sr の制限の強い部類であると言えよう。ただし、これらの場合でも、結合相手が本質的に開かれた集合であることに変りはない。

2)　基本的には、sr の制限が弱いということは、デキゴト名詞が自由に作れるということであり、sr の制限が強いということは、ほとんど既存のモノ名詞しか存在しないということである。ただし、モノ名詞であっても「バイオリン（チェロ・ピアノ・ビオラ）弾き」「モーツァルト（ショパン・ベートーベン・リスト）弾き」（いずれも〈人〉を表わす）のようにある程度自由に作れる場合があるし、既存の複合語であっても「海開き」「敵討ち」「子育て」「人捜し」「町おこし」「水漏れ」「山登り」等デキゴト名詞であるものも多い。

3) SR は意味ごとに考えるのが基本であり、sr もそれに応じ意味ごとに考えなければならないが、意味によって sr の制限の強さに差が出る場合がある。たとえば、「おこす（起・興）」の場合、基本的な意味である「横になっていたり、傾いていたりする人や物をまっすぐに立たせる。」「眠っている人の目を覚まさせる。」（小泉他編［1989］による）といった意味の場合には、ほとんど複合語を作らないが、周辺的な意味である「速記や録音を文字にする、または、文書などを作る。」や「新しく国を造ったり、事業などを始める。」のような場合に、「テープ起こし」「文字起こし」や「会社興し」「町興し」「村興し」等の複合語を作るということが見られる。

5.4　今回扱った問題の有する意味合い

今回扱った問題は、（SR を伴った）内項規則という文法論的な観点からだけでは実際の語形成を充分に処理することはできず、そのためには各形式の個別性に言及する語彙論的な観点が必要であることを示していると言えよう。実際、sr の制限の強弱の程度性が何によって決まるのかは複雑な問題で、その点を明らかにするには語彙論的な考察が不可欠である*13。そういう意味では、今回扱った事象は文法論と語彙論の境界に位置する問題であると言えようが、このことを裏返して言うならば、語形成の十全なモデルを構築するためには、文法論的事象、語彙論的事象の双方に対応出来るようなモデルを目指す必要があるということに他ならない。

なお、一般に語構成において結合相手に対する制限が句の場合に比べ厳しいことは既に早くから指摘されている（たとえば、湯本［1978: 78］など）。しかし、こういった指摘は、既存の複合語を対象とし、新しく語を作り出すルールを想定しにくい場合を論じているという意味で、どちらかと言えば語構造論的な色彩の強いものであり、本章で問題としているような文法論的な語形成のルールに関わるものではない。もちろん、伊藤・杉岡（2002: 45）等が指摘するように、語形成にも「動詞句内の必須要素はすべて複合語内に投

射されなければならない」といった独特の制限が存在するが、そういう制限と今回本章で指摘したような語構成要素レベルにおけるsrに関する制限とは本質的に異なる。そういう点で、本章の指摘は意味のあるものであると考えられる。

6. おわりに

　以上、いわゆる選択制限は語構成要素の結合規則として利用することが可能であろうという基本的発想に基づき、内項規則を具体的な材料として、語形成と選択制限との関わりについて考察して来た。その結果、以下の諸点が明らかになったと考える。

①選択制限（SR）は基本的に統語レベルにおけるルールであり、そのままでは語構成要素の結合には適用できない。

②SRを語構成要素の結合規則として利用するためには、語構成要素レベルにSRに対応する規則（sr）を新たに設定する必要がある。

③一般にsrはSRに比べて制限が厳しいが、その厳しさには個々の語構成要素によって程度差が存在する。

④srのそういった特質を語形成モデルに反映させるためには、srの内実をSRとしての意味特徴の指示に加え、個々の語構成要素の結合相手を列挙する（ただし、それらの結合相手は開かれた集合を構成すると考える）という形式にせざるを得ない。

⑤srとSRとはその基盤を語構成要素におけるLCSと同じくするが、srに見られる制限は語彙論的な性格のものであり、そういう点では、語形成と選択制限との関わりという問題は文法論と語彙論との境界に位置する問題であると考えられる。

⑥語形成のモデルは、文法論的事象と語彙論的事象との双方に適用できる形で構築される必要がある。

本章には、外項・内項の語構成要素レベルにおける対応物の規定等、文法的側面に関して未だ不明確な部分が見られるし、語彙的側面に関しても、srの制限の程度性を決める要因の考察に関しては全く不充分である。また、5.3.2で指摘した点（srの源をどこに求めるか）

についてもよりきめの細かな観察と考察が必要であろう。全て今後の課題である。

＊1　例文（2）（3）は小泉他編（1989）による。また、選択制限の記述も同書に拠った（以下、同じ）。

＊2　同書のこの点に関する説明は、影山（1993：第3章）を敷衍したものである。

＊3　影山（1997）も述べているが、内項規則は、厳密には「〜に」のみを取る動詞の場合にも成立する。「塾通い」「先祖返り」「波乗り」「母親似」「山登り」etc.

＊4　影山（1999）では、「モノ名詞の場合には、『犬走り』やcatwalkのように『外項』を含む場合が可能である。」（129頁）と述べ、内項規則の適用対象を「デキゴト名詞」のみに限定しているが、伊藤・杉岡（2002）にはそのような限定は特に見られない。本章では、後者に従った。

＊5　田中他（2000：第3章）参照。当該章は大室の執筆である。

＊6　この辺の議論に、先に注4で取り上げた「モノ名詞」と「デキゴト名詞」との区別の問題も絡んで来るように思われるが、詳しいことは不明である。なお、この点に関しては後述5.3.2も参照されたい。

＊7　「レベルの峻別」を厳密に適用するのであれば、語構成要素の分類カテゴリーについても語の場合（＝品詞）と区別すべきであるが、本章ではそこまで問題にはしない。

＊8　語構成要素レベルにおいてもXバー理論が成立すると考える立場もあるが、黒田（2003）ではそういった立場の有する基本的な問題点について論じられているので参照されたい。

＊9　影山（1999：第9章）では、英語の-erが外項を指示すると考えるのには問題があるとし、同形式を項構造ではなく特質構造の観点から分析している。また、同書では、日本語の動作主名詞についても同様の観点から興味深い分析を展開しているが、さらに影山（2002a）も参照されたい。なお、日本語の動作主名詞に関しては、「使用人」「逮捕者」等、受動者を言う場合が若干存在するが、基本的には動作主を表わすと考えてよいと思われる。この点に関しては杉村（1986）、野村（1977）を参照されたい。

＊10　項構造をLSCからのlinking ruleによって導くという考え方は、影山（1996：第2章）、伊藤・杉岡（2002：25）などでも取られている立場である。ただし、これらにおいては、あくまでも項は基本的に統語レベルのものとして考えられているので、本章で言うlinking ruleは、それと全同ではなく、それを語構成要素レベル用に若干修正したものとなる。

＊11　ここでは強弱の程度を「強」「中」「弱」の3段階としたが、厳密な基準が存在するわけではなく、あくまでも便宜的な区別である。

＊12　「男殺し」「女殺し」は後項の意味が比喩的であるが、ここではその点は

問題にならない。

＊13 語彙論的な観点から複合語の存在する条件を探ったものに、松本（1970）、石井（1992）等がある。

II

語構成と文法論との関わり

第2部　序

　第1部「序　語構成の文法的側面とは」で、「語構成と文法との関わり」を考える際の立場として、次の二つを挙げた。

　Ⓐ：「語構成（論）を文法（論）からある程度独立したものと捉える立場」

　Ⓑ：「語構成（論）を文法（論）の一部として捉える立場」

　そこで述べたように、本書の基本的立場は上記Ⓐであり、これは動かない。そして、それを具体的に展開したのが「第1部　語構成の文法的側面についての研究」の内容であり本書の中心をなす。

　しかし、もとより、著者には立場Ⓑへの興味・関心も強い。ただ、立場Ⓑに立って論を組み立てるのは、本来、文法論（あるいは、より直接的には文法論研究者）の役目である。著書自身は、本質的には、文法論者ではない。従って、現在の著者には、残念ながら立場Ⓑに立って本格的な論を展開するだけの力量が備わっていない。

　けれども、従来の文法論を対象にして、Ⓑの立場から論ずることはできる。いわば、文法（論）にとって語構成（論）はどうあるべきかではなく、これまでどうあったか、という問題である。本書第2部は、この点について従来の文法論を批判的に検討したものである。

　Ⓑの立場からこれまでの文法論を検討することが自己の語構成論の基礎固めに繋がるのではないか、という問題意識は、著者が以前から有していたものである。著者がそのような考えを抱くようになったのは、そもそも語構成（論）と文法（論）との間に密接な関連性が存するからに他ならない。この点は、第1部序で述べた著者なりの言語構造における語構成の位置づけをあらためて参照していただければわかるが、要するに、ポイントは、次の2点である。

①語構成は語の構成に関する事象であり、文の構成に関する事象
　である文法と近い関係にあるということ（語構成を文法に含め
　て考える立場も広く見られる）。
②語構成と文法は、どちらも語を基本的な単位として共有すると
　いうこと。
このことは、換言すれば、語構成も文構成も言語単位の構成に関わ
る問題であり、両者を言語単位論という共通の観点から眺めること
は充分に意味のあることである、ということを示す（ただし、第1
部序（5）（イ）に記したように、両者が同質でないことは改めて
強調しておく必要がある）。

　語構成と文法との親近性については、他に、『国語学大辞典』に
おける「語構成」の項で、宮島達夫がすでに触れている。語構成論
のうち、造語論的な立場は「語彙論的な色あいが濃い」が、「語構
造論的な語構成論は、文法論の一部とされることが多い。」と述べ、
その根拠として三点を挙げている（具体的には、第1部序の（6）
を参照）。

　以上述べた点と、著者の語構成論の基本的な立場が「語形成論的
語構造論」（斎藤［2004：第1部第2章］参照）であるということ
を考え併せるならば、著者が文法論における語構成論の位置づけに
強い関心を抱くのも当然であると言えよう。

　第2部で具体的に取り上げたのは、次の諸点である。
　第1章は、教科研文法の単語中心主義における語構成論を批判的
に検討したもので、論点となっているのは、単語中心主義を取る場
合に語構成の語形成的側面をどのように取り込むべきか、という問
題である。第2章は、松下文法の活用の扱いを通して、文法論にお
ける原辞論（形態素論）の位置づけを探ったものである。鈴木重幸
による、文法論における形態素論不要論に対する批判となっている。
第3章は、言語単位と文法論との関わりを論じたもので、第2部の
中心である。第1節は、山田文法をはじめとする代表的文法論にお
ける語構成の取り扱いを言語単位との関わりから批判的に検討した

ものであり、第2節は、時枝文法における「句」の位置づけを明らかにすることを通して、（文法論にとって）言語単位とは何か、という問題を探ったものである。

　以上、第2部の論述は、Ⓑの立場からの本格的な論ではないけれども、語構成（論）と文法（論）との関わりの一面を扱っているという点で、第1部とはまた別の意味で「語構成の文法的側面」の一面をなすと見なすことができる。第2部を本書に収めたのは、そういった理由に基づく。

第1章
単語中心主義と語形成論

1. はじめに　問題提起

「教科研国語部会の文法、および、その基礎となる言語学研究会の研究方法」（宮島［1994: 108]）である「単語中心主義」は、語構成論の観点から見た場合*1、いわゆる語構造論においてはそのまま受け入れることができるが、語形成論においてはそのままの形では従いにくいように思われる。というのは、次のような事情が存するからである*2。

1)　単語中心主義が語構成論においても妥当であるとされる際に根拠として提示される（語構成論的）事象が、全て語構造論に属するものである。

2)　われわれが実際に語を作る際（＝語形成を行なう場合）、必ずしも単語中心主義が成立していないのではないかと思われる節がある。

著者は、これまで語構成について考えるに当たって単語中心主義を受け入れて来た。そして、著者の語構成論が純粋に語構造論であるならば、上記のような状況が見られるとしてもさほど問題にはならないと言えよう。なぜなら、語構造論において単語中心主義が成り立つことについては疑問の余地がないと思われるからである。しかし、著者の語構成論は、後述（3.1）するように「語形成論的語構造論」であり語形成論的な側面をも含んでいる。従って上記のような状況を無視するわけにはいかない。そこで、次の点があらためて問題となる。

a)　語形成論（語形成の場）においても単語中心主義が成立するのかどうか。

本章は、この点に対して肯定的に答えようとするものであるが、

そうすると、さらに次の点が問題になろう。

　　b）語形成論において単語中心主義が成立するとして、その場合
　　　の単語中心主義の内実は教科研グループの言うものと全同な
　　　のかどうか。

この点に対しては、本章はもともとの単語中心主義の内実を若干修
正することが必要であると考えているが、いずれにしても、この2
点を明らかにするのが本章の直接的な目的ということになる。そし
て、さらに、今回の考察との関わりで、i）語構成論というのをど
う考えるか、特に語構成論の範囲の確認、ii）斎藤（2004: 第1部
第2章第2節）で問題にした単語化の源泉の問題の再解釈、といっ
た点についても最後に簡単に触れることとしたい。

2.　語構成論における単語中心主義　問題点の確認

本節では、前節で提起した問題をより具体的に提示する。

2.1　単語中心主義とは何か　単語中心主義の内実およ
　　　　び語構成論との接点

宮島（1994）によれば、単語中心主義は次のように説明される。
　　これ（＝単語中心主義［引用者注］）は、つぎのようなとこ
　　ろにあらわれている。（1）単語という単位を言語の中心的
　　な存在として規定していること。（2）言語学の構成のなか
　　に語い論をみとめ、意味論と文法論を対立させるのではなく、
　　語い論と文法論を対立させること。（3）文法論が構文論一
　　点ばりではなく、形態論の存在をみとめ、構文論のなかでも
　　連語論をとくにとりだしていること。（中略）
　　　単語中心主義にたつと、文法の記述は、まず文を単語に分
　　解し、単語を品詞にわけ、その品詞に応じて品詞ごとに形態
　　論的な語形、カテゴリーの説明をし、つぎにその単語が文中
　　でつかわれる成分を中心にして、文の構造を論じる、という
　　形をとるだろう。（109頁）

しかし、これだけでは分かりにくい。特に語構成との関わりが見

えてこない。そこで、その点をはっきりさせるために、さらに鈴木（1996）の考えを見てみたい。すなわち、鈴木によれば、言語単位としての語と語構成要素との関わりは次のように捉えられるというが、こういった捉え方が単語中心主義に基づいていることは明らかであろう（いずれも276頁）*3。

- 単語が基本的な単位であって、形態素は単語に対して派生的な、従属的な関係にある。
- 形態素は単語を媒介にして語い体系・文法体系とかかわる。

このうち、本章の問題意識との関わりから言って重要なのは、後者の主張「形態素は単語を媒介にして語い体系・文法体系とかかわる」である*4。なぜなら、そこで言われていることの内実は、現実世界と直接結び付くのはあくまでも単語であって語構成要素（鈴木の言う「形態素」）ではない、ということに他ならず、その根拠として教科研グループの人達に挙げられるのが、宮島（1994、第2部第3章）の言う「無意味形態素」の存在であり、湯本（1978）の言う複合語における「意味のできあい性」だからである。そして、そこにこそ単語中心主義と語構成論との接点があるのである。

2.2　語構成論における単語中心主義の問題点

　紙幅の関係で詳しく説明できないが、「無意味形態素」の問題にしても「（複合語における）意味のできあい性」の問題にしても、基本的には語構造論、すなわち、今現に存在する語の構造に関わる問題である。なぜなら、前者はその定義上われわれが語を作る際に関わる要素ではなく、現実に存在している語にいわば化石的に残存している要素であるし、後者は、まさに「できあい」つまり最初から与えられているものであるということがポイントになっている概念だからである。しかし、語構成論には語構造論の他に語形成論もあるのであって、それと単語中心主義との関わりが明確にされない以上、一般に語構成論において単語中心主義が成立すると言うことはできない。これが前節で提示した理由1）の具体的内容である。

　ところで、語形成論を考慮に入れると、「無意味形態素」にしても「（複合語における）意味のできあい性」にしても必ずしも成り

立たないことに気づく。なぜなら、上で見たように、これらが本質的に語構造論に属する概念であるということは、換言すればこれらは全て単語の所与性を前提にしている概念であるということに他ならないからである。そして、語形成というのは、まさに語構成要素を駆使して語を作っていくというのが一般的な理解であるから、そこでは単語の所与性は否定される。すなわち、この「単語の所与性の否定」ということが前節で提示した理由2）で問題にしている点の実質である。

　なお、教科研グループの場合、語構成に限らず文構成においても単語の所与性が前提とされている。少し長くなるが、宮島（1994）の次の言を見てみよう。引用後半において挙げられている具体例について述べられていることは、「本ばこ」という既存の複合語であるからこそ成り立つということに注意されたい。

　　単語は、おおくの学者が定義しようとしてうまくいかなかったように、とらえどころのない単位である。言語の二重分節構造という特徴を強調したマルティネがとりだしたのも、単語ではなく形態素（かれのいわゆる「記号素」）だ。では、なぜ、そのような単純明快な形態素という単位のほかに、単語という単位が必要なのか。これは、現実にそのような単位が基本的なものとしてあるから、という以外に、しかたがない。現実にあるということは、言語活動をするにあたって、はなし手にそのような単位が与えられている、ということである。言語活動とは、要素をくみあわせて文をつくる作業であり、この文をつくるという作業において直接の単位となるものこそ、言語にとって基本的なはずである。

　　「あの本は本ばこにいれてあるよ。」という文をとってみよう。ここで「本ばこ」という複合語が、あらかじめ、はなし手にあたえられたものであることは、あきらかである。すなわち、それは「本」「はこ」という2つの要素からなるが、この場で、はなし手があたらしくつくったくみあわせではない。はなし手は、この文をつくるにあたって「あの」「本」「いれる」などの単語をえらびだすのと同様に、「本ばこ」を1つのまとまった

単位としてえらびだしているのである。このことは、たとえば、ひっこしのときに、本をつめこんだはこをさして「あの本のはこをまずはこぼう」というのとくらべてみればわかる。「本のはこ」という連語は、はなし手の責任において、その場でつくられたものである。 (97–98頁)

このことは、裏を返せば、教科研グループの文法論というのは、基本的に語構成論として語構造論しか念頭に置いていないということである。従って、語形成論において単語中心主義がそのままの形で成り立たないということは、教科研グループの文法論そのものが成り立たないということに他ならないと言える。

　なお、ここで、次のような考え方もありえよう。すなわち、語形成と統語とを峻別し、統語の出発点が語形成によって作られた語である、とするものである。確かに、こうすることによって統語にとっての語の所与性は維持される*5。ただし、この考えは、語形成論を単語中心主義から切り離すということに他ならない。

　一方、また別の立場もありうる。すなわち、語形成においても単語の所与性という側面が何らかの形で維持される、とする考え方である。ただし、もはやこれはもともとの意味での単語中心主義と全同とは言えないであろう。従って、新しい形での単語中心主義と言わざるをえない。そして、本章で目指すのがこの方向なのである。次節でその内実を述べる。

3. 語構成論における単語中心主義　問題点の解決

3.1　語形成論の考え方と問題点

　前節では、語構成論における単語中心主義の問題点として、単語の所与性が成り立たないと思われる語形成の場において単語中心主義がどのように適用されるのかが不明である、という点を見た。従って、問題を解決するためには、語形成論を視野に入れた上で単語中心主義をどのように維持することができるのか、という点について考察する必要がある。

　語形成論の在り方、また語形成論と語構造論との関係等について

第1章　単語中心主義と語形成論　255

は、斎藤（1997・2004、第1部第2章第2節）で一度論じたが*6、ここでもその考え方を基本的に受け入れることにしたい。その際、本章との関わりで特に重要なのは次の3点である。

①著者の語構成論は、基本的には語構造論であるが、語が形成されるプロセスをも考察の対象に含めるという点で語形成論的性格も有する。ただし、その際のプロセスというのは、実際に語が形成されるプロセスというよりも、既存の語と語構造がどのような理論的プロセスによって形成されたと解釈するのが最も妥当であるか、という性格のものである。そういう意味で、基本的には従来の語形成論で言うプロセスと重なるが全同ではない。著者のそういった語構成論を著者自身は「語形成論的語構造論」と呼んでいる。

②著者の考える語形成論は基本的に次の図1のような構成を取る。

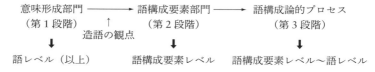

図1　著者の考える語形成論モデル

すなわち、全体は大きく3段階に分れ、そのうちの第3段階が著者の通常の立場（＝上述の語形成論的語構造論）であるが、本来、そこに至るまでには、そもそもどのような意味の語または句を作るのか（第1段階）から出発し、語を作る場合にはどのような観点から造語するのか（造語の観点）、どのような材料（語構成要素）を使うのか（第2段階）という検討の段階を経る必要がある、とするものである。

③（合成）語の有する、語構成要素の意味からは説明できない意味的要素の源泉は意味形成部門にある。

ところで、斎藤（1997）においては、図1のような語形成論モデルを提示した上で、語形成論においても単語中心主義がそれなりに成立すると次のように述べている*7。

　我々が新しく生み出し、更に取り立てたり、配列を変えたりと

いった操作を施すのは第Ⅰ・第Ⅱ段階（＝上記図１の第１段階と造語の観点の作用［引用者注］）の意味に対してである。すなわち、合成語の基本的枠組みはあくまでも語レベルで形成されるのである。ということは、実際に我々が造語を行う際には語構成要素からではなく語レベルから出発しているということであり、それはとりもなおさず「単語中心主義」の立場に他ならない。そういう意味で、語形成論的モデルというのはあくまでも単語を出発点とする語構成論的プロセスモデルと位置づけることができよう。

しかし、この説明には若干問題がある。それは、この説明は、要するに、語を新しく作る際にまずわれわれが最初に操作する意味は語レベル（以上）のものである、ということであるが、そこで言っている「意味」とは何を指すのか、それに語レベル以上とか以下とかを区別するとはどういうことか、という点が充分に明らかにされていないからである。そこで、この点をはっきりさせるために、意味とレベルとの関係について、ここで改めて考え直すこととしたい。

3.2　語構成論における新しい形の単語中心主義

最初に、次の２点を著者の語構成論における基本的な認識として掲げる。

イ）意味には本質的にはレベル差が存在しないと考える*8。

ロ）一方、意味の中には「語レベル固有の意味」という、存在レベルが特定されるものも存在する*9。

こう考えると、語構成論で扱う意味はレベルとの関係から、次のように大きく二分されると考えられる。

$$
意味 \begin{cases} レベルに関係なく存在する意味……意味_{NL} \\ \\ 語レベル固有の意味……意味_{WL} \end{cases}
$$

そうすると、著者の語構成論の枠組みでは、

・語の意味＝語構成要素の意味＋語レベル固有の意味

とされているので*10、語構成要素の意味というのは上記の意味$_{NL}$ということになる。

第１章　単語中心主義と語形成論　**257**

さて、このように理解するなら、3.1で示した②（図1）・③から、意味形成部門で機能するのは「意味$_{NL}$＋意味$_{WL}$」であり、そのうちの意味$_{NL}$のみが次の段階である語構成要素部門へ引き継がれ語構成要素の意味になると考えられよう。そして、このことは、換言すれば、意味形成部門で機能するのはあくまでも語レベル（以上）の意味に他ならない、ということであり、この点が重要なのである。なぜなら、このように考えることによってはじめて語形成論においても意味的側面では語の語構成要素に対する所与性が成り立つことになるからである。そして、このことにより、語構造論、語形成論を通して、意味的側面における語の語構成要素に対する所与性が成立するわけである。そこで、本章では、これを新しい形での（語構成論における）単語中心主義と考えることにしたいが、さらにこのことは、従来の語形成論に対する見方にも一定の変更を迫ることになる。というのは、語形成においても背後に語レベル（以上）の意味が隠れていると考えるべきである、というわけだからである。次節で以上示した考え方の具体例を見ることとする。

4. 具体例による検討 〈人〉を表わす字音接尾辞を例として

本節では、前節で提出した新しい形での単語中心主義の考え方を、具体例に基づきながらより分かりやすく説明したいと思う。使用する具体例は、教科研グループの単語中心主義に対する本章のそもそもの疑問の一つ（本章第1節の2)）、すなわち、われわれは語形成の場においては最初から語構成要素を駆使して語を作って行くのであって、そこでは語の所与性という単語中心主義の前提が成り立たないのではないか、という点から言って、自立形式よりも結合形式の方がより相応しいと考えられるので*11、本節の副題に掲げた「〈人〉を表わす字音接尾辞」を用いることとする。

日本語には、〈人〉を表わす字音接尾辞が多い。たとえば、野村（1978）には、一般的なものとして、以下の形式が挙げられている。
　人（日本〜）・人（通行〜）・者（経営〜）・家（評論〜）・相

（国防〜）・官（警察〜）・員（会社〜）・士（弁護〜）・師（美容〜）・手（交換〜）

　これらの形式同士の細かな使い分けについては明らかではないが、最初の二つ「‐人」と「‐人」の使い分けについては、同じく野村（1977）に次のような指摘がある＊12。

　①ニンは和語とも結合するが、ジンは結合しない。

　②ニンは用言類の語基としか結合せず、ジンは体言類および相言類の語基としか結合しない。

　③ニンと結合する語基はすべて〈動作〉をあらわし、ジンと結合する語基は、〈場所〉・〈時〉・〈活動〉・〈精神〉をあらわす語基および相言類の〈状態〉をあらわす語基としか結合しない。

　④ニンは〈数詞〉と結合し、ジンは〈地名〉と結合する。その逆はない。

　野村によれば、このルールの例外は「読書‐人」「暇‐人」くらいだとのことであるが、そこに挙げられている以下の例を見ると、確かに野村の主張は基本的に頷ける＊13。

　・人（ニン）…案内—・管理—・見物—・支配—・使用—・通行—・貧乏—・保証—・料理—

　・人（ジン）…外国—・財界—・自由—・社会—・知識—・文化—・民間—・野蛮—・有名—

　ところで、上記の使い分けは、要するに、「〜スル人」なら「‐人」を、「〜デアル人」なら「‐人」を使うということであろう。従って、我々が新しく「人」をあらわす複合語（複合名詞）を作り出そうとする場合、そのどちらの意味を持った語を作ろうとしているのかによって、「‐人」と「‐人」とが選び分けられるわけである。そして、本章の考え方からすればその点が重要なのである。すなわち、これを先（3.1）に示した図1を使って説明するならば、われわれは最初から接辞を使って語を作り出しているわけではなく、意味形成部門においてまずどういう意味の語を作ろうとしているのか（〈〜スル人〉なのか〈〜デアル人〉なのか＊14）、ということが問題となり、それに基づいて語構成要素部門で接辞（「‐人」か「‐人」か）が選ばれているわけなのである。つまり、その点で、出発点は

第1章　単語中心主義と語形成論　259

あくまでも語レベル以上の意味であるという命題が成立し、新しい形での単語中心主義が成り立つというわけである。

　もちろん、実際の状況はこんなに単純ではない。たとえば、〈～スル人〉にしても〈～デアル人〉にしても同じく字音接尾辞「- 者゠゙」を使う可能性もある＊15。「該当者」「希望者」「参加者」「視聴者」「受験者」「消費者」「利用者」etc.（以上、〈～スル人〉の意）、「高齢者」「既婚者」「絶対者」「適任者」「独身者」「未婚者」「優秀者」etc.（以上、〈～デアル人〉の意）のように。もちろん、〈～スル人〉の場合にはさらに「- 家」（「活動家」「演出家」「登山家」「夢想家」＊16 etc.）や「- 手」（「運転手」「交換手」etc.）のような字音接尾辞も対象に入ってくるかもしれない。従って、これらがもし「- 人゠゙」「- 人゠゙」と単なる語彙的な類義関係にあるならば＊17、その相違が意味形成部門段階で問題になるだろう。しかし、いずれの場合にしても、やはり出発点は意味形成部門における語レベル以上の意味であるという点には変わりがないのであり、その点がここでは重要なのである。

5.　おわりに

5.1　本章のまとめ

　以上、本章では、教科研グループの主張する単語中心主義が、語構成論の立場から見た場合、語構造論においては問題なく成立するが語形成論においてはそのままの形では成立しにくいのではないか、という疑問から出発し、語形成論の立場から単語中心主義をあらためて検討することを通して、語構造論にも語形成論にも適用できるような新しい形での単語中心主義を提案した。論のポイントは以下の 2 点である。

　（1）　単語中心主義は語の所与性を前提としているが、語形成の場では、われわれは、通常、語構成要素を駆使し語を作っていくと考えられているのであり語の所与性は成り立たない。従って、語形成論では単語中心主義はそのままの形では適用できない。

（2）語形成論においても、従来の立場から離れ意味的側面にの
み目を向けるのであれば、われわれは語レベル（以上）の
意味から出発して語を作っていると見なすことができる。
これは意味的側面においては単語の所与性が保持されてい
るということであり、そういう点で語形成の場でも（新し
い形での）単語中心主義が成立すると考えることが可能で
ある。

5.2　語構成論の考え方について

　以上のような考え方は語構成論の捉え方、特にその範囲をどう考
えるかに少なからず影響を与える。紙幅の関係上話を単純化するが、
一般に語ABが存在する時、語構成要素AとBとの関わりについて
考えるのが（一般的な）語構造論である。それに対して、語ABの
有する意味や文法的特徴が語構成要素AやBからどのようにして
形成されたのか、あるいはそれら語構成要素とは直接関わりがない
のか、といった点を明らかにしようとするのが著者の言う語形成論
的語構造論であり、これが著者の標準的な立場になる。しかし、こ
の立場では、ⓐなぜAとBなのか、ⓑなぜAとBだけでは説明で
きない点が残るのか、といった問題にまで踏み込んで説明しようと
しない、というよりできない。それに対し、一般の語形成論では、
ⓐについては語の生成ルールという形で部分的に説明する。「部分
的に」というのは、A（あるいはB）を所与とした場合もう一方の
語構成要素には何が来ることができるのか、あるいはできないのか、
という形の説明になることが多いからである。ただし、通常はⓑま
でその説明対象とはしない。しかし、本章で提示した語形成論では、
ⓐⓑともに説明しようとする。そして、その際にポイントとなるの
が意味形成部門である。そういう点では、通常の語形成論は図1の
語構成要素部門から始まると言える。これが第1節末で提示したi)
の問題に対する著者なりの現時点での考え方である。

　次に上記ⓑの問題に関して、斎藤（2004: 第1部第2章第2節）
では、意味形成部門が語レベル固有の意味の源泉である、という形
で説明したが、本章との関わりがこれまでのところ今ひとつ明確で

第1章　単語中心主義と語形成論　　261

ないように思われる。そこで、最後にこの点について簡単に触れておきたい。

　語構造論において意味的に最も問題となるのが⑥の問題であり、いわばそれが教科研グループの単語中心主義を語構成論において支えていたということができる。そして、その源泉が意味形成部門にあることを指摘したのが上記の著者の論（斎藤［2004: 第1部第2章第2節]）である。一方、本章で見たように、単語中心主義を語形成論においても成立させようとすると、意味形成部門に頼らざるを得なくなる。ということは、意味形成部門が教科研グループの主張する単語中心主義を支える源であり、かつ本章で提出した新しい単語中心主義（「単語中心主義的語形成論」とでも言えようか）の成立する場であるということであるが、そういった重要な役割を意味形成部門が果たすことができるのは、そこが語レベル（以上）の意味が機能する場であるからに他ならない。つまり、ポイントはあくまでも語レベル（以上）の意味の存在であり、いわば語構成論においては全てがそこから始まるのである。これが第1節で提示したii）の問題に対する著者の考えである。

　以上の説明から明らかなように、本章の考え方のポイントは意味形成部門にあるが、現段階ではその内実の詳細があまりにも不明確である。今後その点をいかに明示的に示すかが本章に問われていると言えよう。そういう点では、著者の基本的（標準的）な立場はあくまでも語形成論的語構造論であり、本章で提示した単語中心主義的語形成論は、本格的に語形成の観点からそれを拡大しようとした試論にすぎないということを、最後にあらためて確認しておきたい。

───────────────

＊1　後（2.1）に見るように、単語中心主義自体は語構成論のみを念頭に置いたものではなく、もっと広く言語研究全体に関わる立場である。
＊2　1）2）について詳しくは次節（2.2）で説明するが、ただ、最初に明らかにしておかなければならないのは、「教科研国語部会」、「言語学研究会」に属する人々（以後「教科研グループ」と称する）がそもそも語形成論をどのように捉えているかについて明確でない、という点である。

＊3　鈴木は「形態素」という用語を使用しているが、本章でいう「語構成要素」との相違はここでは本質的な問題にはならない。

＊4　鈴木（1996）の主張自体は、直接的には「文法体系とかかわる」という部分と関わり、「構文論における形態素主義」（＝「形態素を基本的な単位とする文法論は、単語の優位性・基本性を無視あるいは軽視するから、単語を媒介にしないで、形態素を直接に文および文の成分とかかわらせる。そこでは、文の内部構造は形態素および形態素結合のむすびつきとしてとらえられる。文の成分も否定されたり変質させられたりする。（中略）文の言語的な意味は、形態素の意味とそれの結合のしかた（どの形態素がどの形態素あるいは形態素結合とくみあわさるか）に還元して解釈することになる。」278頁）への批判を展開したものである。

＊5　これはいわゆる語彙論（Lexicalism）の立場である。詳しくは伊藤・杉岡（2002［1.6］）などを参照されたい。

＊6　斎藤（1997）と斎藤（2004: 第1部第2章第2節）とでは主張が微妙に異なるのであるが、今はその点は問題にしない。

＊7　この点（単語中心主義と語形成論的モデルとの関わり）について斎藤（2004: 第1部第2章第2節）では言及されていない。

＊8　この点については、斎藤（2004: 第1部第3章注8）などを参照されたい。

＊9　「語レベル固有の意味」について詳しくは、斎藤（2004: 第1部第3章）を参照されたいが、本章の流れから言うならば、3.1の③で言及した意味を指す。なお、意味とレベルとの関わりでは、多義性との関わりから、「語構成要素固有の意味」というものも存在するのであるが、これは語の有する多義的意味の在り方から、結果的にそのように位置づけられる意味というだけで、本質的に語構成要素レベルに存在する意味というわけではない（多義性のレベル差については、斎藤［2004: 第2部第2章］を参照されたい）。

＊10　この点については、斎藤（2004: 第1部第2章第1節）などを参照されたい。

＊11　著者の語構成論では、語構成要素レベルと語レベルとを峻別し、全ての語は前者レベルの存在である語構成要素が質的転換を行なうことによって成立すると考えるので、語構成要素である以上自立形式を使用しても理論的には構わないのであるが、語構成論の中には、自立形式と語との区別が曖昧なものもあるので、ここでは結合形式を使って説明を行なう。

＊12　「-人(ニン)」と「-人(ジン)」との相違については、影山（1993: 28–29）にも指摘があり、そこでは、基本的に「-人(ジン)」は単純な名詞と結合し、「-人(ニン)」は動名詞と結合すると述べられている。

＊13　「-人(ニン)」の例としてあげられている「貧乏人」は、語基が用言類というよりは（？「貧乏する」）相言類（「貧乏な」）であると思われるので、これも例外に属するかと思われる。

＊14　意味形成部門における意味表示がどのようなものであるべきかについては、著者にまだ成案がなく今後の課題である。ここでは単純に句の形で意味を示しておく。

＊15　字音接尾辞「-者」の用法等について詳しくは、杉村（1986）、長谷川（1999）等を参照されたい。

＊16「‐家」については、杉村（1986）に「専門的知識・技術を有し、社会的地位・身分のある人を言う。」とある。「演出家」「登山家」（それに〈〜スル人〉ではないが、「音楽家」「芸術家」「思想家」などの場合）については確かにその通りであるが、「活動家」「夢想家」はむしろ、〈〜する傾向・志向の強い人〉といった意味合いがあるように思われる。

＊17　問題が単にこれらの接尾辞の有する意味的な相違にではなく、個々の接尾辞の有する固有の意味から離れた語形成のレベルの相違にある場合が考えられる。たとえば、影山（2002a）では、動作主名詞に関して、「個体解釈の名詞」「事態解釈の名詞」「出来事発生名詞」の3種類を区別し、それぞれの形成される場が「特質構造目的役割」「特質構造主体役割」「語彙概念構造」といった相違を有していることが指摘されている。なお、本章の枠組みでこういった点をどのように取り扱ったらよいかについては今のところ明確でない。

第 2 章

松下文法の活用論
原辞論と詞論

1. はじめに　問題のありか

　よく知られているように、松下文法ではいわゆる活用は基本的に
原辞論の問題である。すなわち、「書か、書き、書く、書け…」と
いう形態変化は「原辞の外面的変化」の問題として原辞論で扱われ、
「（メモを）書かない（書きます、書きたい、書いた、…）」「（メモ
を）書き（書く、書けば、書け…）」といった文節レベルでの変化
は詞レベルの問題として詞論における「副性論」（前者は「詞の相」、
後者は「詞の格」）で扱われる、というのが基本的なスタンスであ
る。

　こういった松下文法の活用論、特にその中心をなす原辞論での活
用の扱いに対して、鈴木重幸（1978）は次の二点から批判する。
両者は、原則論（①）と個別論（②）という関係になるであろ
う*1。

　①松下は、活用を原辞論という独立した部門の中で扱っているが、
　　そもそも原辞論という部門を文法論に設定するのは間違いであ
　　る。

　②松下は、原辞論において各活用形（松下の用語では「活段」）
　　に「形式的意義」を認めているが、そのようなものを受け入れ
　　ることはできない。

　上記①について、鈴木は次のように述べる*2。

　　形態論や語構成論から相対的に独立の部門として、あるいは、
　　それらにかかわるものとして形態素論をたてるとすれば、形態
　　素を単語から相対的に独立した独自の体系をなすものとしてあ
　　つかうことになる。ところが、形態素はあくまでも単語の形態
　　論的な、単語つくり的な内部構造の要素として、語根・接辞や

265

語幹・語尾・くっつき、あるいはそれらの変種として、さらに
それらの要素として、存在しているのだ。体系をなしているの
は単語（および単語の文法的な形）であって、形態素ではない。
たとえば、うちけしの接辞（助動詞）は孤立しているが、それ
をともなった単語（うちけしの動詞）は、みとめの動詞ととも
にみとめ方のカテゴリーのメンバーだ。（中略）

　したがって、形態素論・原辞論という文法論の部門はなりた
たない。そうしたものをみとめるとしても、それは、形態論・
語構成論の序説の一部として形態素・原辞に関する一般論をあ
つかうことができるだけであって、形態素・原辞の各論は形態
論・語構成論の各論のなかにくみこまなければならないだろう。

（175–176頁）

　また、②については、具体例として、松下の「第二活段中程形」
（いわゆる連用形）の説明を例に挙げ、その活段の形式的意義が
「中程」とされていることについて次のように述べる＊3。

　第一中止形としての連用形の形式的意義は、その形の文法的な
意味・機能だから、その用例を分析することによってとらえら
れる。しかし、第二中止形の要素としての連用形の形式的意義
はとらえようがない。用例を分析してとらえられるのは、「て」
をふくんだ第二中止形の文法的な意味・機能だ。また、複合語
のまえ要素としての連用形に形式的意義をみとめることもでき
ないだろう。複合語の要素のあいだには一定の意味的な関係が
存在するとしても、それは、できあがった名詞のそれであって、
原辞としてのそれではない。松下はこうした文法的な意味・機
能と無意味・無機能を統一するものとして"中程"をあげてい
るのだ。

（178–179頁）

　本章は、これら鈴木の批判のうち②の個別論には基本的に同意す
るが、①の原則論には必ずしも同意しない。従って、その理由を明
らかにするのが本章の第一の目的である。ただ、①を論ずるために
は、その背後にある「言語学研究会」の「単語中心主義」の考え方
を取り上げる必要があることを予告しておく。また、松下の活用論
には、②で指摘されている点の他にもいろいろと問題にすべき点が

見られるので、それらについてもあらためて指摘しておきたい。それが本章の第二の目的となる。最初に第二の目的の方から始める。

2. 松下文法の活用論　基本的な考え方とその問題点

松下文法において、活用は以下の図1のような位置づけを受ける。

原辞の詞中に於ける法則 ｛ 単独的性質 ｛ 内面的性質

外面的変化 ｛ 活用

音の転変

相対的関係

（『改選標準日本文法』46頁）＊4

図1　松下文法における活用の位置

すなわち、原辞論で扱う事柄（＝「原辞の詞中に於ける法則」）のうち、活用は原辞の「単独的性質」の中の「外面的変化」の一種、ということになる。

また、同文法における活用の規定は次の通りである。

　原辞は其の内部に変化の有るものがある。「行く」といふ原辞は「行」は変化せずに「く」だけが変化して「行か」「行き」「行け」となる。そういふ風に原辞には不変部と可変部とに分けられるものがある。そういふ原辞の可変部の変化には音の転変と活用との二種がある。（中略）原辞に於ける音の増減変化の、意義に関係の無いものを音の転変といふ。「行く」は変化して「行か」「行き」「行け」となるが、「行く」「行か」「行き」「行け」は其の実質的意義は変りはなくとも形式的意義は各皆違ふ。又「行く」は「行けり」ともなるが「行く」と「行けり」とは形式的意義が違ふ。そういふ風に形式的意義の変化を伴ふ変化を活用といふ。　　　　　　　　　（52–53頁）

以上のような活用の位置づけと規定から見て、活用の問題は間違いなく松下文法においては原辞論に属するわけであるが、そのことが具体的な処理の仕方にどのように反映されているであろうか。も

しそういう問いを立てるのであれば、それは、本章の冒頭で言及した、活用と詞論における「詞の相」「詞の格」との区別に最もよく表われていると言えよう＊5。

　たとえば、原辞論において、松下文法では「第三活段直截形」の形式的意義について次のように説明する。

　　第三活段は叙述が完結した其の儘であつて、その叙述は過不及の無い状態に在る。此の活段の用法には次の三種が有る。

　　一、文語で終止格になる。「花散る」「つき出づ」「山高し」「雪白し」などの類だ。叙述が完結して余分な運用が喰附いて居ないのであるから終止格には屈竟の活段である。しかし人情が発達して来るとそんなぶつきらぼうな云ひ方はしなくなる。そこで口語では終止格に使はない。

　　二、不十分終止格になる＊6。

　　　浮きつ　沈みつ流れ行く。　　我も見つ、人にも見せむ。

　　　読んだり　書いたり一日勉強する。　　自分も見たり、人にも見せようと思ふ。

　　　下地は好なり御意は善し…。　　道は遠し行きやうもない。

　　三、「べし」「まじ」「らむ」「らし」「めり」「な」「や」「とも」などを附けて「死ぬべし」「死ぬまじ」「死ぬらむ」「死ぬらし」「死ぬめり」「死ぬな」「死ぬや」「死ぬとも」などの様にいふ。

　　此等の活段は叙述の完結した其のまゝの形式に在る意義を実質とし、其れにそれ等の助辞各自の有する形式的意義を与へるのである。

(133–134 頁)

　一方、詞論の「詞の格」においては、松下文法では動詞に「終止格」「連体格」「方法格」「状態格」「拘束格」「放任格」「一致格」「中止格」「一般格」の九格を認め、そのうちの「終止格」について次のように述べる。

　　終止格は動詞の一格であつて、連詞又は断句の中に用ゐられて其の連詞又は断句を代表して独立終止するものである。例へば

　　　風吹く。　　月出づ。　　花ぞ散りける。　　雨降れ。

　　の　　　の類である。「風吹く」の「吹く」は「風吹く」といふ断句の中に在つて自己がその代表部となりて独立的立場に在り

そうして意味が終結して居る。

終止格は其の叙述のしかたの上から直截終止格、再指終止格、放任終止格、欲望終止格の四つに分れる。　　　　　　　（495頁）

このうち、第三活段が直接対応するのは、「直截終止格」である。

直截終止格は完全なる叙述を終わつただけで、叙述に全く過不及の無い終止格である。例へば

　　月出づ。　　　　月出でたり。　　　　文学を研究す。　　　文学を研究せり。

の　　　の類である。若し「月ぞ出づる」「月こそ出づれ」など云へば終止格ではあるが直截終止格ではない*7。

直截終止格は一般に第三活段を用ゐる。　　　　　　　　（496頁）

このようにして、いわゆる活用を、「行か」（第一活段未然形）、「行き」（第二活段中程形）、「行く」（第三活段直截形）、「行く」（第四活段指定形）、「行け」（第五活段放任形）等の形態変化と形式的意義の変化の観点から捉えたのが松下文法の原辞論における活用であり、「（学校へ）行かば、」（拘束格）、「（学校へ）行き、」（中止格）、「（学校へ）行く。」（［直截］終止格）、「（学校へ）行くな。」（［欲望］終止格）等、文中の用法レベルの観点から捉えたのが「詞の格」ということになる。

松下文法における活用の基本的捉え方は以上の通りであり、いわゆる活用を原辞レベルと詞レベルとに分けて説いた点は、鈴木（1978）の高く評価するところであるが（注1参照）、松下の説明を子細に読むと、そこには幾つか問題点も存在するように思われる。以下、それらを大きく三点に亘って記す。

（1）「活用」という用語が必ずしも原辞の形態変化に限られて使用されているわけではないこと。

松下文法では、動詞、すなわち詞においても「活用」という用語を使用している。次の如くである。

動詞の多くは活用といふ現象が有る。活用とは詞の運用の変化を示す為の語尾的変化であつて、「行く」といふ動詞が「行か」「行き」「行く」「行け」と変化する類である。そういふのを有活用の動詞といふ。　　　　　　　　　　　　　　　　（199頁）

第2章　松下文法の活用論　　269

この言の意味するところは、同じ箇所の次の説明を見れば一応分かる。

　　動詞の活用は動詞を構成する原辞の活用である。原辞に有活用の原辞と無活用の原辞と有るが、有活用の原辞より成る動詞は有活用の動詞で無活用の原辞より成る動詞は無活用の動詞である。有活用の完辞は単辞のまゝ動詞となることが出来る。其の場合には単辞の活用が即ち動詞の活用を成す。例へば「行か、行き、行く、行く、行け」は単辞の活用であつて同時に動詞の活用である。完辞は又他の原辞と合して有活用の連辞となつた上で動詞となることもある。「吹き散らす」「見逃す」の類だ。その場合には連辞の活用が即ち動詞の活用である。

　すなわち、詞（厳密には単詞）は必ず原辞（単辞、または連辞）から成るから、詞レベルの変化を原辞レベルで解釈し直すことが可能である、ということであろう。ただし、第一活段は単独で詞にはなり得ないから、「単辞の活用であつて同時に動詞の活用を成す。」「連辞の活用が即ち動詞の活用である。」とは言いにくいのではないか。しかし、より大きな問題は、松下がこの捉え方を「連詞の動詞」にまで拡張している点である。たとえば、「花を見たり」に対して、「花を見たら」「花を見たり」「花を見たる」等を「連詞の活用」としているのであるが、著者の考えでは、連詞を連辞に直接解体することは許されない＊8。そういう点では、「連詞の活用」ということは考えられないのではないか＊9。いずれにしても、詞レベルにおいて「活用」という用語を用いるのは混乱の元であろう。

　（2）本来原辞レベルであるべき活用の説明中に詞レベルの観点が紛れ込んでいるようなところが散見されるということ。

　たとえば、「原辞の活用」の「総説」中の活段の説明に次のような記述が見られる。

・第三活段は「我は勉強す。」と云ふ様に事件其のまゝの叙述であつて叙述に対して過不及が無い。（56頁）

・［第四活段に対して－引用者］従来此の段を連体形と云つたが連体とは早く云へば名詞へ続くと云ふ意味で、右の例の（一）（引用者注：「勉強することを好む」の類）には適当だが（二）

270　　Ⅱ　語構成と文法論との関わり

（引用者注：「勉強するを好む」の類）には不適当だ。（57頁）
また、「第四活段指定形」の形式的意義の説明中に次のような記述
が見られる（135頁）。

　二、名詞の上に用ゐられる。この用法を連体格といふ。

　　散る花　　　出づる月　　　高き山　　　遠き処

　の　　　は叙述の結果を指示して下の名詞の表す事物の属性を
　示すのである。

これらは、松下文法の活用の概念をよく理解して読むのであればそ
れほど問題にならないかもしれないが、必ずしもそうでない場合に
は、詞レベルの話をしているようで当惑するであろう。なお、この
問題は上記（1）の問題と連動しているのかもしれない。

　（3）松下の言う「各活段の形式的意義」は認められないこと。

　（3-1）鈴木（1978）の主張するように、松下文法の「各活段の
形式的意義」を認めることはできないが、そうすると、松下文法の
活用の規定（＝原辞における形式的意義の変化を伴う音変化）も変
えざるを得なくなって来る。その場合、新たな規定の仕方として、
次の二つの方向が考えられよう＊10。

i）　松下文法の活用の規定の仕方は、原辞における音変化に「音
　　の転変」と「活用」の二種があり、そのうちの意義に関係す
　　るものが「活用」、関係しないものが「音の転変」という形
　　になっている。そこで、この方式を踏襲するのであれば、両
　　者を分かつ基準として、意義の変化の有無でなく、新たに、
　　たとえば、音の変化が体系的であるか否かという基準を立て、
　　体系的な音変化を「活用」、個別的な音変化を「音の転変」
　　と規定する方向が考えられる。

ii）　松下の活用の規定は、詞の分類である品詞（この場合は動
　　詞＊11）と直接関わらない形でなされている。原辞の分類
　　において、一応、「完辞」を「無活用（体言）」と「有活用
　　（用言）」とに分けているが、同時に、「体言、用言といふ語
　　は不明瞭な語となつ」ているので、「私は体言、用言といふ
　　語を用ゐたくないと思ふ。」（48頁）と述べられている。し
　　かし、活用する原辞（完辞）は基本的に詞レベルで動詞にな

第2章　松下文法の活用論　　271

るわけであるから、活用の規定にその点を利用することは可能であろう。すなわち、原辞の中に詞レベルで動詞になる一類を立て、そのグループにおける（体系的な）音変化を「活用」と規定する方向が考えられる＊12。

（3-2）松下文法の活用において特徴的な点の一つは、いわゆる命令形の扱いである。すなわち、原辞の活用においては命令形を立てず、「詞の格」の一種である終止格（「欲望終止格」の中の「命令の終止格」＊13）で処理する。ただ、（文語で言えば）いわゆる四段系の場合とそれ以外とで、次に示すように元になる活段が異なると考える。

- 四段活系の動詞は第五活段を用ゐて命令を表す。例へば、四段活ならば「行け」「押せ」「立て」「云へ」「住め」「悟れ」の類、ナ行変格ならば「死ね」、ラ行変格ならば「在れ」「善かれ」の類である。 (512頁)
- 一二段活系の活用は第一活段へ「よ」を附けて命令を表す。例へば、「著よ」「蹴よ」「起きよ」「受けよ」、変格ならば「来よ」「為よ」の類である。 (512-513頁)

このように考える根拠は、一二段活系の「よ」を独立の原辞（「静助辞」の中の「感動助辞」）と捉えることと、活段の形式的意義にある。すなわち、四段活系の動詞が第五活段を用いて命令の終止格をなすことについては、「第五活段放任形が命令の意を表すのは放任的意義の利用である。」（512頁）と説明され、一二段活系の動詞が第一活段を用いて命令の終止格をなすことについては、「第一活段未然形が命令の意を表すのは未然的意義の利用である。」（513頁）と説明されるわけである。しかし、活段の形式的意義が認められないということになれば、上のような説明を維持することはできなくなる。従って、いわゆる命令形による終止をどう扱うべきかという問題が生じることになるが、一番手っ取り早い解決法は、原辞の活用に新たに命令形を設ける事であろう。すなわち、松下文法のやり方を敷衍するならば、四段活用では「行け」、一二段活用ならば「起きよ」といった「第六活段命令形」を設けることになる＊14。この処置は、その活用形が命令の終止格にしか使われな

いということに裏付けられているうえに、動詞の種類によって命令の終止格の作り方を変える必要がないという点で受け入れやすいと言えよう。ただ、この場合注意しなければならないのは、後者における「よ」（口語ならば「ろ」）の扱いである。「起きよ」を一つの活段と捉えるということは、原則「起きよ」で一つの原辞と考えるということであり、松下文法のようにこの「よ」（「ろ」）を切り離すことができなくなるからである *15。しかし、この形式を具体的にどう位置づけるかについては、ここではこれ以上立ち入ることはせずに今後の課題としておきたい。

　（3–3）松下文法では、活段と動詞の格との関係について様々な言い方がなされている。たとえば、活段の方からは、動詞の格が活段の「用法」という表現で表わされるのが最も普通である（上で引用した、「第三段活段直截形」の形式的意義の部分の説明参照）が、次に示すように「運用」という表現が使われることもある。

　　・第二活段は意味が既に安定しては居るが叙述はまた途中である。故に中程形といふ。第二活段の運用には次の四種があるが皆中程的形式に在る。　　　　　　　　　　　　　　　　　　（132 頁）
　　・斯の如く各活段には皆一定の形式的意義が有りその運用は儼として一糸紊れないものである。　　　　　　　　　　　（136 頁）
また、動詞の格の方からは、「直截終止格は一般に第三活段を用ゐる。」（496 頁）、「再指終止格は第四活段を用ゐる特殊の終止格である。」（499 頁）のように、特定の活段を「用ゐる」と表現されることが多いが、上（3–2）で引用したように、特定の形式的意義の「利用である」とされることもある。しかし、そこで指摘したように「利用」という考え方には問題があるし、同様の観点から、「運用」という表現にも引っかかりを感ずる。というのは、これらの表現は、いずれも活段（の形式的意義）が動詞の格を決定しているような印象を与えるが、本来、両者の間にはそのような関係が存在するわけではないと思われるからである。

　詞の格は、「連詞又は断句中に於ける立場に関する資格」（495 頁）を示すものであり、詞がどのような格を取るかは、その詞がどのような原辞から出来ているかということとは直接関係がないはず

第 2 章　松下文法の活用論　　273

である。たとえば、名詞の場合を考えてみると、ある名詞がどのような格を取るかは、あくまでも詞の問題であり、その名詞がどのような原辞から出来ているかとは関係がない。それが動詞の場合に限ってそのような発想が出て来るのは、たまたま動詞の元になる原辞に活用という形態的変化が存在し、それぞれの変化形（活段）に特定の形式的意義を認定するからである。従って、上でも述べたように、そもそも活段に形式的意義が存在しないということになれば、上のような表現は出てこないはずなのである。逆に言えば、ここでもこのような発想を支えているのは各活段の形式的意義に他ならない、ということである。

　以上、松下文法の活用の捉え方におけるキーポイントである、原辞レベルにおける活用と詞レベルにおける詞の格との弁別という側面に限って、問題となるような点を指摘して来た。松下文法の活用については、この他にも、各活段の変化の系列をどう考えるかといった問題や、それとの関わりで、活用を記述するのに、原辞と詞との二段階レベルで果たして充分なのか、といった問題も存在するのであるが*16、これらの点については、本章では取り上げない。

3.　鈴木による松下文法批判の背景

　第1節で述べたように、鈴木による松下文法の活用論に対する批判は、原則論と個別論とに分かれるが、その原則論を支えているのは、単語と形態素との関係に関する次のような基本的認識である*17。

　　　単語と形態素とは、おたがいにあい手を前提にして分化・発達した単位ではない。形態素は、単語の形態論的な、あるいは単語つくり的な内部構造の発達にともなって、単語を前提にして、単語の内部で分化・発達した単位だ。複合語や派生語が発達するすることによって、語根・接辞という単位（形態素）がうまれたのだし、単語の文法的な形が発達することによって、語幹・接辞・くっつきという単位（形態素）がうまれたのだ。単語がなければ形態素はないが、形態素がなくとも、文との関係

のなかで、単語は存在する。ましてや、単語以前に形態素という単位があって、それが結合して、単語という単位がうまれたのではない。形態素以前に単語があって、単語の内部構造が発達して、形態素がうまれたのだ。　　　　（鈴木［1978］175 頁）

この考え方は、「単語中心主義」と呼ばれ*18、鈴木をはじめいわゆる言語学研究会、または「教科研グループ」に属する人達の拠って立つ立場である。この考え方では、あくまでも「単語が基本的な単位であって、形態素は単語に対して派生的な、従属的な関係にある。」（鈴木［1975（1996: 267）］）とみなされるのであり、「体系をなしているのは単語（および単語の文法的な形）であって、形態素ではない。」ということになる。従って、「形態素論・原辞論という文法論の部門はなりたたない。」のであり、「形態素・原辞の各論は形態論・語形成論の各論のなかにくみこまなければならない」（以上、鈴木［1978: 176］）ということになるわけである。

　次に、個別論の批判の方であるが、第 1 節で見たように、具体的には松下文法の活用論における「各活段の形式的意義」に対する批判である。批判の内容は既述の通りだが、その背後には次のような認識がある。

　　単語における文法的な意味・機能は、あくまでも文のなかにある単語の、他の単語や現実に対する関係あるいは関係づけであって、単語の要素（形態素あるいは形態素結合）のそれではない。　　　　　　　　　　　　　　　　　（鈴木［1978］177 頁）

逆に言えば、文中において「文法的な意味・機能」を有するのは単語、ないしその結合体（いずれも「文の成分」と位置づけられる）であって形態素ではない、ということであり、第 1 節における引用中の「第一中止形としての連用形の形式的意義は～『て』をふくんだ第二中止形の文法的な意味・機能だ。」といった文言も、そういった認識に基づくものとして読めば理解しやすいであろう*19。

　ところで、宮島（1983）によれば、単語が文中で機能しうるのは単語が現実の一断片を指しうるからに他ならない。

　　単語は語い的な単位としては現実の一断片の名づけであり、文法的な単位としては文を構成する直接的な要素である。が、こ

第 2 章　松下文法の活用論　　275

の2つの性質は単におなじ資格で並んでいるものではなく、断片をあらわすからこそ文の要素となるのだ、というように、一方が他方を基礎づける形で存在する。（宮島［1983（1994: 97）]）

ということは、現実と直接結び付くのは単語であって形態素ではないということこそが＊20、「形態素は単語を媒介にして語い体系・文法体系とかかわる。」（鈴木［1975（1996: 276）]）ということの、すなわち「単語が基本的な単位であって、形態素は単語に対して派生的な、従属的な関係にある。」ということの根本的な理由であり、松下文法の活用論に対する鈴木の批判の原則論と個別論とを支えるポイントであると言えよう。

4. 鈴木の批判への批判　文法論の構成をどう考えるか

4.1 「形態素と単語との関係」の取り扱いについて

第1節で述べたように、本書の著者は鈴木による松下文法の活用論批判の個別論に対しては特に異論はない。従って、ここでは専ら原則論の方を取り上げる。ただ、前節で述べた、原則論の背後にある単語中心主義そのものを批判しようとするわけではない。著者は単語中心主義を基本的には受け入れる立場に立つからである＊21。そういうわけで、ここで論じたいのは、単語中心主義を基本的に受け入れたうえで、鈴木の松下文法批判のどこが問題になるのかという点であり、具体的には文法論の構成の話が中心になる。

鈴木は、鈴木（1978）で次のように述べる。

文法論の独立の部門としての形態素論（原辞論）をみとめることは、形態素と単語とのあいだの関係に文法的なものをみとめることだ。これは、形態素と単語との関係を単語と文との関係になぞらえて理解していることからうまれる。しかし、形態素と単語との関係は、単語と文との関係とは決定的にことなる。

言語活動のもっとも基本的な単位としての文と、言語のもっとも基本的な単位としての単語とは、人間の言語＝言語活動の発生とともに、語いと文法との分化とともに、おたがいにあい手を前提にしながら分化・発達したものと考えられる。そして、

おおまかにいって、こうした文と単語との関係にみられる法則
　が文法である。 (175 頁)
確かに、鈴木の言うように、「形態素と単語との関係は、単語と文
との関係とは決定的にことなる。」しかし、だからと言って、「形態
素と単語との関係」（R1 とする）を文法論で扱ってはいけないとい
うことには必ずしもならないであろう。もちろん、これは、「文法」
あるいは、「文法的」という言葉の捉え方にもよる。鈴木の言うよ
うに「文と単語との関係にみられる法則」を「文法」と規定し、
R1 が「単語と文との関係」（R2 とする）とは異なるからといって、
R1 を「文法」でないとすることも可能であるが、それでは「文法」
の内容を狭く限定しすぎることになるのではないか。むしろ、重要
なのは、R1 と R2 との異同を明確にすることであろう。そういう
点では、著者は、両者を共に「文法」として捉えたうえで、両者が
どこまで同じでどこから違うのかを明らかにすることが大切である
と考える＊22。

　R1、あるいは、"R1 に見られる法則"というのは、簡単に言え
ば語構成のことであろう。そして、そう考えるのであれば、著者が
上で述べたことは、語構成を文法に含めて考える、ということであ
り、特に目新しい主張ではない。むしろ、古くから言われているこ
とである＊23。もっとも、語構成と文構成とを必ずしも平行する
ものとは考えず、逆に両者の異同を積極的に問題とする立場に立と
うという点は新しいと言えば言えるかもしれない。ただ、このよう
に考えるなら、第 1 節での引用中、「形態素・原辞の各論は形態
論・語構成論の各論のなかにくみこまれなければならないだろう。」
という部分に見られるように、鈴木の立場でも語構成そのものは文
法に含まれるのではないか、という点が疑問になるであろう。しか
し、この点に関しては、鈴木をはじめ単語中心主義の立場に立つ人
達の語構成論というのは、基本的にいわゆる語構造論であり語形成
論は念頭にない、という点を理解しておく必要がある。なぜなら、
その点が単語中心主義の抱える一つの問題点であり、それがそのま
ま鈴木の松下文法批判の原則論に反映されているからである＊24。

4.2 形態素の体系性について

　上で、R1 を文法から除くのは文法の範囲を狭く限定し過ぎるのではないか、と述べたが、R1 を文法に含めるか否かは単に範囲の問題だけではない。その点は鈴木の主張をよく読めば分かる。すなわち、第 1 節で引用したように、鈴木は「体系をなしているのは単語（および単語の文法的な形）であって、形態素ではない。」と考えるのであり、そもそも「形態素を単語から相対的に独立した独自の体系をなすものとしてあつかう」ことに異を唱えているのである。そこで、この点に関する鈴木の主張をもう少し具体的に見てみよう。

　　文法にかかわる形態素は形態論—単語の文法的な側面を対象とする文法論の分野—であつかわなければならない。それらは、単語の形態論的な構造の要素であって、単語からはなれて、それ自体で体系をなしていない。たとえば、形態素としての「た（だ）」は孤立しているが、動詞の形態論的な体系のなかでは過去形の語尾であって、この過去形は現在＝未来形と対立しながら、動詞のテンスのカテゴリーのメンバーとなっている。

　（現在＝未来形）　（過去形）

　　よむ　　　　よんだ

　　かく　　　　かいた

（鈴木［1975（1996: 277）］）

　ここでは、「文法にかかわる形態素」と限定されているが*25、そういう限定を付さなくとも、既述のように、一般的に言って、文中で直接機能を有しているのは単語（文の成分）であって形態素ではないから、形態素には R2 に関わる機能の体系という意味での体系性は確かにない。しかし、松下文法やそれを継承発展させた森岡健二の文法論がそうであるように、全ての語は形態素（原辞）から成ると考えるのであれば*26、形態素、特にいわゆる自立形式には R1 に関わる機能の体系性や意味上の体系性が存在すると考えられるのではないだろうか。特に前者に関しては、語の文法的な分類（＝品詞）に対応する形態素の分類を考えようとする場合には必要不可欠でさえあろう。すなわち、文法論の構成として、語が一般に形態素によって作られるという側面を認めるのであれば（これがす

なわち語形成である）、どうしても語レベルの前段階として形態素レベルを設定し、そこでの要素である形態素について様々な観点から考察することが必要になって来るのであり、そういう点で、文法論に形態素部門（原辞論）は欠かせないのではないかと思われる。

以上、鈴木の松下文法の活用論に対する批判（原則論）に対して反論を試みた。4.1 では形態素と単語との関係という syntagmatic な問題、4.2 では形態素の体系性という paradigmatic な問題を取り上げ、文法論を構成するに当たってそれらをどう考えるべきか、という点について論じた。

5. おわりに

以上、鈴木による松下文法の活用論への批判を足掛かりとし松下文法の活用論そのものについて検討するとともに、鈴木の批判そのものの妥当性についても考察した。その結果、以下の二点を明らかにした。

1)　松下文法の活用の捉え方において最も特徴的なのは、いわゆる活用現象を、原辞レベルにおける形態変化としての「活用」と、詞レベルにおける連詞中の機能変化に関わるものとしての「詞の格」「詞の相」とに分けて考える点であるが、松下文法の説明や実際の処理においては、この区別が必ずしも厳密に守られていないところがある、という問題点が見られる。

2)　鈴木による松下文法の活用論批判は、文法論における原辞論（形態素部門）そのものの存在を否定する原則論と、原辞レベルにおける「各活段の形式的意義」を否定する個別論とに分かれるが、そのうちの個別論は受け入れられるものの、原則論については同意することが出来ない。

本章は、上記2）の点からも予測できるように、鈴木の批判（原則論）の背景をなす単語中心主義を部分的に批判する形になっている。その点では、本書第2部第1章と同一線上にあるが、同論は、語形成の観点から単語中心主義の修正を試みたものであるのに対し、

本章は、文法論の構成という観点から単語中心主義の問題点を指摘したものである、と位置づけることができる。そういう意味では、両論は批判の観点を異にするが、いずれも単語中心主義が形態素によって語が作られるというプロセス（＝語形成）を充分考慮していないところに問題の根本が存在すると見ている点で共通すると言えよう。

　形態素（原辞）部門を文法論の一部に含めることについては、日本語文法論において、松下文法を継承発展させた森岡健二の文法論をはじめ、今日有力な立場の一つであると思われる＊27。そういう点では、本章の批判は、結論だけを取り上げるならそれほど目新しいものではないと言えよう。しかし、一方で、鈴木のように、形態素部門を明確に否定する文法論の立場が存在することを考えると、その立場からの、形態素部門を有する文法論（ここでは松下文法）に対する批判に答えておくことは、日本語文法論の今後を考えるうえで重要であると思われる。

　本章で指摘した松下文法の活用論の問題点は、あくまでも原辞と詞といったレベルの相違に関わるものだけである。第2節の末尾に記したように、松下文法の活用論の問題点はそれだけではない。ただ、そういった問題は、実は松下文法の活用論だけが抱えているものではない。そういう意味では、そういった問題をどう考えるかについては松下文法以外の様々な文法論の活用論を検討する必要がある。今後の課題としたい。

＊1　鈴木は、「明治以後の四段活用論」に対して、i)「動詞の現象形態の要素の分離のしかたそのものに問題がある。」、ii)「分離された要素の組織づけに問題がある。」、iii) 動詞の「文法的な形の体系とカテゴリー」および「文法的な基本動詞と派生動詞とからなる体系とカテゴリー」が捉えられないという問題がある、の三つの問題点を指摘しているが、松下文法は第三の問題点と第二の問題点の一部を克服している、という点で高く評価している。①、②はそのうえでの批判である。
＊2　鈴木は、松下文法の原辞論を基本的に「形態素論」と捉えている。なお、本書の著者は必ずしも「形態素」という用語を受け入れるものではないが、そ

の点は本章の議論に直接関わらないので、以下、そのまま「形態素」という用語を使用する。

*3 「第一中止形」「第二中止形」はいずれも鈴木の用語で、前者は、連用中止を行なう連用形、後者は連用中止を行なう「連用形＋て」形を指す。

*4 使用テキストは、徳田編（1974）である。

*5 「詞の相」と「詞の格」は、松下が「相と格とは縦と横との関係で凡ゆる詞は相と格との二元の方積（ダイメーション）を以て断句中に用ゐられるのである。」（327頁）と述べているように、互いに密接な関係を持って存在しているものであるが、ここでは、問題が複雑化するのを避けるため、話を「詞の格」に限定する。なお、松下文法における「詞の相」と「詞の格」は構造言語学の派生（derivation）と屈折（inflection）に相当することが森岡（1994: 223）によって指摘されている。

*6 「不充分終止格」とは、「一度終止したものを実質化して他へ従属させる用法」（497頁）である。たとえば、「我も見つ、人にも見せむ。」の場合、「我も見つ」は「自己としては終止してゐるが、（中略）全体の中に於ける一部分の終止であつて全体の終止ではないから結局下の語へ従属する。」（同）という。

*7 「月ぞ出づる」は「再指終止格」であり、「月こそ出づれ」は「放任終止格」である。

*8 この点については、斎藤（1992: 第1部第2章）を参照されたい。

*9 この点については、「言語学研究会」（「教科研グループ」）の「連語」概念との関わりで詳しく考察する必要があるが、この問題については、いずれ稿を改めて論ずる予定である。

*10 これとは別のやり方として森岡（1994: 167–176）の方法がある。参照されたい。

*11 松下文法の動詞にはいわゆる形容詞も含まれる。

*12 この場合、詞における動詞の規定が原辞とは独立に必要とされる。なお、語の分類（品詞）と語構成要素の分類との関わりに関し、斎藤（2004: 第1部第1章）にて一般的な形で論じているので参照されたい。

*13 「欲望終止格」には他に「希望の終止格」が属する。いずれも文語での用法である。

*14 松下文法では、中古以前には「第六活段」が存在したと考える。これは、「云へらく」「聞かくに」「見まく」「寝しく」の類で、「その用法は意義の実質化に在る。（動詞性副詞又は動詞性名詞になる。）」（121頁）とされている。

*15 「よ」に比べ「ろ」の場合は、「起きる」「起きれ」の「る」「れ」との関わりについても問題になる（松下はこれらは同源であるとする。徳田編［1977: 323］参照）。また、森岡（1994）は、形態素レベルの活用に「命令形」を認めながらも、一段系の活用形に現われる「る」「れ」「ろ」「よ」を「接辞（富士谷成章の『囃き』）」とし（170頁）、これらの現われる活用形を単一形態素とは考えない。

*16 同じ問題は、松下文法を継承・発展させた森岡（1994）にも存在する。

*17 同様の見解は、鈴木（1975［1996: 276］）にも見られる。

*18 宮島（1983［1994: 108–109］）参照。なお、本書第2部第1章をも参照されたい。

＊19　鈴木（1975）で批判の対象となっている「構文論における形態素主義」というのは、ここで述べたような考え方に立たない立場、すなわち、「単語を媒介にしないで、形態素を直接に文および文の成分とかかわらせる」、「文の内部構造は形態素および形態素結合のむすびつきとしてとらえられる」、「文の言語的な意味は、形態素の意味とそれの結合のしかた（どの形態素がどの形態素あるいは形態素結合とくみあわさるか）に還元して解釈することになる」、といった考え方に立つ立場のことである。

＊20　このことを具体的に示すのが、宮島（1972）の提唱する「無意味形態素」であり、湯本（1978）の主張する「あわせ単語の意味のできあい性」である。

＊21　本書第2部第1章にて、語形成の観点から、単語中心主義を基本的に受け入れながらも一部修正を試みているので参照されたい。

＊22　鈴木の言うR1やR2というのは、"言語単位としての在り方という点におけるお互いの関係"のことを指すという解釈も出来るが、そうだとしても、本章の主張自体に本質的な影響はない。

＊23　たとえば、橋本文法の「文法」の規定（橋本［1935（1946：216）]）を参照されたい。

＊24　この点に関し、詳しくは本書第2部第1章を参照されたい。

＊25　第1節での引用中に見えるように、鈴木（1978）で出されている例も「文法にかかわる形態素」（うちけしの接辞）である。

＊26　厳密には、松下文法は、全ての（単）詞は原辞から成ると考えるのであって、全ての単語が原辞から成ると考えるわけではない（単詞と単語は同じものではない）。この点について詳しくは、斎藤（2004：第3部第2章第1節）を参照されたい。

＊27　生成文法においては、語形成が文法論の一部であるというのは標準的な考え方である。

第**3**章

言語単位と文法論

第1節　言語単位から見た文法論の組織

1.　はじめに

1.1　本節の目的

　文法論の組織とそれが抱える問題点について考察しようとする際、その文法論がどのような言語単位を設定し、その間の関係をどう捉えているか、という立脚点に立つことは非常に有効である。なぜなら、基本的に、文法論に限らず言語研究の組織というのはどのような言語単位を設定し、その間の関係をどう考えるかに左右されるものだからである。著者は、そのような立場から、山田文法における単語規定の問題や、松下文法における語構成の位置づけについてかつて論じたことがある（斎藤［2004：第3部第2章］）。本節は、それらの論をも踏まえ、言語単位と文法論の組織の関わりや問題点について、あらためて論じようとするものである。その際、副題に掲げたように、山田文法を出発点としたい。理由は、そうすることによって、上記の点から見たそれ以後の文法論、特に今回中心的に取り上げる松下文法や橋本文法の特質が浮き彫りになると考えられるからである。

1.2　前提的な事柄

　具体的な考察に入る前に、いわば本節の前提として押さえておきたい事柄を3点述べたい。

a）言語単位をどう捉えるか

　そもそも言語単位をどう捉えたらよいかという点に関しては、なかなか難しい問題があるが＊1、本節では、基本的に時枝誠記の次

283

のような考え方に従いたいと思う。

（1）私がここに云ふ単位といふのは質的統一体としての全体概念である。人を数へる場合に単位として用ゐられる三人、五人の「人」は、長さや重さを計量する場合に用ゐられる尺や瓦が、量を分割するための基本量を意味するのと異なり、また全体を分析して得られる究極体を意味するのとも異なり、全く質的統一体を意味するところの単位である。

（時枝［1950: 19]）

時枝のこの考え方には、時枝自身の基本的な立場との関係で、言語単位の構成的な側面を蔑ろにするような問題点も存するが、重要なのは、言語単位とは質的な統一体であるという認識である。従って、本節においても、言語単位とは意味と形とを有する質的統一体である、と考え論を進めることとする。

b）言語単位と研究部門との基本的な関係

ある言語単位 α によって別の言語単位 β が構成されるという関係が見られる時、基本的に次のような問題が生じる。

（i）α とは何か

（ii）α にはどんな種類があるか

（iii）α の結合規則はどうなっているか

（iv）β の成立は何によって決まるか

この場合、これらの問題は「α 論」、あるいは「β 構成論」という分野によって論じられることになる（（iv）は「β 論」の（i）として論じられることもある）。ここに言語単位と研究分野との密接な関係が存する。たとえば、今、〈α：語構成要素、β：語〉とするならば、上記（i）〜（iv）の問題は、「語構成論」（＝ β 構成論）において論じられることになる。

本節では、このような考えから、以下、全体を大きく「語構成論」「文構成論」の二つに分けて論じることとする。ただし、これは、本節が文法論はこの二つの分野を含むものでなければならないと考えているからではなく、以下で取り扱う文法論の内実に基づいた実際的な理由によるものである＊2。

c）山田文法における言語単位と文法論の組織

山田文法の基本的な言語単位は語と文である。そして、それに基づき、山田文法の組織は大きく語論と句論とに分たれる。

　　(2)　以上に述べたる語と文との関係はやがて文法学に二の大なる部門を分つべき原因をなすなり。上にもいへる如く人間が言語を用ゐる目的は思想をあらはすにあるは勿論なるが、その思想を発表する材料として語を見たる場合とその材料たる語を用ゐて目的たる思想をあらはす方法を見たる場合との二の区別あるべきなり。即ち一方は分析を主としたる研究にして一方は総合を主としたる研究なり。（中略）文法学にありてはその分析的研究を語の論といひ、その総合的研究を句の論といふ。　　　　　　　　（山田［1936 : 23-24］）

これらの「語の論」（語論）と「句の論」（句論）とで扱われる内容は、基本的に次のようになっていると思われる。

　　$\begin{cases} 語論\to 上記（i）（ii）［ただし、\alpha：語、\beta：句］ \\ 句論\to 上記（i）（ii）（iii）（iv）［ただし、\alpha：句、\beta：文］ \end{cases}$

ここで、注意すべきは、語論において扱われていない事柄が存在する点である。具体的には、（iii）（iv）がそれであるが、そのうちの（iv）、すなわち句の成立の問題は句論の（i）で扱われるので、実際に語論に欠けているのは（iii）、すなわち、語の結合規則の問題である。ただし、この点は山田文法における重要な問題点であるので、後にあらためて取り上げることにする（後述 3.1 参照）。

　なお、山田文法の言語単位については、本節では議論しないが、次のような問題点も指摘できる。一つは、「語根」「接辞」の位置づけについてである。これらは、山田文法では「一の語の内部の成分」（山田［1936 : 34、36］）とされているが、明確に言語単位とはされておらずその位置づけが曖昧である。二つめは「句」の位置づけについてである。山田文法で「句」は「文の基礎たる単体」（山田［1936 : 903］）と規定されているが、言語単位の一つなのかどうか明確でない。三つ目は「句」と「文」の関係についてである。この点について、山田文法では、

　　(3)　文法学上、文の素たるものを句といひ、その句が運用せられて一の体をなせるものを文といふ。畢竟句は化学にてい

第 3 章　言語単位と文法論　　**285**

ふ元素の如き意義をあらはし、文は化学にていふ単体化合
体などいふに用ゐる体の如き意義をあらはすものと約束す
べし。　　　　　　　　　　　　　　　　（山田 [1936: 904]）
と述べられているが、両者の相違が具体的にどこに存するのか、と
いう点については明確でない*3。

2.　語構成について

2.1　山田文法における語構成論の扱い

　山田文法において語構成論は、次に示すとおり、語の運用論の第
一部門に位置づけられている。

（4）　語の運用の研究は上、語の性質の研究の結果を基礎とし、
　　　それが動的状態を研究するものにして、以て句論にうつる
　　　べき階梯となるべきものなるが、これらのうちにも亦幾つ
　　　かの見方もあり、又幾つかの階段ありと考へらるゝが、之
　　　を概括すれば二の部門あるべしと思ふ。その第一の部門は、
　　　それらの動的現象の結果が、なほ一の語として取り扱は
　　　るゝ範囲のものゝ研究なり。これは単語を出発点として、
　　　それらが或は内面的に意義又は性質をかふる場合、或は内
　　　外二面より或は形態或は意義或は性質をかへて複雑なる組
　　　織の語となるに到るまでの状態の研究にして、これらの研
　　　究には単語の転成よりはじめ、それに関連して接辞の研究
　　　を導き、更にまた合成語、合体語、語の転用などの現象を
　　　対象とするなり。　　　　　　　　（山田 [1936: 551–552]）
この点を捉えて、阪倉（1966: 38）は、山田文法における語構成論
の位置について、「『語論』と『句論』との、いはば中間にくらゐす
る」と述べている。

　さて、山田文法におけるこのような語構成論の位置づけには、言
語単位（ここでは語）の観点から見た場合、次のような問題点が潜
んでいると言えよう。すなわち、文法論における一語の位置づけと
語構成論との関わりについてである。

　山田文法においては、「一の語」が次のように特徴づけられてい

る。

（5）　語といふ観念は上の如く思想をあらはす材料として分解を
　　　　施す方面より生じたるものなるが、その分解の極たるもの
　　　　即ち語の単位如何といふことが次の問題として生じ来るべ
　　　　し。実に語の単位といふものは文法研究の一切の基礎とな
　　　　るものなり。これは吾人が一つ一つの語と考ふるものをさ
　　　　すものなるが、その一つ一つの語とは何ぞやといふ問題に
　　　　対してはこれに答ふることは容易のことにあらず。

（山田［1936: 26］）

ここで取り分け重要なのは、「一の語」が「文法研究の一切の基礎
となるもの」であるという点であるが、そのことを問題とする前に、
具体的に山田文法において「一の語」の内実がどのようなものであ
るのかについて確認しておくと、次のようになる＊4。

（6）　要するに一の語といふべきものには単語及び合成語の二様
　　　　ありとす。而して従来は一の語といふべきを単語といひた
　　　　ることあれど、一の語といふべきものは上の如く合成語を
　　　　も含むものなれば、単語といふこと〻一の語といふこと〻
　　　　は同じ観念にあらざるを知るべし。　　（山田［1936: 40］）

すなわち、「一の語」には「単語」と「合成語」の二種類が含まれ
るということである。

　しかし、先に見たように、もし山田文法において「一の語」が
「文法研究の一切の基礎」であるのなら、そういった文法論におい
てはその内実である「単語」や「合成語」の内部構造にまで踏み込
む必要性はないということになるのではないだろうか。換言すれば、
山田文法の組織としては、山田が言うような語の「動的現象の結果
が、なほ一の語として取り扱はる〻範囲のもの」を扱う語の運用論
の第一部門（＝語構成論）は不要であるということである。その点
で、著者は、山田文法においては語の運用論の第一部門は廃止され
るべきものであると考える＊5。

　ただ、ここで一つ注意を払っておかなければならないことがある。
それは、次に示すような、「一の語」の認定の際に山田が持ち出す
「二重の見地」という問題である。

第3章　言語単位と文法論　　287

(7) 今吾人は「ひとびと」「うさぎうま」「かへりみる」の如き
　　は、その構成組織を顧みるときに二の語より成るを認む。
　　かく認むる理由はそれに対して更に分析を施したる結果の
　　各分子たるものが、本来談話文章の第一次の構成要素と
　　して用ゐらるべき性質のものたりといふことに基づくものな
　　り。即ち分析的の見地より見たる時に一の語といふべき
　　語二つが合成して一の語の姿と資格とを有せるものなりと
　　いふべきは明らかなりとす。然るに一旦総合的の見地より
　　いへば、文章談話の構成の直接の要素となるものは「ひと
　　びと」「うさぎうま」「かへりみる」といふ成形したる語に
　　して、それを分析したる「ひと」「びと」等の各が、これを
　　用ゐたる談話文章の構成上の単位たりとは認むるを得ざる
　　なり。こゝに於て吾人が一の語と認むるものにつきては二
　　重の見地ありとせざるべからず。　　　（山田［1936: 38–39］）

しかし、これは、「一の語」に「単語」と「合成語」の二つをとも
に含めるときの論法に過ぎず、結果として導かれる「一の語」が
「文法研究の一切の基礎」であるという点が動かない以上、本項の
先の主張には影響を与えない。なお、時枝（1941: 221–222）は、
山田のこの説明を、「主体的立場」と「観察的立場」とが混淆した
ものであると批判しているが、それはそれで妥当な批判であると思
われる*6。

2.2　文法論で語構成を扱うための必要条件

2.1では、山田文法の言語単位観から言って、本来、山田文法に
おいては語構成を扱うことはできないはずであるということを述べ
た。では、山田文法を離れ、一般的な文法論のことを考えた場合、
その文法論で語構成が扱われるためにはどのような条件が必要にな
るのであろうか。本項では、この点について考えたい。

結論的には、次の4点がその条件であるかと思われる。

（i）　文法論に単位（体）構成の探究という側面を認めること。

（ii）語という言語単位を設定すること。

（iii）語構成要素に相当する言語単位を設定すること。

（iv）言語単位間に軽重の差を設けないこと。

先の山田文法の場合には、「語根」「接辞」といった要素の位置づけが明確でなく、しかも「一の語」が「文法研究の一切の基礎」であるとすることによって、（iii）と（iv）の条件に違反していると考えられたわけである。

では、ここで、山田文法以外の文法論として、松下文法、橋本文法、教科研の文法論＊7、渡辺実の文法論を取り上げ、上記条件との関わり、および語構成の取り扱いの有無を簡単に見てみよう。結果を表1として次に記す。

表1　各文法論における上記条件の在り方と語構成論の有無

文法論	条件（i）	条件（ii）	条件（iii）	条件（iv）	語構成論の有無
松下文法	○	×	×	○	無
橋本文法	○	○	○	○	有
教科研の文法論	?	○	○	×	△
渡辺実の文法論	○	○	×	?	無

以下、表1について簡単に補足説明する。

まず、松下文法であるが、条件（ii）（iii）が×印である理由は、同文法には語という言語単位が存在せず、従って語構成要素に相当する言語単位も存在しないからである。一般に、松下文法の「（単）詞」が語、「原辞」が語構成要素と言われることがあるが、それは誤りである。この点について詳しくは斎藤（2004：第3部第2章第1節）を参照されたい。

次に教科研の文法論であるが、鈴木（1972: 155–162）で述べられているように、語構成（＝「単語つくり」）論は一応文法論の部門として認められている。しかし、その語構成論はほぼいわゆる語構造論であり、語形成的な側面についてはほとんど取り上げられないという問題を含んでいる。表1中の△印はその意味である。また、鈴木（1978）では、「形態素論・原辞論という文法論の部門はなりたたない。」と述べられているが、本書第2部第1・2章は、そういった考え方へ対する著者なりの反論である。なお、条件（iv）が×

印であるのは、教科研の「単語中心主義」による＊8。

　次に渡辺実の文法論であるが、同文法論においては、基本的に語構成論は扱われない。その理由は、条件（iii）が×印になっていることからわかるように、同文法論においては語構成要素（渡辺の言い方では「形態素」）は文法論で扱うべき言語単位とされていないからである。ただ、その根拠は必ずしも明確ではないように著者には思われる。そこで、この点を、以下に示すような、渡辺が「文法論の独自な研究対象」（渡辺［1971：14］）とする「構文的職能」の規定から考えてみたい。

　（8）構文的職能とは、言語表現の有機的統一性を形成するために、言語の内面的意義に託される各種の役割の総称である。

（渡辺［1971：16］）

ここで重要なのは、渡辺自身が述べるように、構文的職能は「内面的意義」に託されるという点である。そして、渡辺によれば、複合語をも含めた単語を一意的に規定するためには、単語を「形態・意義・職能の三者の対応の認められる最小単位」（同書：27）と規定する必要があるとされるが、このことは、裏を返せば、語構成要素は構文的職能を担わないので文法論の対象とはならないということである。しかし、問題は、ではなぜ語構成要素の有する内面的意義には構文的職能が託されないのか、構文的職能が託される単語の内面的意義とは何が違うのか、という点ではないだろうか。つまり、内面的意義に構文的職能が託される機構が明らかにされない限り、語構成要素の有する内面的意義に構文的職能が託されないから文法論で扱わないと言っても説得力がないように思われるのである。

3．文構成について

3.1　山田文法における文構成とその問題点

　山田文法において文構成はどこでどのように扱われるのであろうか。この点について考察するために、先に 1.2 で触れた山田文法の文法論の二大部門、語論と句論の内実についてあらためて確認してみると次のようになる。

290　　II　語構成と文法論との関わり

$$\left\{\begin{array}{l} \text{語論（分析的研究）} \left\{\begin{array}{l} \text{語の性質の研究（品詞分類）→1.2 b）の (i) (ii)} \\ \text{語の運用の研究（語構成・語の位格・各品詞の用法）} \end{array}\right. \\ \text{句論（総合的研究）} \left\{\begin{array}{l} \text{句の性質の研究（句とは何か・句の分類）→ (i) (ii)} \\ \text{句の運用の研究（文とは何か・文の分類）→ (iii) (iv)} \end{array}\right. \end{array}\right.$$

これを見るとわかるように、句論においては、(i) 〜 (iv) の各項目が扱われていて十全なのに対して、語論においては、(iii)、すなわち語の結合規則が扱われていない。このことは、山田文法においては文構成は直接扱われることがないということに他ならないが*9、文法論に文構成に関する論がないというのは奇異な感じを与える。なぜ山田文法においてこのような状況が生じているのであろうか。ここでは、この点について考えてみたい。

　上記の語論の内実を見ると、山田自身によって「語の運用の研究の中心」（山田［1936: 663］）とされる「語の位格」の部分が (iii) に相当することが期待されるが、実際はそうなっていない。このことを確認するために、山田文法における語の位格の規定を見ると、次のようになっている。

(9)　位格は上述の如く、観念語の運用上生ずる一定の資格をさすものなるが、その資格は多くの場合に於いて観念語相互の間に於ける種々の関係に於ける資格をさすなり。その相互の関係とは体言が他の語に対して起す種々の関係、用言が他の語に対して起す種々の関係、副詞が他の語に対して起す種々の関係をさすものにして、それらの各種の語が他の語に対する関係は内容上よりいへば千差万別なるべしといへども、その用ゐらるゝあらゆる場合を研究して帰納して得たる一定の方式あり。この一定の方式即ち型を称してこゝに位格といへるなり。

　　　　　（中略）

かくの如くしてこゝに吾人は語の運用の方式として呼格、述各、主格、賓格、補格連体格、修飾格の七の位格の存するを認む。　　　　　　　　　　　　　　　（山田［1936: 669］）

すなわち、山田文法における語の位格の問題とは、森岡健二が指摘

するように、「語による成分の形成法」（森岡［1994: 73］）を指すのであり、文構成の実際の在り方そのものを示すものではないのである。なお、このように考えるなら、これも森岡（1994: 73）が指摘するように、山田文法の語論の下位区分は、松下文法の「詞の本性論」「詞の副性論」に類似していると言えよう。

上記の点を別の角度から検証してみよう。それは、山田文法における「連語」の概念に関してである。山田文法で連語は次のように規定される。

　（10）今こゝに

　　　　月下に奏する劉亮の曲。

　　　　検非違使等の武職。

　　　　徐に歩む。

　　　　遙かに高し。

　　　　わが隣に住む。

　の如き例ありとせよ。これらは体言と体言とを連ね、体言と用言とを連ね、或は用言と副詞とを連ね、又その間に助詞を加へたりなどして夫れ〰〰の意味をあらはしたるものなり。これらは多くの単語を集めて一に連続したる語をなせども未だ完全に思想をあらはすものにあらずと認む。かゝるときにはこれらをば吾人は文と称することなくして、文法学上連語といふなり。（中略）こゝにいふ連語とは句論上の名目にあらずして、なほ語論上の名目たるに止まるべきなり。今連語の定義を下さば次の如くならむ。

　　　　多数の語を集めてある複雑なる観念をあらはせど、完全なる思想をあらはすゝにあらざるものを連語といふ。

（山田［1936: 897–898］）

ここで重要なのは、連語を扱う部門が語論であるとされている点である（ただし、実際には、語論において連語の具体的な考察はなされていない）。なぜなら、本来、語の連なりそれ自体は語ではないはずだからである。しかし、それにも拘わらずそれを語論で扱うということは、山田文法においては連語を語の一種と見なしているのではないかと疑われるのである（上記引用中「一に連続したる語」

という表現に注意されたい）。あるいは、句になっていない段階の
ものは全て語レベルの存在と見なすということであろうか。いずれ
にせよ、こういった捉え方が、語の結合関係といった観点を生み出
さなかったであろうことは想像に難くない。ただし、理論的には、
そういった捉え方が語の結合規則の探究を阻むとは必ずしも限らな
い。その点は、山田文法と松下文法の詞論とを対照させてみるとよ
くわかる＊10。

3.2　松下文法における文構成とその問題点
3.2.1　松下文法の言語単位
　松下文法における文の直接的な構成要素は「詞」である。このこ
とを理解するためには、松下文法における言語単位の種類とその関
係について知る必要があるが、この点に関して、松下は次のように
述べる。

(11) 言語は説話の構成上に於て原辞、詞、断句の三階段を踏む。
　　　此の三階段の一に在る者は何れも言語である。そうして原
　　　辞は最初の階段で詞が之に次ぎ断句が最高の階段である。

(松下［1930b: 8］)

ここで、「断句」が通常のいわゆる文に相当するが、詞についても
う少し具体的に述べたものとして、次の言がある。

(12) 言語が説話を構成するには、断句といふ階段を踏む前に必
　　　ず詞といふ階段を踏む。詞は断句の成分であつて、自己だ
　　　けの力で観念を表すものである。例へば「山」「我」「往く」
　　　「遠し」「或る」「若し」「嗚呼」などの類だ。「山」は「山」
　　　だけで一つの観念を表してゐる。そうして「山高し」「人山
　　　に登る」などいふ断句に於けるが如くその材料になる。

(松下［1930b: 19］)

　ところで、松下文法の言語単位における重要な特徴の一つに、ど
の言語単位も「単〜」「連〜」という下位分類を有するという点が
挙げられる。これは、その単位が単独で存在しているか否かという
観点からの分類であるが、詞に関しては、次のようになる。

(13) 詞に単詞、連詞の別が有る。

単詞　単詞は単一の詞であつて分けると詞でなくなるもので
　　ある。「山」「河」「往く」「帰る」の類がそうだ。二詞の連続
　　より成るものでなくて一詞がそのまゝ一詞たるものである。
　　（中略）
　　　連詞　連詞とは二詞が統合されて一詞となつたものである。
　　「春の風」「夏の山」「流るゝ水」「飛ぶ鳥」などの類だ。「春
　　の」は一詞、「風」は一詞で、この二詞が統合されて「春の
　　風」といふ一詞になる。「春の風」は内部に二詞を蔵してゐ
　　るが、全体としては一詞である。こういふのが連詞である。
　　　連詞も詞である。故に単に詞と言へば連詞をも含むのである。

（松下［1930b: 20］）

このような、松下文法における単詞と連詞の区分に関して重要な点
は、「単詞も一つの詞であるが連詞も一つの詞である。」（松下
［1930a: 12］）という両者の捉え方である。なぜなら、このことは、
単詞にせよ連詞にせよ、詞というのはどこまでも一つのレベルをな
すものであることを示すものに他ならないからである。そして、そ
う考えるなら、単詞と連詞との関係を、3.1 で述べた山田文法の
「（一の）語」と「連語」との関係に平行させて考えることができる
ように思われるのである（すなわち、松下文法の詞のレベルと山田
文法の語のレベル）。ただし、松下文法には連詞における詞と詞の
相関論（＝ 1.2b）の（iii））が存在したが、山田文法には、先に見
たように、それがなかった。そういう点では、山田文法にも連語を
構成する語の相関論を発展させる余地があったと言うべきであろう。

3.2.2　松下文法の詞の問題

　上で見たように、松下文法における詞は断句（＝文）の直接構成
要素であり、その点で、いわゆる文の成分であると考えられる。松
下文法の詞（特に単詞）に関しては、単語であると理解する解釈が
あるが（たとえば、森岡［1994: 48］）、詞が単詞と連詞とに分かれ
ることを考えてみても、そういった捉え方は正しくないと言えよう。
むしろ、斎藤（2004：第 3 部第 2 章第 1 節）で指摘したように、
松下文法にはいわゆる語に相当する言語単位は存在しないと考える

294　　II　語構成と文法論との関わり

べきである。

　詞を文の成分とする松下文法の捉え方は、当時としては非常にユニークなものであるが、一方で、松下文法の部門構成に深刻な影響を与える。それは、詞の「本性論」（いわゆる品詞分類）の存在意義についてである。すなわち、詞が現実的な文の成分である以上、詞の本性論において品詞分類のように詞を分類するのはおかしいのではないか、ということである。なぜなら、通常、品詞分類というのは、文中に顕在したものとしての語そのものを対象として行なうのではなく、そういった個々の使用のされ方を許すところの潜在的な語を対象として行なうものであるからである*11。ただし、この点については、既に仁田（2005：第1部第6章）に指摘があるのでここでは繰り返さない。なお、この問題を論じるに当たっては、松下文法における連詞の品詞といった考え方をも考慮に入れる必要があることを付言しておく。

　以上、松下文法の詞とその問題点について述べたが、この詞と類似した概念であると言われるものに橋本文法の「文節」がある。しかし、橋本文法には上記のような詞の本性論が抱える問題点は存在しない。次にその点について論じる。

3.3　橋本文法における文構成とその問題点

3.3.1　橋本文法における文節と連文節

　周知のように、橋本文法における文の直接構成要素は文節であり、次のように規定される。

(14)私は｜昨日｜友人と｜二人で｜丸善へ｜本を｜買ひに｜行きました。
　　　の文は、右の如く八つに区切る事が出来るが、実際の言語としてはそれ以上に区切る事はない。かやうに、文を実際の言語として出来るだけ多く区切つた最短い一区切を私は仮に文節と名づけてゐる　　　　　　　　（橋本［1934：6］）

ただし、橋本は、後年、「連文節」を新たに導入し、連文節を次のように規定した。

(15)二つ以上の文節が結合して、意味上或まとまりを有すると

見られるものを連文節とする。　　　　　　（橋本［1959: 166]）

　連文節の導入により、橋本文法における文の構成要素の在り方は次のようになったと考えられるが、これは、基本的に松下文法の詞の在り方と同じである＊12。

　　　　　　　　　　　　　　　　　（狭義の）文節…単文節
　　　　（広義の）文節
　　　　　　　　　　　　　　　　　連文節

しかしながら、詞と文節とは全同ではない。なぜなら、文節は語によって構成されるからである。すなわち、橋本文法においては、〈語→文節→文〉という単位体構成の流れが見られるのに対し、先に見たように、松下文法においては語に相当する言語単位が存在しない。このことは、橋本文法においては、先に見た松下文法の問題点、すなわち、品詞分類の対象としての、個々の具体的な表われとは区別された言語単位が存在しないということ、が回避されていることを示す。橋本文法では、語がその言語単位の役目を果たし品詞分類の対象となるからである。このように考えると、橋本文法の単位体構成、さらには、橋本（1935）において示された言語単位と文法論の組織（語構成法・文節構成法・文構成法）との関係（橋本［1935=1946: 216]）に関しては評価されていいように思われる。

3.3.2　文節の問題点

　上で述べたことは、もちろん、言語単位としての文節に問題点が存しないということを示すものではない。というよりも、（14）が示すように、もともと文節という言語単位は純粋に形態的な観点から規定されたものであるため、文の意味的構成との間にずれが生じることがまま見られ、その点で本来の意味での文の成分になり得ていないことは諸家が指摘するとおりである＊13。ただし、この点について、ここでは深入りしない。今、問題にしたいのは、文節と語の関係である。すなわち、橋本文法では、上述のように、文節は語によって構成されるものであり、語と文節とは別の言語単位であるが、両者を切り離し別物として扱うことに問題はないのか、という点である。そして、このことを考えるためには、語と文節（ある

いはもっと広く、文の成分）との関係について改めて見直してみる
必要があると思われる。次にその点について論じる。

4. 語と文の成分との関係

4.1 語と文節とを一体のものとして捉える立場

語と文節との関係に関し、橋本文法とは異なる＜語：可能態、文
節：現実態＞といった捉え方が川端（1982）、小針（2008）など
に見られる。これは、両者を同一の言語単位の異なった二面と見る
もので、文節を新たな観点から捉え直したものと言えよう。次に川
端（1982）から引用する。

（16）日本語の文法論上の単位の一つに、文節と呼ばれるものを
　　　考えることができる。「昨日」「太郎は」「山に」「登った」
　　　のように現象するそれは、語が文に運用される際にとる形
　　　であって、従ってそれ自体が一つの〈語〉にほかならず、
　　　且つ、語の現実態であると規定することができる。

しかし、単独の文節を語の現実態と捉えることはできるが、いわゆ
る連文節を語の現実態と捉えることはできない。このことを、鈴木
（1996: 278）は語（の現実態としての文節）と（連文節としての）
文の成分との分化であると指摘する*14。

（17）文（単純文）を直接に構成している要素はいわゆる文の成
　　　分（文の部分）だが、これは一つあるいは二つ以上の単語
　　　からつくられる。文の成分が一つの単語でつくられるかぎ
　　　りでは、文の成分は文の中で現にはたらいている単語であ
　　　って、一定の状態にある単語にとどまるが、二つ以上の単
　　　語からなる文の成分がうまれることによって、文の成分は
　　　単語から分化したわけだ。文の材料であり、要素であった
　　　単語が、文の材料としての単語と文の要素としての文の成
　　　分とに分化したのだ。単語は文の成分を媒介にして文とか
　　　かわるようになる。

こういった川端や鈴木の考え方を、本節では基本的に受け入れたい
と思うが、問題も残る。それは、これらの考え方に従えば、ある場

合においては語（現実態）と文の成分とが同一のものになる、ということを認めることになるが、語と文の成分とは異なる言語単位であり、条件付きとはいえ、両者が同じになるというのはおかしいのではないか、という点である。では、この問題に関してどう考えたらよいであろうか。

4.2　語と文の成分との関係をどう捉えるか

　まず明確にすべきは、語と文の成分とが異なる言語単位である以上、両者は厳密に区別されなければならないという点である。従って、外形的には同じであっても、語の現実態と文の成分とは区別されることになるが、外形的には同じものが言語単位としては区別されるという捉え方は、以下に示すように、既に松下文法において見られる。

（18）詞は断句になつても詞である。例へば「花咲く」は断句であつて同時に詞である。之を断句といふのは出来上がつた結果から言ひ、之を詞といふのはその材料から言ふのである。革で出来た靴は靴であつて同時に革である。其の観る方面に因つて違ふのである。　　　　　　　（松下［1930b: 22]）

（19）「花」は詞であるが、其れは詞として出来上がつた結果を言ふので、「花」といふ詞は「花」といふ原辞から成立してゐるのである。用途から観て詞であり材料から観て原辞である。　　　　　　　　　　　　　　　　（松下［1930b: 22–23]）

この考え方を援用するならば、語と文の成分との関係は、次の図1のように捉えられるのではないだろうか。

　上図からは、次のようなことが読み取れる。まず、語は文の材料ではあるが文の直接的な構成要素（文の成分）ではない、という上記（17）の考え方が徹底されているという点である。つまり、語と文の成分とは常に異なる言語単位として理解されるわけである。次に、多くの文法論が考えるような＜語構成要素→語→文の成分→文＞という単位体構成の流れは単一の流れではなく、語と文の成分との間には、まずレベル差A、すなわち可能態と現実態とのレベル差が介在し、さらにその現実態と文の成分との間に通常のレベル差

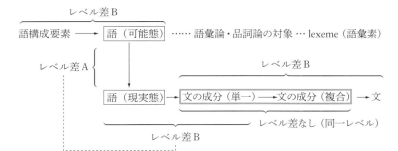

図1　語（□印）と文の成分（□印）との関係

B（質的単位間に存するレベル差）が存在するという点である。なお、もちろん、上図におけるそれぞれのレベル差Bの内実は異なっており、そこから、語構成と文構成との異質性（あるいは、語の成立と文の成立との相違）が時に強調されたりすることがあるが[15]、それはこの後の話である。

5．おわりに

5.1　本節のまとめ

以上、本節では、山田文法を出発点とし、日本語文法論における言語単位と文法論の組織との関わりという問題を、語構成、文構成という二つの観点から考察してきたが、その過程で次の諸点を指摘した。

Ⅰ．語構成について
　①山田文法の言語単位（特に「一の語」の位置づけ）から考えて、語の運用論の第一部門（＝語構成論）の設定には問題がある。
　②それぞれの文法論で語構成を扱うかどうかについては、言語単位をどう設定し、その間の関係をどう考えるか、という点と密接に関連する。

Ⅱ．文構成について

A．各文法論の在り方

　①山田文法には、厳密な意味での文構成論が見られない。

　②松下文法では、詞が文（断句）の直接構成要素であり、詞の相関論が文構成論に相当するが、詞の本性論については疑問がある。

　③橋本文法では、文節が文の直接構成要素であるが、文節は語から構成されるので、松下文法のような問題は生じない。ただし、語と文節とを別の言語単位として扱うところに問題がある。

B．語と文の成分との関係

　①語と文の成分との関係を言語単位の上からどう考えるかについては、従来の〈語：可能態、文節（＝文の成分）：現実態〉という捉え方だけでは、語と文の成分との区別が明確でなく不十分である。

　②語と文の成分との関係を考えるに当たっては、〈「材料」と「結果」〉という松下文法の言語単位観を援用するのがよいと思われる。

　③語と文の成分との間には、2種類の異なったレベル差が存在する。

5.2　今後の課題

森岡（1969）に次の指摘がある。

　(i)　語と文とは「文法論の土台をなす、最も基本的なもの」である。

　(ii)「日本における各文法論の体系の違いは、実は、この二つの単位の関係づけのしかたから発生していると考えられそうである。」

　本節では、この指摘を一応受け入れた上で、なお次の点を問題としたい。一つは、言語における単位は平等なものなのか、それとも言語単位間には何らかの軽重の差があるのか、という点である（これは、森岡の言う「基本的」というのとはまた別の問題である）。

本節では、最初に述べたように、全ての言語単位は同等に質的統一体と考えたが、それでよいのか。たとえば、松下文法、橋本文法は平等派と言えようが、山田文法は非平等派のように思われる（1.2のc）で述べた「句・接辞・語根」の位置づけを参照)＊16。もう一つは、言語単位とレベルとは区別した方がいいのではないだろうか、という点である。たとえば、語構成要素や文の成分については、複数個集まってもそのまま語構成要素、文の成分のままであり得るが（すなわち、語構成要素レベル、文の成分レベル）、語や文については そういうわけには行かない。これは何を意味しているのか、ということである＊17。いずれも言語単位と文法論の組織を考える上で重要な問題であると思われるが、本節にとっては今後の課題である。

＊1　言語単位をどう捉えるべきかという点については、本書第2部第3章第2節で論じているので参照されたい。
＊2　文法論の中には、文構成が文法論の真正の研究対象であり、語構成を研究対象から除こうとする立場のものがあるが、本節はそういったことの是非を問題とするものではない。
＊3　山田文法における「句」と「文」との相違が明確でない点については、渡辺（1971：75–82）に、「叙述内容のまとまりと文の成立とを同一視しようとする考え方は、山田博士の場合にもやはり、理論の行きづまりをひきおこしているように思われる」という観点からの批判がある。なお、先に本文中で句論におけるβを「文」としたが、両者の関係に曖昧さが残る点を考えると、そう単純には言い切れない面がある。
＊4　山田文法においては、「一つの語」を含め語の捉え方に時期によって変化が見られる。ここで示した「一つの語」の内実は山田（1936）段階のものである。なお、この点について詳しくは斎藤（2004：第3部第2章第2節）を参照されたい。
＊5　これと同様の主張は、既に斎藤（2004：第3部第2章第2節注8）で行なっている。
＊6　時枝の批判を考慮するならば、山田の「一の語」はすべて「総合的見地」から扱うことができるし、またそうすることが望ましいように思われるが、この点については、ここではこれ以上深入りしない。
＊7　「教科研国語部会の文法、およびその基礎となる言語学研究会」（宮島［1994：108］）の文法論のことである。

*8 教科研の文法論に見られる「単語中心主義」に関しては、宮島（1994:108–112）を参照されたい。

*9 山田（1936）においては、「第四十九章 句中に於ける語の排列」という一章が設けられ、「国語の語排列上の遠心性」（1034頁）という「根本原理」（1035頁）が提示されている。しかし、ここで論ぜられているのは、「この語の排列といふことは要するに、或る語が他の語に対して有する関係に基づく位置のことなり。」（1023頁）とあるように、語の文中に占める位置の問題であり、語と語との結合規則というのとは観点を異にする。そういう点で、本節では、山田文法においては、厳密な意味での文構成は扱われていないと判断した。

*10 「連語」と「語の結合関係」との間に密接な関わりを見うることは、いわゆる教科研グループにおいて、「連語論」が明確に「統語論」の一分野として位置づけられていることからもよくわかると言えよう（ただし、山田文法と教科研グループの言う「連語」は同じではない）。

*11 松下文法の考え方を継承して品詞を規定したものに森岡（1994:193–194）があり、独特の品詞の捉え方をしているので参照されたい。

*12 水谷（1965）は、自らの言語単位観に基づき、「文節が文の単位なら、連文節は文の単位ではない。」と述べる。詳しくは、本書第2部第3章第2節（4.2）参照。

*13 この問題に関しては、金水（1997）の言う「形態と論理のミスマッチ」という点も参照されたい。

*14 鈴木の指摘（17）については、教科研グループの「連語」と「文の部分」の関係から見直す必要がある。この問題については、稿をあらためて論じる予定である。

*15 語構成と文構成と異質性については、斎藤（2004:第1部）を参照されたい。

*16 この点で問題になるのは時枝文法である。すなわち同文法の「句」は、正式には言語単位とされていないようであるがそれは何故なのか。あらためて考えてみる必要があるが、この点は本書第2部第3章第2節の考察テーマである。

*17 「言語単位」と「レベル」との区別については、本書第2部第3章第2節（4.3）で論じているので参照されたい。

第2節　時枝文法の「句」は言語単位か
言語単位再考

1.　はじめに

　時枝文法における言語単位は、「語・文・文章」の三つである。この点については、時枝自身次のように明言しており動かない（時枝［1950: 21］）。

(1)　言語に於ける単位的なものとして、私は次の三つのものを挙げようと思ふ。

　　　一　語
　　　二　文
　　　三　文章

　ところで、時枝文法には、これらとは別に「句」と呼ばれるまとまりが存在する。詳しくは2.2で述べるが、「句」は語の二大別である「詞」と「辞」とが結合したものであり、語と文との中間的存在になる。ただ、問題は、この「句」の時枝文法内における位置づけが若干曖昧な点である。このことは、「句」に対する時枝自身の言説にも見られるし、先行研究の「句」に対する捉え方にも見られる。もう少し具体的に言えば、時枝自身は「句」を言語単位に入れていないのにも拘わらず、「句」に言語単位的な性質を付与しているように思われる節があるし、先行研究の中には、「句」を時枝文法における言語単位であると明確に述べているものも存するのである。すなわち、「句」についてその単位性・非単位性が必ずしも明確でないのである。

　そこで、本節では、そういった状況を承け、次の点を明らかにすることを目的に掲げたい。第一に、時枝文法における「句」とは何か、という点をあらためて明らかにするという点である。特に、その単位性・非単位性を明確にしたい。これについては、時枝自身の言説と先行研究の捉え方に基づいて考察する。第二に、そのことを通して、「言語単位」というものの性格をより明確にしたい、という点である。そして、できれば、文法論にとって言語単位というも

のはどういう存在なのか、という点についても何かしらの見解を述べたいと考えている。

2. 「句」の内実とその問題点

2.1 時枝文法の言語単位観

時枝文法は、他の文法論に比べ、言語単位に関し次の2点において独特である。

①言語単位に関する意識が明確であった点

②言語単位観の異質性

今、少々長くなるが、時枝文法においてこの点が明示的に述べられている箇所を引用する（時枝［1950: 21–23］

　(2)　今、この三つのもの（引用者注: 語・文・文章）を文法研
　　　　究の単位と称する時、ここに用ゐられた単位の概念を明か
　　　　にして置くことは、右の対象設定の推論を明かにする上に
　　　　有効であらうと思ふので、以下そのことについて述べよう
　　　　と思ふ。

　　　　　一般に、語が言語に於ける単位であると云はれる場合と、
　　　　私が右に語を単位とするといふ場合の単位の概念には、相当
　　　　の距離があるのである。一般の用法では、言語の分析の究極
　　　　に於いて見出せる分析不可能なものとして、これを言語の単
　　　　位といふのであつて、それは原子論的単位としての単位の意
　　　　味である。そこには全体に対する部分の意味が存在するので
　　　　あつて、それは構成的言語観の当然の帰結である。私がここ
　　　　に云ふ単位といふのは、質的統一体としての全体概念である。
　　　　人を数へる場合に単位として用ゐられる三人、五人の「人」
　　　　は、長さや重さを計量する場合に用ゐられる尺や瓩が、量を
　　　　分割するための基本量を意味するのと異なり、また全体を分
　　　　析して得られる究極体を意味するのとも異なり、全く質的統
　　　　一体を意味するところの単位である。言語の単位として挙げ
　　　　た右の三者は、音声または文字による思想の表現としての言
　　　　語であることに於いて、根本的性質を同じくし、かつそれぞ

れに完全な統一体あることによつてこれを言語研究の単位といふことが出来るのである。このやうな単位の概念は、例へば、書籍に於いて、単行本、全集、叢書を、それぞれに書籍の単位として取り扱ふのと同様に考へることが出来るのである。

　むろん、この特色は、時枝文法の基本的言語観である「言語過程観」に由来するものであるが、ここで時枝が強調する言語単位のポイントは「質的統一体」という点である。

　しかし、このような時枝文法の言語単位の捉え方には問題点も存する。それは次の2点である。

　ⓐ原子論的単位に質的統一性は存在しえないのか。

　ⓑ言語単位の構成性は完全に否定されるべきものなのか。

この点については、既に先行研究において程度指摘されている。たとえば、森岡他（1974: 157–158）に見られる宮地裕の次の発言は、上記ⓑに対する素朴な疑問であると捉えることができよう。

　（3）　もし構成観というものが、時枝さんがおっしゃったように非難されるべきものであるとするならば、構成観でなくて文法論が成り立つのか、時枝さんの文法論だってやはり一種の構成論ではないかと思いますけれどもね。

ただ、ここでは、同じく宮地裕でも上記ⓐ・ⓑ両者に関わる宮地（1976）の「単位」と「単位体」との区別を見ておきたい。宮地によれば、「言語には、まず単位体があるのであって、『単位』があるわけではな」いという。ここで、両者は次のように区別される。

　（4）　時間・空間・重さに関する「秒・分・日・月・年」「メートル・平方メートル・立方メートル」「グラム」などは、約束としての一定の操作量であって、時間・空間・重さなどの範疇を前提とし、物質・物体を測定するのに用いられる「単位」なのである。そして、物質の粒子として見出される「原子」や「分子」は、機能的統一体であって、崩壊によって機能を失うことがある「単位体」なのである。

すなわち、「単位」とは「約束としての一定の操作量」であり、「単位体」とは「機能的統一体」であって、「語・文・文章などに、質

第3章　言語単位と文法論　　305

的統一体としての単位体の名を与えること」は「原子」「分子」が「一段階高次の粒子となるごとに、質的に別の単位体となり、それゆえに機能的統一体としての単位体の名を負う」(同上)ことと何ら異なるところはないという。この考え方を(2)に示した時枝文法の言語単位と対照させるならば、両者の対応関係は次のように示すことができよう。

(5)

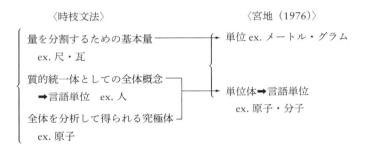

要するに、宮地は、時枝文法の「質的単位」「原子的単位」(時枝［1941: 212–213］)をまとめて「単位体」とし「単位」(時枝文法の「量的単位」［同上］)と対立させるわけであり、この考え方には、上記ⓐ・ⓑの問題意識がともに反映されていると見ることができよう。

2.2　時枝文法における「句」

時枝文法において、「句」は、次のように規定される(時枝［1950: 246］)。

(6) 詞と辞とは、その表現性の相違から、常に結合して、具体的な思想表現上の一単位をなす。この詞辞の結合を句といふ。

ここでは「詞」(=「概念過程を含む形式」)、「辞」(=「概念過程を含まぬ形式」［以上、時枝(1950: 60)］)、といった時枝文法独自の区別そのものに深入りはしないが、本項の目的から言って、「句」が時枝文法においてどのように位置づけられているか、特に「句」の構文論上の機能を時枝文法ではどのように捉えているか、という

問題は重要なので、その点について確認したい。

　周知のように、時枝文法の構文論は、いわゆる「入子型構造」に基づく構文論である。

　たとえば、「梅の花が咲いた。」という文に関して、時枝は次のように説明する（時枝［1950: 250–251］）。▯の形をしたものが「句」に相当する。

（7）右の例文を、もう一度全体的に図解すれば次のやうになる。

この図型を、既に用ゐた枡形式に改めるならば、

のやうになる。右の図形によつて、語の連結がどのやうにして句をなし、句が重なつてどのやうにして統一した思想の表現に到達するかを理解すべきである。

　　このやうな単位の排列と統一の形式を入子型構造と呼ぶのである。

このように「句」が「句」を含み、より大きな「句」を形成することによって、最終的に文に至ると考えるわけである。

　以上のように「句」を捉えた場合、言語単位との関わりからは、「句」の有する「統一性」をどのように理解し位置付けたらよいか、という点が問題となる。すなわち、時枝自身が述べるように、「句」には「統一性」が存するという。たとえば、時枝は、「詞」と「辞」との意味的関係について述べる際、「辞」が「詞」を「統一する」という言い方をする（時枝［1950: 241］、なお時枝［1941: 240・242］では「総括する」という言い方も使われている）。

（8）客体的なものを、主体的なもので包む、或は統一してゐるとも云ふことが出来るのである。包むものと包まれるもの、統一するものと統一されるものとの間には、次元の相違が存在するので（以下、略）

第3章　言語単位と文法論　307

また、時枝は、「入子型構造」を「入子盃」に擬えて説明するが、その中で、次のように述べる（時枝［1941: 317］）。

(9)　入子型とは、例へば、三重の盃のやうなものである。その構造は図の如く大盃cは、中盃bをその上に載せ、中盃bは更に小盃c（引用者注：「a」の誤り）をその上に載せて、そして全体として三段組の盃を構成してゐる。abcは夫々その容積を異にするが、盃としての本質を斉しくする処から、これを三段組の単位といふことが出来るが、それは質的単位の意味に於いてである。か様にabcは各独立した統一体であるが、同時に全体に対して部分の関係にある。この様な構造が即ち入子型構造である。

このように、「句」が「統一性」を有するとなると、それは、語・文・文章といった本来の言語単位が有する質的な統一性の「統一性」と同じものなのか違うものなのか、もし同じものであるならば、「句」は言語単位の一種と見るべきではないか、という点が当然問題となる。

2.3　先行研究の捉え方

　以上見たような、時枝文法における「句」の問題点を反映するように、先行研究では、「句」を言語単位とするかどうかに関しゆれが見られる。

　一般的には、時枝の言語単位に関する直接的な言説（上記（1）参照）に従い、言語単位に「句」を入れないのが普通であるが、かといって「句」は言語単位でないと明言するものも見られない。むしろ、「句」の単位性・非単位性には敢えて触れないというものが多いと言えよう。そういう中で、松村編（1971）巻末の「国文法学説対照表」、山口・秋本編（2001）巻末の「日本語文法学説対照表」において、「言語単位」「文法単位」の時枝文法・時枝誠記の欄に「句」を掲げながらも、「ただ、これは、言語研究の対象としての単位とはしない。」と記されているのが目を引くが、その理由に関する説明がないのでこの注記の意味するところは不明である。

　一方、「句」を積極的に言語単位の一種と認める立場も幾つか見

308　II　語構成と文法論との関わり

られる。たとえば、山口編（1987）巻末の「国文法諸説対照表」
「言語単位」欄がそうであるし、『日本語学研究事典』（2007）の
「句」の説明（仁田義雄氏執筆）には「時枝誠記の句は、時枝の言
う『詞＋辞』の結合によって成り、文法機能を有する具体的な単位
とされる。」とある。また、渡辺（1959）にも、時枝文法の文の図
解法の説明において「文構成の単位を『詞』と辞との結合した形に
置いて考え、（中略）これを『句』と呼ばれた。」という言が見られ
るし、築島（1967）には、「時枝はこの結合した一単位を『句』と
称する」とある。さらに、上述の松村編（1971）、山口・秋本編
（2001）の「句」の項目では、冒頭で「言語単位の一つ。」「ことば
の単位の一つ。」と一括された上で、様々な文法論とともに時枝文
法の「句」が説明されているので、「句」を言語単位の一つと見な
していると考えてよいであろう。なお、松井（1967: 31）では、
「句」を「質的統一体」と認定した上で「単位的なもの」と述べ、
鈴木編著（1981: 26）では「句」を「一つの単位的なもの」といず
れも「単位的」といった若干曖昧な言い方をしているが、これらも
大きくは「句」を言語単位と見る立場に位置付けてよいであろう。

3.「句」をどう理解するか

著者は、時枝文法の「句」を明確に理解するためには、(i)「統一
性」、(ii)「過程」、という二つの観点からあらためて「句」を考察
することが必要であると考えている。以下、それぞれの観点から論
ずる。

3.1 「統一性」とは何か

2.2で指摘したように、「句」に「統一性」が存するとした場合、
他の言語単位の有する「統一性」との異なりが問題となる（「統一
体としての単位の性質にどのやうな相違があるか」[時枝（1950:
45–46)]）わけであるが、特に問われなければならないのは、「句」
と「文」との相違である。というのは、時枝文法においては、「句」
のことを論じているのか「文」のことを論じているのか、時に区別

第3章　言語単位と文法論　　309

が不明確になる場合が見られるからである。たとえば、時枝は、統一の在り方に日本語の「風呂敷型統一形式」とヨーロッパの言語の「天秤型統一形式」との二種類が存することを指摘するが（時枝［1950: 260–261］）、ここでの「統一」は「句」の問題として論じられているのか「文」の問題として論じられているのか今ひとつ明確でないように思われる。

　なお、ここで一つ確認しておかなければならないのは、なぜこのような曖昧性が生じるのかというと、時枝文法においては「文」は「最大の句」であると考えられているからである、という点である。ただし、時枝自身の言説にこの点はあまり明確には出てこない。しかし、先に（7）として引用した箇所の直前で、「梅の花が咲いた」に関し、「右の文は、全体として、詞と辞の結合した句と見なすべきものとなるのである」と述べている部分などにはそういった考え方が見られると言えよう（この点に関しては、永野［1967: 134〜137］に言及がある）。むしろ、その点では、こういった捉え方は、先行研究の時枝文法理解に顕著であり、たとえば、築島（1967: 72–73）、松井（1967: 31–32）、森野（1967: 72）、近藤（1990）など幾つかのものにそういった見解が見られる。なお、語と文の中間的単位の最大のものがすなわち「文」である、といった理解は、松下文法の「連詞」と「断句」の関係、橋本文法の「連文節」と「文」の関係、渡辺実の「成分」と「文」の関係において見られるように、比較的よく取られる立場であると言えよう。

　そこで、あらためて時枝文法における「句」と「文」の有する「統一性」の異同について考えるために、ここで、時枝文法の「文」の規定を確認しておきたい。

　時枝文法では、「文」の条件として、次の3つを設ける（時枝［1950: 231］）

（10）文の性質を規定するものとして、大体、次の三つの条件が
　　　考へられる。
　　　　（一）具体的な思想の表現であること。
　　　　（二）統一性があること。
　　　　（三）完結性があること。

以下、それぞれの条件に関して、「句」の場合にどうなるか見ていく。

第一の条件、「具体的な思想の表現」ということに関して、時枝は、次のように述べる（時枝［1950: 232］）。

(11) 具体的な思想とは、客体界と主体界との結合において成立するものである。従つて具体的な思想の表現とは、客体的なものと、主体的なものとの結合した表現において云ふことが出来るのである。文とは、このやうな具体的な思想を表現するものである。

すなわち、時枝文法においては、「詞」と「辞」の結合した表現を「具体的な思想の表現」と呼ぶのであり、これは「句」そのものに他ならない。

第二の条件、「統一性」については、時枝は次のように説明する（時枝［1950: 234–235］）。

(12) 文に統一性があるといふことは、それが纏まつた思想の表現であることを意味する。如何に語が連続してゐても、纏まりのないものは文とは云ふことが出来ない。例へば、商店の看板にある営業種目の羅列のやうなものである。文の纏まりは何によつて成立するかといふならば、それは話手の判断、願望、欲求、命令、禁止等の主体的なものの表現によるのである。前に述べた具体的思想の中、主体的立場の表現がそれに当るので、それによつて、客体的な表現が纏まりを持ち、統一性を獲得するのである。（中略）重要なものは、むしろ各要素を纏めこれを統一する主体的な機能であると考へなくてはならない。

こう述べた上で、時枝は、「文に統一を与へるもの」として、「一　用言に伴ふ陳述　二　助動詞　三　助詞」の三種があるとする。しかし、そこで挙げられている例、「裏の小川がさらさら流れる　■」（■：「零記号の辞」）、「今日は波の音も静かだ。」、「今日もまた雨か。」を見るとわかるように、「裏の小川がさらさら流れる＋零記号の辞」「今日は波の音も静かだ」「今日もまた雨か」の部分はいずれも「詞＋辞」の「句」でもある（最大の「句」）。そして更に、時枝

は次のように説明を続ける（時枝［1950: 238–239］）。

(13) 文の成立条件として、統一性があるといふことは、同時に具体的思想の表現であることを意味するのであるが、それらの統一性を与へる陳述、及び助詞、助動詞の存在は、必しも文を成立させたことを意識させない。

　　裏の小川はさらさら流れ

といふ表現において、陳述は零記号の形式で存在はしてゐるのであるが、それが「流れ」といふ動詞の連用形が示すやうに、完結しないものとなり、この表現全体が或る統一を得ながら、更に展開する姿勢を取つてゐる。換言すれば、この表現には完結性が無いことになつて文といふことは出来ないのである。

ここには、既に「完結性」という概念が入ってきているが、この説明によれば、「句」も「文」もともに「具体的な思想の表現」であり「統一性」を有しているが、それだけでは「句」は「文」にならないということになる。ということは、逆から見るならば、「句」と「文」とが共通に有する「統一性」と、言語単位全般が有する「（質的）統一性」とは異なるということである。そこで、今、前者の「統一性」を「一特徴としての統一性」、後者の「（質的）統一性」を「全体としての統一性」と呼び分けることにしたい。なお、(13) において一つ注意しておかなければならないのは、時枝文法においては、山田文法などとは異なり、陳述が必ずしも文成立に直接的に関わってこないという点である。時枝の言う「修飾的陳述」(259頁) としての「零記号の辞」が存在するためであるが、この考え方の問題点については、本節の範囲を越えるので、ここでは詳しくは立ち入らない。

　第三の条件、「完結性」については、時枝は、活用語の場合と助詞の場合とを分けて述べる。活用語については、終止形を取るということが重要である。上記 (13) に続けて、時枝は次のように述べる。

(14) この表現が文であると云はれるためには、表現の最後が、終止形によつて切れる形をとることが必要な条件となる。

312　　II　語構成と文法論との関わり

国語においては、倒置法の場合を除いて、文の終りが完結
形式でなければならないといふことは、一の特質とも云ふ
ことが出来るであらう。（中略）
　　助動詞によつて統一された場合も同様で、それが終止形に
よつて完結されて居るといふことは必要な条件となる。
(239頁)

これに対し、助詞のように活用しない語の場合には、若干事情が異
なってくる。時枝の説明は次のようになる。

　(15)すべての助詞は、それの附く語に或る種の統一性を与へる
　　　ものであらうが、常に必しも完結性を与へるとは限らない。
　　　「寒いか」「起きろ」「えらいぞ」等の「か」「ろ」「ぞ」は、
　　　完結して文を成立せしめるが、「行くが」「美しいけれど」
　　　「よければ」等の「が」「けれど」「ば」は完結を与へない助
　　　詞である。
(239頁)

すなわち、助詞ごとに「完結性を与へる助詞」と「完結性を与へな
い助詞」とが決まっているということである。この点では、「句」
の一部（「完結性」を有するもの）しか「文」にはならないと言え
よう。
　以上のように見てくると、「句」は常に「具体的な思想」を表現
し、「統一性」を有するが、どのような助詞によって「句」が成立
するかによって、「完結性」を有する場合と有しない場合とがあり、
前者がすなわち「文」であるということになる。この考え方自体は、
既に阪倉他（1968: 175）、近藤（1990）において指摘されている
が、今、この関係をあらためて図示するならば次のようになるであ
ろう。
　(16)

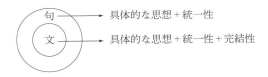

このことを時枝自身は次のように述べる（時枝［1941: 356］）。

(17)辞即ち助詞助動詞について、完結するものと未完結なもの
　　　　とを区別して、文認識の基礎とすることが出来るであらう。
従って、次の問題は、「完結性を与へる辞」（本節では「完結辞」と
呼ぶ）と「完結性を与へない辞」（本節では「未完結辞」と呼ぶ）
との相違は何か、という点になる。

3.2　「完結辞」と「未完結辞」

　この問題を考えるに当たって、本項では、永野（1967）を参考と
することにしたい。永野の論は、基本的に渡辺実の「叙述・陳述分
離論」（永野［1967: 152]）の考え方を踏襲したものである。両者
の間には微妙に異なるように思われる点もあるが、今はその点には
拘らない。
　まず、永野は、時枝文法において「句」と「文」との区別が曖昧
であることをあらためて指摘し、その上で両者を明確に区別する。
すなわち、以下のようにである。
　（18）（時枝においては）文と句との区別が必ずしも明白ではない。
　　　　これをどう考えたらよいだろうか。
　　　　　筆者は、句を統一する辞と、文を統一し完結する辞とを、
　　　　概念上区別すべきであると考える。　　　　　　　（137頁）
永野によれば、「句」は「句を統一する辞」によって成立し、「文」
は「文を統一し完結する辞」によって成立するということになるが、
ここで、前者は「統一する機能」しか有さないのに対し、後者は
「統一し完結する機能」を有する点が重要である（同論文では、前
者に関し「句を統一する辞」→「まとまりを表わす辞」→「叙述を
表わす辞」、後者に関し「文を統一し完結する辞」→「陳述を表わ
す辞」、と表現が変化し、それに伴って微妙にそれぞれの内実も変
わるのであるが、今はそのことは問わない）。たとえば、永野は
「涼しい風が吹く。」を以下の（19）のように図示し、「上の零記号
は『まとまりを表わす辞』、下の零記号は『陳述を表わす辞』と考
えるのである。」と述べる（138頁）。

　　　314　　Ⅱ　語構成と文法論との関わり

(19)

同じく、以下の（20）に関しては、「『た』は『まとまりを表わす辞』として働き、それによって統一された全体を『陳述を表わす零記号の辞』が包んで文として完結させている」と捉え、（21）に関しては、「『まとまりを表わす零記号の辞』が『雨が降る』を統一し、それを『陳述を表わす辞』『よ』が包んで文として完結させている」と捉える。

(20)

(21)

この考え方を、先の（15）で示した時枝文法の考え方に当てはめるなら、次のようになろう。

(22)
　　{ 「完結性を与へる辞」（時枝）[＝完結辞] ⇒ 「文を統一し
　　　　完結する辞」（永野）
　　　「完結性を与へない辞」（時枝）[＝未完結辞] ⇒ 「句を統
　　　　一する辞」（永野）

このように見てくると、永野（1967）の考え方というのは、結局、時枝文法における「句」と「文」とをどう区別すべきか、という問題に関する提案であると見ることができる。しかし、その結果区別された「句」と「文」とは、既に時枝文法における「句」と「文」と全同ではないし、3.1で述べた時枝文法における「句」の「統一性」と「文」の「統一性」とは同じものである、という本項の考え方自体を否定するものではない。そうなると、本節のそもそ

もの問題設定である時枝文法の「句」は言語単位であるのかどうか、という点については、明確な答えが得られないということにならざるをえない。この問題について一定の結論を出すためには、やはり言語単位に関する一般論が必要であろう。これについては、第4項で考察する。

3.3 「過程」とは何か

「句」は「辞」（「主体的なもの」）が「詞」（「客体的なもの」）を「包む」あるいは「統一する」ことによって成立する。すなわち、この両者の間には、「包むものと包まれるもの、統一するものと統一されるもの」という関係が成り立つ（時枝［1950:241］）。このうち、「統一する」という点については、上で論じたが、もう一方の「包む－包まれる」という関係については、時枝文法の「風呂敷型統一形式」（同書261頁）とも相俟って、時枝文法における「時間性」といった問題とも絡まってくると思われる。

「時間性」は、時枝文法にとって非常に重要な論点であり、時枝自身、「時間的事実であるといふことは、言語の根本的性格である。」（同書18頁）と述べている（時枝はソシュール学説を批判したが、この点ではソシュールの「線条性」の考え方と一致する）が、さらに、時枝（1967）において、時間性の観点から言語と音楽とを対比させて次のように論じている。

(23)言語・文章は、この両者（引用者注：「絵画」と「音楽」）のいずれに近似しているかというのに、時間的である点において、また表現過程そのものに意味がある点において、むしろ音楽に近似性を見出すのである。（中略）

次に、時間性の点から言語・文章に近似している音楽と対比して見るのに、両者その展開の方式において、ある共通点を見出す。例えば、冒頭に置かれた主観的なものの展開においてそうである。ところが、音楽においては、その展開が感情情緒の起伏流動に対応し、それに直結するのであるが、言語・文章においては、音声や語彙が、外界の事物や感情に直接に結び付くのではなく、それらに対する概念的把握と、そ

のような対象に対する思惟を表現するものである。

注意すべきは、ここで言語・文章の特質とされている「思惟」について、時枝が、「言語・文章が表現する『思惟』とは一体どのようなものであろうか。」という問いを発し、哲学辞典の説明を引用しながら、次のように述べている点である。

(24)「思惟（思考）」とは、多様な外界に働きかけて、これを統一する自我の作用であるということになる。この場合、自我の作用だけが思惟ではなく、そのような作用の対象をも含めて、これを思惟ということが許されるであろう。

このことは、時枝が同論文で「的表現ということは、言語・文章の代置語と考えればよいのである。」と述べていることを考え合わせると、結局、「思惟的表現」とは「言語の本質を一の心的過程として理解する」（時枝［1941: 86］）こと、すなわち「言語過程観」そのものを指していることに他ならない、ということがわかる。以上のように考えると、「詞」と「辞」の間に見られる「包む－包まれる」という関係は、「時間性」および「思惟」の概念を介して「言語の過程的構造」（時枝［1940: 92］）と繋がるように思われる。そういった理解の下、ここでは「過程」という語を問題として取り上げるわけである。

「言語過程観」の「過程」というのは、時枝文法の本質に関わる重要な論点であるが、ここでは、時枝が「言語過程観」に対立する立場として取り上げ批判している「言語構成観」の「構成」の内容を検討することを通して、「過程」の内実をあぶり出すことを試みたい。

「構成」の具体的内容が典型的に示されているのは、時枝（1950: 15–17）であるが、ここで注意すべきことは、「構成」という語に担わされている内容には、以下の若干異なった二つの側面が存するという点である。

(25)

i) 「言語は思想と音声或は文字が結合して出来上がつた一の構成体である」（15頁）…「Ⓐ思想と音声の結合」とする

　　　　ⅱ）「言語を要素或は単位の結合から構成されてゐると見る」
　　　　　　（16頁）…「Ⓑ単位の結合」とする

問題は、「言語過程観」と言う時、基本的にはこのどちらと（より
強く）対立するのか、あるいは、両者と同等に対立するのか、とい
う点である。

　この点に関し、時枝の説明を読む限りでは、まず第一に考えられ
るのは、Ⓐの側面である。たとえば、時枝（1941: 86–87）の説明
における次の部分

（26）これを明かにするには、言語過程に参与する種々の要素の
　　　一を除外して見ればよい。概念なき言語、音声なき言語を
　　　我々は考へることが出来ない。即ち概念、音声は、言語に
　　　於ける並列的構成要素として重要であるのでなく、言語過
　　　程として不可欠の段階であり、かくの如き過程の存在に於
　　　いてのみ、我々は言語の存在を意識することが出来るので
　　　ある。

や、同書90〜92頁の説明中、91頁に見られる図（あるいは図中の
「第一次過程」「第二次過程」といった用語）や次の部分

（27）ソシュールの「言語」の概念は、第二次より第三次への過
　　　程を、平面的に、構成的に見たのであるが、実際の言語活
　　　動は、素材より第三次或は第四次に至る継起的過程の連続
　　　である。

は、「過程」が直接的にはⒶの側面とより強く対立することを示唆
しているように思われる。

　なお、このことは、時枝文法における語の規定を思い起こさせる
（時枝［1950: 50]）。

（28）語は思想内容の一回過程によって成立する言語表現である

時枝文法における語の規定については、「言語過程説」が最も説得
力を持つ部分であるという指摘もある（森岡他［1968: 129–130、
渡辺実の発言]）が、ここでは「一回過程」が問題となっており、
そもそも上記Ⓑが存在しない。

　次にⒷの側面に移る。Ⓑとの対立という観点から「言語過程説」
において問題になりそうな論点には、次の三つが考えられる。

（a）入子型構文論　（b）「文法」の考え方　（c）文章論

このうち、（a）と（b）に関しては、既に大筋において本項（3.3）の最初の部分で触れたので、ここでは次の点を確認すれば充分である。（a）については、直接的には「辞」と「詞」との「包む－包まれる」という関係が問題となるということ。また、（b）については、「今日の学校文法には、どれがいわゆる自我の能動的統一作用であるかを指摘することは困難である。」（時枝［1967］）という言における「自我の統一的作用」が上記（24）で述べられている「思惟（思考）」であることを考えれば、時枝文法における文法の捉え方が、「文法を、言語の諸形式の一つと見るか、あるいは、文法を国語学の一文や一領域とする考え」（同上）とする一般的な捉え方とは異なり、文法を「言語・文章の思惟を抽象し、これを体系的に組織したもの」（同上）と規定するのはよく理解できることであるということ。いずれにせよ、（a）も（b）も言語の「時間的事実」（時枝［1950: 18］）のことを述べていると考えることができる。

　（c）は、本節においては新しい論点であるが、時枝（1950）の文章論を見ると、従来の文章に対する「平面的構造」「空間的構造」としての捉え方を否定し、次のような「時間的な流動展開」を重視する独自の考え方を提示している（286頁）。

（29）云ふまでもなく、言語は、それが時間的に流動展開することにおいて、著しく音楽的表現に類似し、絵画、彫刻などと相違する。このことは、文の表現においても同様であるが、特に文章表現において著しく目につくことである。この時間的な流動展開といふことが、文章の性質を規定する重要な点であるにも拘はらず、従来の文章研究において、ややもすれば看過されて居たことである。文章は屢〻絵画、彫刻に比較され、平面的構造、或は空間的構造のものとして理解され、またそのやうなものとして分析されることが多かつた。

　以上、（a）（b）（c）三つの論点を取り上げたが、これらは全て言語の時間性に関わる問題として一括することができる。もちろん、そのこと自体重要なことであるが、ここでより注目したいのは、こ

のことを逆に言うならば、これらは本項における当初の予想とは異なり、必ずしも「過程」という側面と直接関わらせる必要はないのではないか、という点であろう。そして、もしそういう見方ができるのであれば、「言語過程観」の「過程」の捉え方に関し、重要な帰結が導かれる。すなわち、時枝文法における「過程」とは、第一義的には、あくまでも「思想と音声或は文字」との関わりに対する捉え方を指すのであり、言語単位間の関わりに対する捉え方を指すものではない、ということである（もちろん、このことは、時枝文法が言語単位、およびその関係に関し「言語構成観」よりであったということを言うものでは決してない）。

このことは、時枝文法の主張からすれば、一見奇異に思えるかもしれないが、時枝のソシュール批判の要点がラングにおける「概念」と「聴覚映像」との「構成的構造」（時枝［1941: 82］）としての結合に対する批判であることを思えば、よく理解できることであると言えよう。次の象徴的な言を参照されたい（時枝［1941: 85］）。

(30) 若し互に継起し合ふ処のものであるならば、それは密接に結合されたものではなくして、概念と聴覚映像とは、継起的過程として結合されてゐると考へなければならない。宛も、ボタンを押すことによつて電鈴が鳴るといふ現象に比すべきものである。

3.4 「句」の単位性

以上、第3項では、時枝文法の「句」の在り方について、「統一性」と「過程」という観点から見てきた。その結果、以下の点が明らかになった。

(31) 「統一性」に関して→「句」と「文」とは同じ「統一性」を有するが、「文」が言語単位であると言われるのは更に「完結性」を有するためである。この点で、「句」の有する「統一性」（＝「一特徴としての統一性」）と「文」を含めた言語単位の有する質的な統一性（＝「全体としての統一性」）とは異なる。

「過程」に関して→「言語過程観」の「過程」とは、直接的

には「思想と音声或は文字」との間に見られる「言語の過程的段階」と関わるものであり、構文における言語単位間に見られる「時間的事実」に関わるものではない。従って、「句」の問題には関わらない。

しかし、ここからは、本節の問題意識となっている、時枝文法においてなぜ「句」は言語単位とされていないのか、という点に関する明確な解答は得られない。一見すると、「句」と「文」との相違をもたらしている「完結性」が「句」には備わっていないから、ということになりそうであるが、「完結性」というファクターは、あくまでも「句」と「文」との相違として提出されているものであり、他の言語単位である「語」や「文章」と「句」との相違には直接適用できない。つまり、問題は、「句」と「文」との相違である「完結性」が言語単位にとって本質的にどのような意味を有するのか、という点なのである。そして、このことを考えるに当たっては、どうしても言語単位一般論からのアプローチが必要になってくる。

4. 言語単位論の観点から

4.1 言語単位の捉え方　所与性

2.1では触れなかったが、時枝文法における言語単位の捉え方の特徴に、単位の「所与性」とでも言うべき点がある。「所与性」という表現自体は著者によるものであるが、時枝の主張は次の通りである（時枝［1950: 21］）。

(32)分析以前の統一体としての言語的事実を捉へ、それを記述することから出発しようとするのである。このやうな研究対象としての統一体としての言語的事実を、言語に於ける単位と名付けるならば、(以下、略)

これは、「言語構成観」ではなく「言語過程観」の立場に立って、考察を行なうことを述べた部分に出てくる言である。また、同書「語論」の冒頭で、時枝は次のように述べる（44頁）。

(33)語を単位として認定することの根拠は、語は、言語の観察、帰納によつて求められるものでなく、言語主体の意識に於

いて、既に単位的なものとして存在してゐるという考へに
導かれたものである。

　言語単位の在り方に関するこのような側面を、他の論者はどのように捉えているであろうか。たとえば、2.1 で引用した宮地（1976）は、実はこの点について言及していない。例外的に単位・言語単位について詳細な考察を行なっている松下厚（1977：「Ⅱ言語単位」）においても、「所与性」については明確ではない。そこで、ここではこの問題について論究している鶴田（1953）の考えを見てみることとする。鶴田（1953：10）では、一般に単位は「具体的単位」と「抽象的単位」の２種に区分され、言語単位は、基本的には前者に属するとされている。

（34）単位には、具体的単位と抽象的単位とがある。具体的単位
　　　とは、物それ自体の上に本来的に具存する一まとまりを以
　　　て一単位と考へた場合の単位である。梨の一個、書物の一
　　　冊を梨・書物の一単位と考へる如き場合の単位である。抽
　　　象的単位とは、其の物の本来的なる形状とは無関係に、
　　　たゞ其の物の分量測定の便宜の上から、人為的なる社会の
　　　約束によつて、その物の上に抽象的に設け定めてあるその
　　　物の一定分量をいふのである。酒の一升・水の一グラムの
　　　如きがそれである。

鶴田は、このように単位を二分した上で、「具体的単位」の特質を次のように指摘する。

（35）具体的単位は物それ自体の本来的形状の上に具存するもの
　　　なるが故に、いかなる社会に於いても共通であり、かつそ
　　　の物を検討することによつて認知しうる筈であり、人に学
　　　び聞くを要しない。

「いかなる社会に於いても共通であり」という点は、言語単位については当てはまらないが、鶴田は、同書で「文法学で言ふ処の言語上の単位とは、語詞の具体的単位のみを指して言ふ。」（21頁）、「その語詞を解することの出来る人にあつては誰でも一単位は必ず一単位として認め得るはずである。」（22頁）と述べているので、鶴田も時枝文法同様、言語単位に「所与性」を認めていると考えて

よいであろう。

　このように、（言語）単位の「所与性」は、鶴田と時枝以外あまり言及されない概念であるが、両者の説明を見ればわかるように、これは、時枝文法に引き付けて言えば、言語単位の有する質的な統一性に関わる重要な概念である。とはいえ、こういった捉え方が、すぐに時枝文法において「句」が言語単位に含められなかった理由に繋がるわけではない。では、時枝文法において、何が最終的に「句」を言語単位から除外する理由になったと理解すればよいのであろうか。

4.2　「句」はなぜ言語単位に入れられなかったか

　3.1（16）で示した「句」と「文」との相違を改めて確認すれば、次のようになる。

（36）{ 句→具体的な思想＋（一特徴としての）統一性
　　　　文→具体的な思想＋（一特徴としての）統一性＋完結性

ここから、両者の違いは、「完結性」の有無に存することは繰り返し述べてきたところであるが、問題は、この相違が具体的にどのような点に表われるか、ということである。この点に関し、著書は次のように考えたい。

（37）{ 「完結性」なし：自らを含むことができる＝句
　　　　「完結性」あり：自らを含むことができない＝文

このことは、自らを含みつつより大きな構造体となる「入子型構造」というのは「句」においてのみ成立するのであり、「文」をはじめ、他の言語単位においては成立しない、ということを思い起こせばよく理解できるであろう。語は「一回過程」による表現であるから当然のこととして、文章においても、「それ自身一の統一された全体である」（時枝［1950：284］）とされていることから同様に捉えることができる。すなわち、時枝文法における言語単位に共通する質的な統一性（＝「全体としての統一性」）というのは、この包含性の有無の問題として捉え直すことができるわけである。

　この点に関して、他の言語単位論ではどのように捉えているであろうか。以下に、関連があると思われる言説を三つ掲げる。

第3章　言語単位と文法論　　323

(38)単位は、それで構成される（と見られる）全体と相対的な概念でもある。だから、音素が単位でモーラを形作り、モーラが単位で形態素を形作るという風な重層的な見方を容れ得る。ここに下位単位の概念が生ずる。しかし、観点を固定する以上、a水準の全を成す単位がc水準のものであれば、aとcとの間にb水準のものがあっても、これを中間的な単位と呼ぶのはおかしな事である。文節が文の単位なら、連文節は文の単位ではない。　　　　　　　　　（水谷［1965:104］）

(39)私は同一種類の単位は、互に包摂されることはないという単位観をもつ。個の人間という単位のなかには、人間という単位は包摂されない。原子のなかには原子は包摂されない。　　　　　　　　　　　　　　　　　　　　　　　（松下［1970］）

(40)全個とは、全体性（組成の後なる性質又は区分の前なる性質）を有する点は、その下位なる各階単位と同様であるが、全体性のみを有しその下位の各階単位のやうに部分性（区分の後なる性質）又は材料性（組成の前なる性質）を有しない単位をいふ。一個の梨・一人の人・一脚の机の如きがそれである。部分性又は材料性を有しないが故に、常に最上単位であり、それ以上の単位は存せず、又存し得ない。たとへば一個の梨は梨の全個であるが、梨の具体的単位はこれが最上位単位であつて、それ以上の上位単位は存しない。　　　　　　　　　　　　　　　　　　　（鶴田［1953:11］）

　水谷（1965）は、単位そのものに関する規定は存するものの、それとは別に言語単位特有の性格について明確に特徴付けているわけではない。ただ、「観点を固定する以上」「中間的な単位」を認めることはできない、と述べているのは、一般に同一単位の包含性を認めないということであろう。また、松下（1970）は、挙げられている例（「人間」「原子」）から判断して、直接的には時枝文法のいう「質的単位」（時枝［1941:212］）のことを念頭に置いていると考えられる（なお、松下［1977］にはこの部分は見られない）が、明確に「同一種類の単位」の「包摂」性を否定している。さらに、鶴田（1953:11）のいう「全個」は、「常に最上単位であり、

それ以上の単位は存せず、又存し得ない」というわけであるから、一見すると、時枝文法の「質的統一体」（＝包含性を持たない存在）と基本的に同様の概念のように思われるが、鶴田は、具体的単位と「全個」の関係について次のように述べている（鶴田［1953:14]）。このことは、時枝文法との関わりで言うならば、質的な統一性に程度差を認めるということであり、その点で時枝文法とは異なる。

(41) 広い意味に考へると、全個も部分単位も材料単位もすべてその物の具体的単位として考へられ、具体的単位には上下の階段があると考へられるが、厳密に考へると、全個のみがその物の具体的単位であり、物の具体的単位には全個た゛一階段しかない。

　以上、時枝文法における「句」と「文」との相違である「完結性」を言語単位の包含性という観点から捉え直せることを述べたが、そのことを通して、時枝文法における言語単位の有する質的な統一性の意味合いを明らかにすることができるとともに、そのことによって、時枝文法でなぜ「句」が言語単位に含まれなかったのか、という問題にはじめて一定の解答が与えられること、および、（言語）単位の包含性については、他の言語単位論においても時枝文法とは独立に言及されていること、が明らかになったと言えよう。

4.3　「単位」と「レベル」

　4.2で述べた点を著者の観点から述べ直すならば、通常、言語単位といわれているものについては、「言語単位」と「レベル」とを区別すべきである、ということになろう（この考え方自体については、本書第2部第3章第1節［5.2］で既に言及した）。すなわち、ここで「言語単位」と呼ぶものは、時枝文法で言う「質的統一体」であり、非包含性を有するものである。時枝文法の「語・文・文章」がそれに相当する。一方、「レベル」と呼ぶものは、包含性を有するまとまりが複数個存在しうる、いわば領域である。ここに属するのは、「語構成要素・句・節」などである。これらは、包含性を有するので、そのレベル内で、幾つか集まってより大きな同種のまとまりを形成することができる。たとえば、語構成要素であれば、

「反民主化」という語の場合、＜ [反 [民主]] 化＞という構造が考えられるので、語構成要素「民主」を包含する「反民主」もまた語構成要素という状況が生じることになる。もちろん、時枝文法で言う「入子型構造」は「句」の包含関係を表わしたものに他ならない。そういう点では、このレベルでの一つ一つのまとまり（語構成要素、句、節）は、単位というより「レベル構成要素」と呼ぶべきであろう。なお、この観点から松下文法を見ると興味深い問題が浮かび上がってくるが、それについては、次項（第5項）で述べる。

5. 文法論と言語単位　文法論にとって言語単位はどういう存在か

　本項では、時枝文法から目を転じ、他の文法論において言語単位がどのように扱われているかを確認し、文法論にとって言語単位とはどのような存在なのか、という点について簡単に考えてみたい。取り上げるのは、この問題を考えるのに当たって示唆的であると思われる橋本文法、松下文法、渡辺文法の三つである。

　橋本文法では、橋本（1934 = 1948)）において、「文」「文節」「語」「接辞・語根」といった言語単位を設定しているが、言語単位そのものについて明確な規定は行なっていない。周知のように、橋本文法は後年「連文節」という概念を導入するが、橋本自身によるその規定は次の通りである（橋本 [1944 = 1959: 166]）。

（42）二つ以上の文節が結合して、意味上或まとまりを有すると
　　　見られるものを連文節とする。

この規定を見る限り、「連文節」が言語単位なのかどうかは分明でない。『国語学大辞典』『日本語学研究事典』『日本文法大辞典』『日本語文法事典』いった専門辞典の解説を見ても、この点に関する明確な記述はない。一方、上記（38）に引用したように、水谷（1965）は、「文節が文の単位なら、連文節は文の単位ではない。」とする。これは、既述のように、言語単位の有する非包含性に基づく判断であると思われる。ただ、橋本文法における「文法」の規定「意味を有する小さい言語単位から大なる言語単位が構成せられる

方法手段である」（橋本［1935 ＝ 1946: 216］）を見ると、文法にとって言語単位が重要な位置を占めていることは間違いないと言えよう。

　松下文法は、一般的に、「原辞」「詞」「断句」の三つの言語単位を有すると言われる。2.3で挙げた松村編（1971）巻末の「国文法学説対照表」、山口・秋本編（2001）巻末の「日本語文法学説対照表」にもそのように記述されている。しかし、松下自身の用語は、言語単位ではなく「階段」である（松下大三郎［1930 ＝ 1974: 8］）。

（43）言語は説話の構成上に於て原辞、詞、断句の三階段を踏む。此の三階段の一に在る者は何れも言語である。そうして原辞は最初の階段で詞が之に次ぎ断句が最高の階段である。

松下文法におけるこの「階段」という用語は興味深い。というのは、4.3で指摘したように、この「階段」という用語は言語単位というよりも本書で言うところのレベルに近い概念であると思われるからである。このことを了解するためには、松下文法の特色の一つである「単〜」「連〜」といった捉え方を把捉しておく必要がある。

　松下文法においては、「原辞」「詞」「断句」のそれぞれがさらに「単辞」「連辞」、「単詞」「連詞」、「単断句」「連断句」と下位区分される。この区別は、それぞれが単独で存在するか、あるいは、相結合して存在するか、といった観点によるものである。ただ、ここで注意すべきは、「連〜」は内部に「単〜」「連〜」をさらに含みうるという点である。たとえば、「詞」の場合なら、「花を」と「見る」という「単詞」が結合し「花を見る」という「連詞」ができるが、さらにこれが「人が」という「単詞」と結合し「花を見る人が」という「連詞」になり、それが更に「多い」という「単詞」と結合し「花を見る人が多い」という「連詞」になる、というようにである。この意味で、「詞」は先に述べた包含性を有する存在であり、言語単位というよりもレベルと呼ぶべきものなのである。これは「原辞」も同様である。ただ、厳密に言うと、「断句」に関しては松下の言うように「単断句」と「連断句」の区別を設けることには問題がある。しかし、この点については、既に斎藤（1992：第1部第2章第2節）で指摘したので、ここでは繰り返さない。なお、「詞」

（「単詞」）は、一般に「語」と理解されているが、むしろ「文の成分」に近い概念と捉えた方がよい。そういう点では、松下文法では、「原辞（＝形態素）→詞（文の成分）→断句（文）」というレベル（「階段」）を「踏む」ことによって言語が構成されると捉えている、と言えよう（従って、松下文法には、厳密には「語」という言語単位は存在しない。この点については、斎藤［2004：第3部第2章第1節］を参照されたい）。

　渡辺実の文法論においては、言語単位に関しあまり多くは語られない。確かに、通常の言語単位に相当するものとして、「単語・（文の）成分・文」といった存在が設定されるのだが、それらの規定で重要な役割を担っているのは「構文的職能」であり、それは次のように規定される。（渡辺［1971：16］）

　(44)構文的職能とは、言語表現の有機的統一性を形成するために、言語の内面的意義に託される各種の役割の総称である。

これに、同書における以下の言を重ね合わせて考えるなら、渡辺文法において、言語単位の在り方に関する拘りがあまり感ぜられないのも納得がいく。

　(45)「単語」や「形式」の認定に先行して構文的職能の研究は行なわれるべきであって、単語や形式の認定そのものも実は、そのような意味での構文的職能を考えに入れることによって可能となるのではないか　　　　　　　　　（渡辺［1971：18］）

　(46)文法論が言語研究の他の部門と区別される第一の理由は、構文的職能を研究対象とするという、その一点にこそ求められねばならない　　　　　　　　　　　　（渡辺［1971：16］）

渡辺文法においては、意味に託される「構文的職能」によって文がどのように構成され、その結果文がどのように成立するのか、ということが一番の関心事であり、言語単位や形式の問題は、そのことを通して自ずから明らかになると考えられているように思われる。

　以上、三つの文法論を見たが、橋本文法においては、言語単位の規定は直接なされていないものの、明確に設定された言語単位が文法にとって重要な位置を占めていることは見て取れた。また、松下文法では、言語単位による構成というよりも、レベルの移行という

考えによって文法が捉えられていることがわかった。さらに渡辺文法では、文法は「文法的職能」を中心に組立てられていて、言語単位は設定するものの、それほど大きな位置を与えられていないことが判明した。

このように見てくると、文法論にとって言語単位の規定、在り方に神経を注ぐことがどれくらい重要なことなのか、あらためて疑問に思えてくる。実際、水谷（1965）のように「こと国文法に関する限り、文法単位は必須の概念ではないと考えている。」と述べ、「文法単位」ではなく「構文要素」という概念を提出する立場も見られる（ちなみに、水谷の言う両者の相違は、草薙［1971］で言う「単位と要素」の異なりとはまた別である）。しかし、文法論にとって言語単位はどのような存在なのか、という問題は、そもそも文法（論）をどう考えるか、ということとも関わる非常に大きな問題であり、本節のような局所的な考察、観察だけから軽々に判断を下すことはできない。ここでは、問題提起として提出するのに留めておきたい。

6. おわりに　まとめと今後の課題

本節は、時枝文法の「句」はなぜ同文法において言語単位とされていないのか、という問題意識を出発点とし、その理由を、時枝文法の言語単位・「句」の概念をあらためて検討することと、言語単位論における単位の考え方を援用することによって明らかにするとともに、そこから、言語単位と文法との関わりに関してどのようなことが見えてくるか、という問題について論じた。その結果を以下にまとめる。

①時枝文法の「句」に関しては、先行研究において、時枝文法に倣って言語単位に入れない立場と、言語単位の一つであるとする立場の双方が見られる。

②「句」の位置付けを考える上で最も問題となるのは「文」との相違であり、両者の違いは、「完結性」の有無にある。時枝文法では、これは「完結性を与へる辞」を有するかどうかで決ま

るとするが、その実質は明確でない。

③「句」と「文」ともに「統一性」（＝「一特徴としての統一性」）を有するが、これは質的統一体としての言語単位が有する「統一性」（＝「全体としての統一性」）とは異なる。

④「言語過程観」の「過程」の概念は、「入子型構造」と関わらず、専ら「思想と音声或は文字」との関わりに関するものであり、「句」の言語単位性の問題とは直接関係しない。

⑤一般的な言語単位論を参考にして考えると、「完結性」の有無は、包含性の有無（自らを含むことが出来るか否か）と理解することができる。質的単位としての言語単位（語・文・文章）は包含性を有さないが、「句」は「入子型構造」を作ることからわかるように包含性を有する。他に語構成要素・文の成分なども包含性を有する。

⑥包含性を有する存在は、言語単位というよりもレベルと理解した方がよい。従って、時枝文法の「句」はレベルである。松下文法の「原辞」「詞」「断句」も同様にレベルであり、言語単位を有さないという点で特異である。

⑦他の文法論を見ると、言語単位と文法論との関わりの強さには程度性が見られる。文法論にとって言語単位が有する意味合いをどう捉えるかについては、あらためて考える必要がある。

　本節は、あくまでも時枝文法の「句」の問題から出発して言語単位の在り方について考察したものであり、広い視野から言語単位の問題を論じたわけではない。従って、上記⑦に記したように、文法論と言語単位との関わりをどう捉えるか、という本質的な問題については感想を述べるに留まった。この点に関してより踏み込んだ考察を行なうためには、様々な文法論における言語単位の扱いを詳細に検討する必要がある。この点を本節に残された基本的な課題とする。

あとがき

　本書は、現代日本語を中心とする語構成論に関する著者の3冊目の著作である。「中心とする」と付したのは、本書第1部第3章第2節「通時的考察―語構成史の考え方―」で語構成史を論じているからである。斎藤（1992）の「あとがき」で、今後は「意味論的語構成論からする語構成の歴史的研究へと歩みを進め」たいと述べたが、その後、実際にはなかなか取り組む機会が得られず、今回やっとささやかな「歴史的研究」を載せることが出来た。これで、長年の肩の荷を少しだけ下ろせたような気がする（厳密には、同論を発表したのは2009年である。本書を構成する各論の初出については、巻末の「初出一覧」を参照されたい）。

　その点を除けば、本書の中核をなすのは、基本的に斎藤（2004）の「あとがき」で記した「本書の次のテーマは『語構成の機能的側面』であ」るという方向性に沿って展開された論考である。すなわち、本書第1部「語構成の文法的側面についての研究」がそれに当たる。本書の書名もそれに基づく。両著間で、「機能的側面」から「文法的側面」に用語が変化したのは、前著が、語構成要素を中心として見ているのに対し、本書は語構成要素と語との対比を中心として見ているからである。ただ、両者とも、基本的なポイントは同じで、テーマは、要素の「分類」と要素間の「関係」である。なお、本書がこれらの点を具体的にどのような観点に立ち、どのような問題を通して分析・考察しようとしたか、という点については、「序　語構成の文法的側面とは」に述べたので、詳しくはそちらを参照されたい。

　第1部に対し、第2部「語構成と文法論との関わり」は、著者が研究の最初期から継続して考察してきた問題を論じたものである。すなわち、語構成（論）の観点から見たときに従来の文法論がどの

ように捉えられるのか、また、語構成（論）にとって必須の単位である語構成要素、語を言語単位の上からどのように位置付けたらよいのか、という問題である。今、「研究の最初期から継続して考察してきた問題」と述べたが、そのことは、この問題が、斎藤（1992）では「第1部　言語単位をめぐって」、斎藤（2004）では「第3部　『語』をめぐって」というように、全3冊のいずれにおいても考察対象として取り上げられている点を見てもわかる。これらの論点は、常に著者の意識に存在し続けたテーマであり、そういう点では、むしろ第2部は本書の隠れた中心をなすと見てもよいかもしれない。特に、文法論の位置づけの問題については、第2部第3章第1節「言語単位から見た文法論の組織」、言語単位の問題については、第2部第3章第2節「時枝文法の『句』は言語単位か―言語単位再考―」を、これまでの考察の一応のまとめと捉えることもできよう。

　著者は、もともと、語の意味の問題から日本語学に入り、その後、形式の重要性を認識することを通して語の意味と形式の双方に関わる語構成の問題に取り組むようになったという研究歴を有するので、基本的に語彙論への指向性が強い。そういう点では、文法論（統語論）への一種の「負い目」を感じてきた。しかし、学界において語彙・語彙論の研究者は少なく、そのためか著者の指導する大学院生はどうしても研究者の多い文法論（統語論）に研究テーマが偏りがちであった。そして、そういった環境の下で長く研究指導を行なっているうちに、著者も自然と文法論（統語論）の考え方や分析法になじんだし、文献も人並みに読めるようになった。上で、第2冊目の課題を承けて本書の中心テーマに取り組んだと述べたが、それとは別に現実的な研究・教育環境も背景にあったことは否めない。しかし、それでも、今回、「文法論」と銘打ちながら「分類」と「関係」の側面しか取り上げられなかった。本書が「文法的側面」というやや曖昧な表現を取っているのには、そういった事情もある。

　以上、本書がこれまでの著者の2冊の著作をいろいろな面で引き継いだものとなっている旨を述べたが、単に「引き継いだ」だけであり、著者の語構成論を総括する段階にまでは至っていない。それ

は、偏に著者の力量不足に因るものであり、その点、忸怩たる思いを禁じ得ない。もちろん、その他にも、本書には様々な個別的な問題点や課題が山積している。特に、上で述べたような研究上の経緯もあり、第 1 部に関しては、複合字音語基の「分類」の問題、語構成要素間に見られるヴォイス的「関係」の問題に考察対象を絞らざるを得なかった点は本書の大きな弱点である。これだけの分析対象で一体いかほどのことが言えるのか、著者自身にもはなはだ心許ない。また、第 2 部の言語単位に関わる問題では、教科研グループの「連語」について触れられなかったのが大きな心残りである。ただ、「連語」の言語単位上の位置づけに関しては、現在、別稿を準備中であるので、そこで、あらためて言語単位とは何か、という問題と絡めて考察を行なうことにより本書の欠を補いたい。

　著者は、斎藤（1992:あとがき）で「これまで自分が歩んで来た研究の道のりについては、それは細く短いものではあるけれども、その道すじの自分にとってのいわば必然性をそれなりにきちんと説明できるような研究者でありたい」と述べたが、今、本書を書き終えてみて、そういった内的要請にある程度応えられたのではないか、という思いを抱いている。具体的には本書第 1 部序・第 2 部序において示した見解がその「道すじ」の内容に当たる。上述したように、本書には、個々の分析における不充分性・問題点が多々あることは認めつつも、今の著者にとっては、本書が精一杯の到達点であると言えよう。著者としては、そのことを以て了とせねばなるまい。

　私事に亘るが、著者は、いろいろと思うところがあり、本書の上梓をもって、日本語学の研究から身を引きたいと考えている。もちろん、すぐに関係を絶つのは難しく、これまでの関わりから責任を持って仕上げなければならない仕事も幾つか残っている。しかし、それ以外は基本的に新たな研究には取り組まないつもりである。これまで、長い間、先人をはじめ多くの方々から研究上の多大な恩恵を受けた。そのことに今あらためて心から感謝したい。

　本書の刊行に当たっては、ひつじ書房の松本功氏、森脇尊志氏の

献身的な協力を得た。特に、編集・校正に関しては森脇氏に大変お世話になった。篤く御礼申し上げる。松本氏とは、氏が「ひつじ書房」を興す前からの長いつきあいであるが、著者の3冊の著書をはじめ、その他の編著においても一貫して支えていただいた。最後にあらためて深く感謝したい。

　2015年9月末　仙台にて

斎藤倫明

参考文献

相澤正夫（1993）「『日本語教育のための基本語彙調査』と複合サ変動詞」『国立国語研究所報告 105 研究報告集 14』

青木博史（2010）『語形成から見た日本語文法史』ひつじ書房

青木伶子（1976）「使役―自動詞・他動詞との関わりにおいて―」『成蹊国文』10

荒尾禎秀（2005）「形容動詞化する漢語―『具体』と『具体的』の場合―」『東京学芸大学紀要第 2 部門人文科学』56

荒尾禎秀（2008）「連体修飾となる《具体》について―国会会議録からの推測―」松田謙次郎編『国会会議録を使った日本語研究』ひつじ書房

荒木一雄編（1999）『英語学用語辞典』三省堂

庵功雄（2008）「漢語サ変動詞の自他に関する一考察」『一橋大学留学生センター紀要』11

井口裕子（1998）「漢語サ変動詞の使役文に関する一考察」『東京大学留学生センター紀要』8

池上禎造（1984）『漢語研究の構想』岩波書店

石井正彦（1987）「漢語サ変動詞と複合動詞」『日本語学』6–2

石井正彦（1992）「造語力をはかるために」『日本語学』11–5、明治書院

石井正彦（2007）『現代日本語の複合語形成論』ひつじ書房

伊藤たかね・杉岡洋子（2002）『英語学モノグラフシリーズ 16　語の仕組みと語形成』研究社

大石強（1988）『現代の英語学シリーズ 4　形態論』開拓社

大島弘子、中島晶子、ブラン・ラウル編（2010）『漢語の言語学』くろしお出版

大野晋（1956）「基本語彙に関する二三の研究―日本の古典文学作品に於ける―」『国語学』24

大堀壽夫（2004）「文法化の広がりと問題点」『月刊言語』33–4

荻野綱男（1996）「言語データとしての話者の内省・新聞 CD-ROM・国語辞典の性質―サ変動詞の認定をめぐって―」『計量国語学』20–6

沖森卓也（1990）「古典語の複合動詞」『別冊国文学 NO.38　古典文法必携』學燈社

奥津敬一郎（1974）『生成日本文法論』大修館書店

奥津敬一郎（1975）「複合名詞の生成文法」『国語学』101

奥津敬一郎（1992）「日本語の受身文と視点」『日本語学』11–9

鬼山信行（1981）「『～上』という表現法の成立」『馬淵和夫博士退官記念国語学論集』大修館書店

小野正弘（1983）「しあわせ（仕合わせ）」『講座日本語の語彙 10 語誌 II』明治

書院

影山太郎（1980）『日英比較 語彙の構造』松柏社

影山太郎（1993）『文法と語形成』ひつじ書房

影山太郎（1996）『動詞意味論―言語と認知の接点―』くろしお出版

影山太郎（1997）「文法と形態論」『岩波講座言語の科学3 単語と辞書』岩波書店

影山太郎（1999）『日英対照による英語学演習シリーズ2 形態論と意味』くろしお出版

影山太郎（2000）「自他交替の意味的メカニズム」丸田忠雄・須賀一好編『日英語の自他の交替』ひつじ書房

影山太郎（2002a）「動作主名詞における語彙と統語の境界」『国語学』208

影山太郎（2002b）「非対格構造の他動詞―意味と統語のインターフェイス―」伊藤たかね編『文法理論：レキシコンと統語』東京大学出版会

影山太郎（2004）「軽動詞構文としての『青い目をしている』構文」『日本語文法』4–1

影山太郎（2009）「状態・属性を表す受身と過去分詞」影山太郎編『日英対照 形容詞・副詞の意味と構文』大修館書店

影山太郎（2013）「レキシコンの基礎知識」『レキシコンフォーラム』6、ひつじ書房

影山太郎編（2001）『日英対照 動詞の意味と構文』大修館書店

影山太郎編（2011）『日英対照 名詞の意味と構文』大修館書店

影山太郎・由本陽子 (1997)『語形成と概念構造』研究社出版

柏野健次（1993）「『故障中』の意味論」『意味論から見た語法』研究社出版

柏谷嘉弘（1973）「『形容動詞』の成立と展開」鈴木一彦、林巨樹編『品詞別日本文法講座4 形容詞・形容動詞』明治書院

加藤重広（2013）『日本語統語特性論』北海道大学出版会

川端善明（1982）「日本文法提要 1 語と文」『日本語学』1–1、明治書院

岸本秀樹（2010）「受身の意味を表す『受ける』の語彙概念構造」『レキシコンフォーラム』5、ひつじ書房

北原保雄（1967）「『なり』の構造的意味」『国語学』68（『日本語の助動詞 二つの『なり』の物語』［第6章］大修館書店、2014年）

邱根成（1993）「サ変動詞における漢語語幹」『専修国文』53

金英淑（2004）「『VNする』の自他交代と再帰性」『日本語文法』4–2

金榮敏（1999）「日韓両言語の軽動詞構文をめぐって―動名詞が対格で標示される場合を中心に―」『筑波応用言語学研究』6

金水敏（1994）「連体修飾の『～タ』について」田窪行則編『日本語の名詞修飾表現 言語学、日本語教育学、機械翻訳の接点』くろしお出版

金水敏（1997）「国文法」『岩波講座言語の科学5 文法』岩波書店

金田一春彦（1953）「国語アクセント史の研究が何に役立つか」『金田一博士古稀記念言語・民俗論叢』三省堂

草薙裕（1971）「構文の単位とその定義」『国語学』86

工藤真由美（1990）「現代日本語の受動文」言語学研究会編『ことばの科学4』むぎ書房

久野暲（1978）『談話の文法』大修館書店

久保るみ（1997）「『以上』と『からには』について」『日本語・日本文化研究』7

黒田航(2003)「認知形態論」『シリーズ認知言語学入門2 認知音韻・形態論』大修館書店

見坊豪紀（1977）「新しい名詞『積極さ』の発見」『小松代融一教授退職嶋稔教授退官記念国語学論集』（非売品）

小泉保・船城道雄・本田皛治・仁田義雄・塚本秀樹編（1989）『日本語基本動詞用法辞典』大修館書店

黄鴻信（2005）「『VNをする』と『VNする』についての一考察」『台大日本語文研究』10

国立国語研究所（1982）『日本語教育指導参考書9 日本語教育基本語彙七種比較対照表』大蔵省印刷局

国立国語研究所（2006）『現代雑誌200万字言語調査語彙表 CD-ROM版』

小島聡子（2001）「平安時代の複合動詞」『日本語学』20–9、明治書院

小島俊夫（1984）「形容動詞とは何か」鈴木一彦、林巨樹編『研究資料日本文法3用言編（二）形容詞形容動詞』明治書院

小林英樹（2004a）『現代日本語の漢語動名詞の研究』ひつじ書房

小林英樹（2004b）「自他両用の漢語動名詞をめぐって」『語学と文学』（群馬大学語文学会）40

小針浩樹（2008）「品詞論における言語単位の問題」『国語学研究』47

こまつひでお（1975）「音便機能考」『国語学』101

五味政信・今村和宏・石黒圭（2006）「日中語の品詞のズレ―二字漢語の動詞性をめぐって―」『一橋大学留学生センター紀要』9

近藤泰弘（2000）『日本語記述文法の理論』ひつじ書房

近藤要司（1990）「言語過程説」『日本語学』9–10、明治書院

斎賀秀夫（1957）「語構成の特質」岩淵悦太郎・林大・大石初太郎・柴田武（編）『講座現代国語学II ことばの体系』筑摩書房

斎藤倫明（1992）『現代日本語の語構成論的研究―語における形と意味―』ひつじ書房

斎藤倫明（1997）「語構造論的モデルと語形成論的モデル」（加藤正信編『日本語の歴史地理構造』明治書院）

斎藤倫明（2004）『語彙論的語構成論』ひつじ書房

斎藤倫明・石井正彦編（2015）『日本語語彙へのアプローチ―形態・統語・計量・歴史・対照―』おうふう

佐伯亮則（2005）「接尾辞『中』に先行する動名詞の時間的特徴」『筑波日本語研究』10

阪倉篤義（1957）「語構成序説」『日本文法講座1 総論』明治書院

阪倉篤義（1966）『語構成の研究』角川書店

阪倉篤義他（1968）「シンポジウム 文法の体系」『講座日本語の文法別巻 シンポジウム時枝文法』明治書院

佐藤琢三（2003）「『青い目をしている』型構文の分析」『日本語文法』3–1

塩入すみ（1992）「『Xハ』型従属節について」『阪大日本語研究』4

島村礼子（1985）「複合語と派生語―漢語系複合動詞を中心に―」『津田塾大学紀要』17

朱薇娜（2013）「機能動詞『受ける』のヲ格名詞に対する一考察―漢語動名詞を中心に―」『日本語／日本語研究』4

城田俊（1983）「文と語構成―二重不定格と複合語―」『国語国文』52-7

杉村博文（1986）「―者　―家」『日本語学』5-3

杉本武（1991）「ニ格をとる自動詞―準他動詞と受動詞―」仁田義雄編『日本語のヴォイスと他動性』くろしお出版

鈴木一彦編著（1981）『時枝誠記 日本文法・同別記　口語編』東苑社

鈴木重幸（1972）『教育文庫 3 日本語文法・形態論』むぎ書房

鈴木重幸（1975）「構文論における形態素主義について」（『形態論・序説』むぎ書房、1996 年）

鈴木重幸（1978）「明治以後の四段活用論」松本泰丈編『日本語研究の方法』むぎ書房

鈴木重幸（1996）『形態論・序説』むぎ書房

鈴木則郎（1983）「いっしょうけんめい（一生懸命）　いっしょけんめい（一所懸命）　けんめい（懸命）」『講座日本語の語彙 9 語誌 I』明治書院

鈴木英夫（1986）「『形容動詞』をめぐる二、三の問題」『築島裕博士還暦記念国語学論集』明治書院

須山名保子（1972）「『以上』の対義語」『学習院大学国語国文学会誌』15

関一雄（1977）『国語複合動詞の研究』笠間書院

高山善行（2007）「古代語名詞句の意味解釈について―『始ム／始マル』構文の場合―」『日本語文法』7-2

田中伸一・阿部潤・大室剛志（2000）『入門　生成言語理論』ひつじ書房

田中春美他編（1988）『現代言語学辞典』成美堂

田中寛（2004）『日本語複文表現の研究』白帝社

田中康仁・野村雅昭（1982）「サ変動詞の抽出と分析」『計量国語学』13-4

田野村忠温（1988）「『部屋を掃除する』と『部屋の掃除をする』」『日本語学』7-11、明治書院

玉村文郎（1985）『日本語教育指導参考書 13 語彙の研究と教育（下)』大蔵省印刷局

張善実（2010）「V-N 型の漢語動詞の語構成と自他」『言葉と文化』11

張麟声（1995）「能動文受動文選択に見られる一人称の振舞い方について」『大阪大学日本学報』14

張麗華（1992）「『VN』漢語動詞の統語機能」『大阪大学日本学報』11

塚原鉄雄（1970）「形容動詞と体言および副詞」『月刊 文法』2-6、明治書院

築島裕（1967）「句とは何か―零記号の辞、文節」『講座日本語の文法 2 文法の体系』明治書院

鶴田常吉（1953）『日本文法学原論』関書院

寺村秀夫（1968 = 1992）「日本語名詞の下位分類」『寺村秀夫論文集 I―日本語文法編―』くろしお出版

寺村秀夫（1978）『日本語教育指導参考書 4 日本語の文法（上）』大蔵省印刷局

寺村秀夫（1982）『日本語のシンタクスと意味 I』くろしお出版

寺村秀夫（1992）「連体修飾節のシンタクスと意味―その4―」『寺村秀夫論文集Ⅰ―日本語文法編―』くろしお出版

時江濤（2009）「接尾辞「―中」について―「動名詞＋中」を中心に―」『大阪樟蔭大学日本語研究センター報告』16

時枝誠記（1941）『国語学原論』岩波書店

時枝誠記（1950）『日本文法 口語篇』岩波書店

時枝誠記（1967）「言語に於いて文法とは何か」『講座日本語の文法2 文法の体系』明治書院

徳田政信編（1974）『松下大三郎著　改選標準日本文法』勉誠社

徳田政信編（1977）『松下大三郎著　増補校訂 標準日本口語法』勉誠社

中川秀太（2005）「推論によるVNの外部表示の特殊化」『日本語文法』5–1

中川正之（2002）「中国語の形容詞が日本語でサ変動詞になる要因」『日本語学と言語学』明治書院

永野賢（1967）「文とは何か」『講座日本語の文法2 文法の体系』明治書院

中村たか子（2008）「状態述語としての『VNする』―『意味する』と『位置する』を中心に―」『レキシコンフォーラム』4、ひつじ書房

中村幸弘（1971）「上代複合動詞の緊密度」『国学院高等学校紀要』13

竝木崇康（2009）「複合語の意味解釈における『意味要素の希薄化』」由本陽子・岸本秀樹編『語彙の意味と文法』くろしお出版

西尾寅弥（1988）『現代語彙の研究』明治書院

西尾実（1967）「品詞の転成」『講座日本語の文法3 品詞各論』明治書院

仁田義雄（2005）『ある近代日本文法研究史』和泉書院

日本語記述文法研究会編（2008）『現代日本語文法6 第11部複文』くろしお出版

野田尚史（1991）「文法的なヴォイスと語彙的なヴォイスとの関係」仁田義雄編『日本語のヴォイスと他動性』くろしお出版

野田尚史（2002）「単文・複文とテキスト」仁田義雄・益岡隆志（編）『日本語の文法4 複文と談話』岩波書店

野村雅昭（1974）「三字漢語の構造」『国立国語研究所報告51 電子計算機による国語研究Ⅵ』秀英出版

野村雅昭（1975）「四字漢語の構造」『国立国語研究所報告54 電子計算機による国語研究Ⅶ』秀英出版

野村雅昭（1977）「造語法」『岩波講座日本語9 語彙と意味』岩波書店

野村雅昭（1978）「接辞性字音語基の性格」『国立国語研究所報告61　電子計算機による国語研究Ⅸ』国立国語研究所

野村雅昭（1989）「語構成」『講座日本語と日本語教育1 日本語学要説』明治書院

野村雅昭（1998a）「現代漢語の品詞性」『東京大学国語研究室創設百周年記念国語学論集』汲古書院

野村雅昭（1998b）「結合専用形態の複合字音語基」『早稲田大学日本語研究教育センター紀要』11

野村雅昭（1999）「サ変動詞の構造」『日本語研究と日本語教育』明治書院

野村雅昭（2013）「品詞性による字音複合語基の分類」野村雅昭編『現代日本

漢語の探求』東京堂出版

野村雅昭編（2013）『現代日本漢語の探求』東京堂出版

橋本進吉（1934 = 1948）『国語法要説』明治書院（使用テキスト：『橋本進吉博士著作集第二冊 国語法研究』岩波書店、1948 年）

橋本進吉（1935 = 1946）『国語学研究法』雄山閣（使用テキスト：『橋本進吉博士著作集第一冊 国語学概論』岩波書店、1946 年）

橋本進吉（1944 = 1959）「文と文節と連文節」『橋本進吉博士著作集第七冊 国文法体系論』岩波書店

長谷川恵美（1999）「複合語『〜者』の意味分析─行為者と行為対象者─」『静大国文』41

馬場俊臣（2005）「接続助詞的用法の複合辞『うえで、うえは、うえに、うえ』」『北海道教育大学紀要（人文科学・社会科学編）』55-2

早津恵美子（2000）「現代日本語のヴォイスをめぐって」『日本語学』19-5

原卓司（1999）「『都合』の意味・用法について」『鎌倉時代語研究』22、武蔵野書院

原由起子（1986）「─的」『日本語学（特集　接辞）』5-3、明治書院

百留康晴（2000）「近世複合動詞の歴史的様相」『言語科学論集』4

百留康晴（2003）「複合動詞と動詞連接─『〜出づ』を中心に─」『国語と国文学』80-8

百留康晴（2004）『現代日本語複合動詞の通時論的研究』博士学位論文

百留康晴（2015）「古代日本語複合動詞における語彙性の検討」斎藤倫明・石井正彦編『日本語語彙へのアプローチ─形態・統語・計量・歴史・対照─』おうふう

日向敏彦（1985）「漢語サ変動詞の構造」『上智大学国文学論集』18

平尾得子（1990）「サ変動詞をめぐって」『待兼山論叢』24

平尾得子（1994）「動詞的な名詞と連体修飾」『大阪大学日本学報』13

平尾得子（1995）「VN ガスルと VN スルと VN ヲスル─サ変動詞語幹の意味と構文的制約─」宮島達夫・仁田義雄編『日本語類義表現の文法（上）』くろしお出版

藤井俊博（1991）「説話文学の複合動詞─基調語彙の一側面として─」『国文橘』18

藤井涼子（2001）「社説・コラムにおける『P 以上 Q』文の用法─行為の必要性を述べる文と必然的な状態、動きを述べる文─」『同志社国文学』54

藤井涼子（2002）「社説に見られる〈以上文〉と〈限り文〉の用法」『同志社国文学』57

北條正子（1972）「＜資料 3 ＞サ変になり得る名詞」『品詞別日本文法講座 2 名詞・代名詞』明治書院

本田親史（2003）「漢語動名詞の使役交代」『人文論究』（関西学院大学人文学会）53-1

益岡隆志（1987）『命題の文法─日本語文法序説─』くろしお出版

松井栄一（1967）「文法の単位」『講座日本語の文法 2 文法の単位』明治書院

松井利彦（1987）「漢語サ変動詞の表現」『国文法講座 6 時代と文法─現代語』明治書院

松岡知津子（2004）「複合動詞『〜スル』を形成する漢語名詞について」『日本語教育』120

松下厚（1970）「日本語の言語単位」『静岡大学教育学部研究報告 人文社会』21

松下厚（1977）『日本語文法学の体系』明治書院

松下大三郎（1930a）『標準日本口語法』中文館書店（使用テキスト：松下大三郎著徳田政信編『増補校訂標準日本口語法』勉誠社、1977年）

松下大三郎（1930b）『改撰標準日本文法』中文館書店（使用テキスト：松下大三郎著徳田政信編『改撰標準日本文法』勉誠社、1974年）

松本泰丈（1970）「語の構成」『講座正しい日本語4 語彙編』明治書院

松村明編（1971）『日本文法大辞典』明治書院

三尾砂（1942）『話言葉の文法（言葉遣篇）』帝国教育会出版部（1995年くろしお出版復刻）

三上章（1953）『現代語法序説』刀江書院（1972年くろしお出版復刻）

水谷静夫（1965）「口語文法の単位」『口語文法講座1 口語文法の展望』明治書院

水野義道（1984）「漢語の接尾的要素「-中」について」『日本語学』3–8、明治書院

水野義道（1987）「漢語系接辞の機能」『日本語学』6–2、明治書院

三宅知宏（2010）「"一字漢語スル"型動詞をめぐって」大島弘子他編『漢語の言語学』くろしお出版

宮地裕（1973）「現代漢語の語基について」『語文』31

宮地裕（1976）「日本語の文法単位体」『岩波講座日本語6 文法Ⅰ』岩波書店

宮地裕（1979）「現代語の語構成」『国語と国文学』56–1

宮地裕（1982）「現代語の語構成」『講座日本語の語彙7 現代の語彙』明治書院

宮島達夫（1972）「無意味形態素」（『語彙論研究』むぎ書房、1994年）

宮島達夫（1983）「単語の本質と現象」（『語彙論研究』むぎ書房、1994年）

宮島達夫（1994）『語彙論研究』むぎ書房

村木新次郎（2012）『日本語の品詞体系とその周辺』ひつじ書房

文慶喆（2000）「『漢語語基＋中』の構成と意味」『言語科学論集』4

森岡健二（1969a）「日本文法体系論 連載（4）」『月刊 文法』1–4、明治書院

森岡健二（1969b）「日本文法体系論 連載（8）」『月刊 文法』1–8、明治書院

森岡健二（1994）『日本文法体系論』明治書院

森岡健二他（1968）「シンポジウム 文法論の展開」『講座日本語の文法別巻 シンポジウム時枝文法』明治書院

森岡健二・宮地裕・池上嘉彦・南不二男・渡辺実（1974）『シンポジウム日本語2 日本語の文法』学生社

森田良行（1988）『日本語の類意表現』創拓社

森田良行（1989）『基礎日本語辞典』角川書店

森田良行（1994）「漢語サ変動詞の自他に関する諸問題」『動詞の意味論的文法研究』明治書院

森野宗明（1967）「文と語の間にある単位―文節・句・文素など―」『研究資料日本文法8 構文編』明治書院

安井稔編（1996）『コンサイス英文法辞典』三省堂

谷部弘子（2002）「日本語中級段階の漢語運用に関する一考察―漢語動名詞の機能動詞結合を中心に―」『東京学芸大学紀要 第2部門人文科学』53

山口明穂編（1987）『国文法講座第一巻 文法の体系』明治書院

山口明穂・秋本守英編（2001）『日本語文法大辞典』明治書院

山崎良幸（1965）『日本語の文法機能に関する体系的研究』風間書房

山下喜代（2008）『日本語教育のための合成語のデータベース構築とその分析』科研費研究成果報告書

山田孝雄（1936）『日本文法学概論』宝文館出版

山田孝雄（1940）『国語の中に於ける漢語の研究』宝文館出版

湯本昭南（1978）「あわせ名詞の意味記述をめぐって」松本泰丈編『日本語研究の方法』むぎ書房

ゆもとしょうなん（1979）「あわせ名詞の構造―n＋nのタイプの和語名詞の場合―」言語学研究会編『言語の研究』むぎ書房

楊凱栄（2007）「自動詞・他動詞用法に意味的制限を持つ自他両用動詞について―二字漢語動詞を中心に―」『筑波日本語研究』12

楊凱栄（2009）「国語辞典における自他認定について―自他両用の二字漢語動詞を中心に―」『筑波日本語研究』14

吉澤典男（1952）「複合動詞について」『日本文学論究』10

吉田金彦（1983）「類義語の語源的研究―のぞく・うかがう・うかねらふ―」『古代日本語をあるく』弘文堂

李偉煌（2004）「『VN』漢語サ変動詞の統語的特徴をめぐって」『台湾日本語文学報』19

林翠芳（1996）「古典語複合動詞から現代語複合動詞へ」『同志社国文学』44

渡辺実（1959）「文の解剖・図解法」『国文学解釈と鑑賞』24–7、至文堂

渡辺実（1971）『国語構文論』塙書房

渡辺実（1974）『国語文法論』笠間書院

Allen, Margaret Reece(1978) *Morphological Investigations*. Ph. D. dissertion, Univ. of Connecticut.

Bloomfield, Leonard (1933) *Language*. New York: Holt.

Grimshaw, Jane (1990) *Argument Structure*, MIT Press, Cambridge, MA

Lieber, Rochelle (1981) Morphological conversion within a restrictive theory of the lexicon. In: Moortgat, M. H., H. van der Hulst and T. Hoekstra (eds.) *The Scope of Lexical Rules*. 161–200. Dordrecht: Foris.

Shibatani, Masayoshi (1976) "Causativization." M. Shibatani(ed.) *Japanese Generative Grammar*(Syntax and Semantics 5). 239–294. Academic Press.

初出一覧

第1部

序…書き下ろし

第1章

第1節…「拘束形式の複合字音語基の位置付けに関して―従来の複合字音語基分類との関わりで―」（『東北大学文学研究科研究年報』62、2013年3月）

第2節…「複合字音語基用言類の下位分類―漢語動名詞との関わりで―」（『東北大学文学研究科研究年報』63、2014年3月）

第3節…「複合字音語基相言類の位置づけをめぐって―漢語形容動詞語幹との関わりで―」（斎藤倫明・石井正彦編『日本語語彙へのアプローチ―計量・体系・歴史・教育・対象―』おうふう、2015年4月）

第4節…「複合字音語基の『兼用』について」（『文化』77–3・4、2014年3月）

第2章

第1節

第1項…「複合語の語構成要素間に見られる受身的関係について」（『文化』74–1・2、2010年9月）

第2項…「複合語に見られる間接的な受身的関係について」（『国語と国文学』88–1、2011年1月）

第2節…「複合語の語構成要素間に使役的関係について」（『国語語彙史の研究』29、2010年3月）

第3章

第1節…「語構成と品詞―『以上』を対象として―」（『東北大学文学研究科研究年報』58、2009年2月）

第2節…「語彙史としての語構成史」（金水敏編『シリーズ日本語史2 語彙史』2009年11月）

第4章…「語形成と選択制限―文法と語彙の間―」（『日本語文法』5–1、2005年3月）

第2部

序…書き下ろし

第1章…「単語中心主義と語形成論」（『国語学研究』43、2004年3月）

第2章…「松下文法の活用論―文法論に原辞論は不要か―」（『日本語学の蓄積

343

と展望』、2005 年 5 月）

第 3 章
　第 1 節…「言語単位から見た文法論の組織―山田文法を出発点として―」
　　　　　（斎藤倫明・大木一夫編『山田文法の現代的意義』、2010 年 12 月）
　第 2 節…書き下ろし

索 引

A-Z

Burzio の一般化　58
CAUSE　155
CONTROL　158
empathy　121
linking rule　237
morph　13
paradigmatic　279
syntagmatic　279
VN 編入　57
X バー理論　236

あ

あわせ単語　14

い

一語文用法　172
一特徴としての統一性　312
一回過程　318
一致関係　204
意味形成部門　256
意味史　226
意味選択　233
意味的側面　233
意味的プロセス　233
意味のできあい性　253, 282
意味のひとまとまり性　15
意味変化　199
入子型構造　307

う

受身的解釈　127
内の関係　119, 148

か

外項　135, 236
階段　327
概念意味論　233
概念過程　306
活用語尾　226
可能態　297
関係規定　77
完結辞　314
完結性　312
『漢語大詞典』　211
漢語動名詞　44, 96
漢語の国語化　212
観察的立場　288
間接的な受身関係　131, 154
間接的な使役的関係　140, 152

き

疑似連体節　169
機能的側面　233
機能的統一体　305
機能的特徴　6
機能動詞　44
基本の意味　185
教科研グループ　262, 275
共感度　121
共時態　195
共時論的分析　197

345

く

句 285
具体的単位 322
屈折 84
屈折語 19
句論 285

け

形式的意義 265
形式名詞的用法 168
形状動詞 25, 125
形態素 188, 263, 281
形態的緊密性 158
形態的な緊密性 115
形態と論理のミスマッチ 302
形容言類 84, 104
形容詞性名詞 80
形容詞的受身 133
形容名詞 72, 80, 100
結果副詞 118
結果名詞 68, 98
言語過程観 317
言語構成観 317
言語単位とレベル 301, 325
言語単位論 248
原辞 289, 327
現実態 297
原子的単位 306
原子論的単位 305
兼用 89
兼用形式 20
兼用類 28

こ

語彙概念構造 135, 146, 225, 230
語彙項目 233
語彙的意味 6
語彙的受身 132
語彙的受身化 133
語彙的使役化 152, 154

語彙的側面 232
語彙的特質 5
語彙的なヴォイス 134
語彙的複合動詞 227
語彙目録 233
語彙論（Lexicalism） 263
降格受動文 120
項構造 54, 164, 234
合成形式専用複合字音語基 10
合成形式専用類 12, 49, 85
構造言語学 281
構造的形状動詞 126
構文的職能 290, 328
構文要素 329
構文論における形態素主義 263
語幹 226
語形成 195
語形成論的語構造論 248, 256
語構成意識 198
語構成要素間の受身的関係 114
語構成要素固有の意味 263
語構造 195
語構造論 7
語根 200
語の位格 291
語の運用論 286
語の相関論 294
語用論 175, 221
語レベル固有の意味 257
語論 285

さ

「材料」と「結果」 300
削除規則 81

し

詞 293, 327
思惟的表現 317
使役主 151
事象名詞 52, 97
質的統一体 5, 284, 305

質的単位　306
視点　120
視点の序列　120
自動詞使役　155
詞の格　265
詞の相　265
従属接続詞　169
主格選択の原則　121, 124
主体的立場　288
受動詞　134
主要部　125
昇格受動文　120
情態言　83, 90
情態詞　87, 90
情態副詞　87
状名詞　87
叙述・陳述分離論　314
詞論　265

せ

接辞性字音形態素　12
接続助詞的用法　169
接尾辞的用法　168
ゼロ接辞　64, 162
ゼロ派生　162
全個　5, 324
全体としての統一性　312
選択制限　229
選択的特徴　6

そ

総合的見地　301
造語に伴う変音現象　15
造語論　7, 196
総主語構文　25
属性規定　77
属性表現　125
外の関係　119
存在文　53

た

第一形容詞　22
第三形容詞　22, 77
第二形容詞　22
第四種動詞　145
多義　181
多義性　181
脱使役化　136
他動詞化　152
他動詞構造　124
タリ活用形容動詞　78
単位性・非単位性　303
「単位」と「単位体」　305
単位と要素　329
単位の「所与性」　321
単位の包含性　325
断句　293, 310, 327
単語化　194, 232
単語化の源泉　252
単語中心主義　252, 275, 290
単語中心主義的語形成論　262
単語つくり　289
単語の所与性　254
単詞　294, 327
単辞　327
単純事象名詞　54
単純デキゴト名詞　54
単断句　327

ち

着点　136
抽象的単位　322
直接受身　128, 150
直接的な受身的関係　131
直接的な使役的関係　140, 152

つ

通時態　195
通時論的分析　197

索引　347

て

ディスコース　120
底の名詞　169
デキゴト名詞　52, 97, 243
テキスト　120
転換　162
転成　61, 97, 189
天秤型統一形式　310

と

等位接続構文　81
統一性　307
同音異義　103, 181
統語的複合動詞　227, 230
統語的編入　57
統語的要素の排除　131
動作主名詞　68, 243
動詞的受身　133
動詞由来複合語　148, 231
動名詞　226
特質構造　225, 243
ところ名詞　68

な

内項　118, 236
内項規則　117, 148, 231
内面的意義　290
名づけ表現　148
靡き　281

に

二重の見地　287
『日葡辞書』　217

の

能動的解釈　127

は

ハイブリッド品詞　101
派生語　19
派生語基　176
反使役化　153

ひ

非使役態　150
非対格自動詞　232
非対格他動詞　135
非対格動詞　57
一の語　286
非能格動詞　57
表記史　225
開かれた集合　239
品詞の兼務　92

ふ

付加詞　118, 135, 148, 232
複合語特有の意味　14
複合語に特有の下位意味　14
複合動詞形式　202
複雑事象名詞　54, 97
複雑述語　148
複雑デキゴト名詞　54, 97
副性論　265
富士谷成章　281
風呂敷型統一形式　310
文節　295
文の成分　297
文の部分　302
文法化　199
文法史　206
文法的側面　232
文法的特質　5
文法的特徴　6
文法的プロセス　233

348

へ

変形論　113
編入　61

ほ

補助関係　204
本性論　295

み

未完結辞　314
右側主要部の規則　14, 124, 159

む

無意味形態素　253, 282
無活用形容詞　78
無活用動詞　66, 96
無標　151

め

名詞的形容詞　100

も

モノ名詞　52, 97, 243

ゆ

有標　151
ゆれ　102

り

量的単位　306

る

類義語　199, 224
類詞　92

類似的な間接的受身的関係　140
『類聚名義抄』　201

れ

零記号の辞　311
レベルの峻別　235
連語　281, 292
連語論　302
連詞　294, 310, 327
連辞　327
連詞の活用　270
連体修飾構造　119
連体展叙　174
連断句　327
連文節　295, 310, 326
連用展叙　174

わ

『和訓栞』　218

斎藤倫明（さいとう みちあき）

略歴
1954年青森県生まれ。1979年東北大学大学院前期2年の
課程修了。神戸山手女子短大、宮城教育大学を経て、現在、
東北大学大学院教授。1997年東北大学より博士（文学）
取得。

主な著書
『現代日本語の語構成論的研究―語における形と意味―』
（1992年、ひつじ書房）、『語彙論的語構成論』（2004年、
ひつじ書房）、『日本語語彙へのアプローチ―形態・統語・
計量・歴史・対照―』（編著、2015年、おうふう）

ひつじ研究叢書〈言語編〉第139巻
語構成の文法的側面についての研究

A Study on the Grammatical Aspect of Word
Formation
Michiaki Saito

発行 2016年8月30日　初版1刷
定価 6300円＋税
著者 © 斎藤倫明
発行者 松本功
ブックデザイン 白井敬尚形成事務所
組版所 株式会社 ディ・トランスポート
印刷・製本所 株式会社 シナノ
発行所 株式会社 ひつじ書房
〒112-0011　東京都文京区千石2-1-2 大和ビル2階
Tel: 03-5319-4916　Fax: 03-5319-4917
郵便振替 00120-8-142852
toiawase@hituzi.co.jp　http://www.hituzi.co.jp/

ISBN978-4-89476-809-3

造本には充分注意しておりますが、落丁・乱丁などがございましたら、
小社かお買上げ書店にておとりかえいたします。
ご意見、ご感想など、小社までお寄せ下されば幸いです。

刊行のご案内

〈講座　言語研究の革新と継承1〉

日本語語彙論 I

斎藤倫明 編　定価 3,600 円＋税

〈講座　言語研究の革新と継承2〉

日本語語彙論 II

斎藤倫明 編　定価 3,600 円＋税

ことばの結びつきかた
新日本語語彙論

城田俊・尹相實 著　定価 13,000 円＋税

刊行のご案内

〈ひつじ研究叢書（言語編）　第 121 巻〉
テキストマイニングによる言語研究
岸江信介・田畑智司 編　定価 6,700 円＋税

〈ひつじ研究叢書（言語編）　第 122 巻〉
話し言葉と書き言葉の接点
石黒圭・橋本行洋 編　定価 5,600 円＋税

〈ひつじ研究叢書（言語編）　第 123 巻〉
パースペクティブ・シフトと混合話法
山森良枝 著　定価 5,500 円＋税

〈ひつじ研究叢書（言語編）　第 124 巻〉
日本語の共感覚的比喩
武藤彩加 著　定価 8,500 円＋税

刊行のご案内

〈ひつじ研究叢書（言語編）　第 125 巻〉

日本語における漢語の変容の研究
副詞化を中心として

鳴海伸一 著　定価 6,500 円 + 税

〈ひつじ研究叢書（言語編）　第 126 巻〉

ドイツ語の様相助動詞
その意味と用法の歴史

髙橋輝和 著　定価 15,000 円 + 税

〈ひつじ研究叢書（言語編）　第 127 巻〉

コーパスと日本語史研究

近藤泰弘・田中牧郎・小木曽智信 編　　定価 6,800 円 + 税

〈ひつじ研究叢書（言語編）　第 128 巻〉

手続き的意味論
談話連結語の意味論と語用論

武内道子 著　定価 7,800 円 + 税

刊行のご案内

〈ひつじ研究叢書（言語編）　第 129 巻〉

コミュニケーションへの言語的接近

定延利之 著　定価 4,800 円＋税

〈ひつじ研究叢書（言語編）　第 130 巻〉

富山県方言の文法

小西いずみ 著　定価 8,000 円＋税

〈ひつじ研究叢書（言語編）　第 131 巻〉

日本語の活用現象

三原健一 著　定価 3,800 円＋税

〈ひつじ研究叢書（言語編）　第 132 巻〉

日英語の文法化と構文化

秋元実治・青木博史・前田満 編　定価 7,200 円＋税

刊行のご案内

〈ひつじ研究叢書（言語編）　第 133 巻〉

発話行為から見た
日本語授受表現の歴史的研究

森勇太 著　定価 7,000 円＋税

〈ひつじ研究叢書（言語編）　第 134 巻〉

法生活空間におけるスペイン語の用法研究

堀田英夫 編　定価 7,200 円＋税

〈ひつじ研究叢書（言語編）　第 137 巻〉

日韓対照研究によるハとガと無助詞

金智賢 著　定価 7,800 円＋税

〈ひつじ研究叢書（言語編）　第 138 巻〉

判断のモダリティに関する日中対照研究

王其莉 著　定価 7,200 円＋税